गलती किसकी?

भाग–2

किरण बेदी

अनुवाद एवं सम्पादन:

रमाशंकर सिंह 'दिव्यदृष्टि'

फ्यूजन बुक्स

ISBN : 81-8419-333-5

प्रकाशक

फ्यूजन बुक्स

X-30, ओखला इंडस्ट्रियल एरिया, फेज-II

नई दिल्ली-110020

फोन : 011-41611861

फैक्स : 011-41611866

ई-मेल : sales@dpb.in

वेबसाइट : www.dpb.in

संस्करण : 2008

मुद्रण

आदर्श प्रिंटर्स, शहादरा, दिल्ली-32

Galati Kiski

(Part-2)

by

Dr. Kiran Bedi

पुस्तक की उत्पत्ति क्यों और कैसे

प्रिय मित्रों,

'गलती किसकी?' प्रथमहस्त संग्रह है उन व्यक्तियों के स्वैच्छिक लेखे–जोखे का, जिनके पास अपने अतीत की गलतियों की घोषणा करने के अलावा और कुछ नहीं है–प्रत्येक पीड़ादायी अनुभवों का भंडार है। इन व्यक्तियों में स्त्री, पुरुष, किशोर और यहां तक कि बच्चे भी शामिल हैं। इन्होंने अपने जीवन की गलतियों को बताने की हिम्मत जुटाई। इन्होंने बताया कि किस हद तक इसके लिए वे स्वयं उत्तरदायी थे और यह भी कि किस हद तक बाहरी परिस्थितियां इनके नियंत्रण से बाहर थीं।

अपने रोजमर्रा के कामकाज में, चाहे वह पुलिस की नौकरी हो या सामुदायिक सेवा, जिसके लिए मैं वचनबद्ध हूं, ये असंख्य दास्तानें व्यक्तिगत तौर पर निदान खोजने के लिए मुझे 'उद्वेलित' करती हैं। मैं साफ तौर पर इन लोगों को प्रशासनिक उपेक्षा का वर्णन करते देखती हूं और यह भी कि जो लोग इनकी मुसीबतों के लिए जिम्मेदार हैं, अगर वे चाहते तो जाहिराना तौर पर अपरिहार्य दिखाई पड़नेवाली इनकी समस्याएं निश्चित तौर पर निरोधर्य थीं।

बुद्धिमानी इसमें है कि आप अपनी और अन्य लोगों की गलतियों से सबक लें। जागरूक होना शस्त्रास्त्र से लैस होने के समान होता है और रोकथाम उपचार से बेहतर होती है। ये अक्सर दोहराई जानेवाली उक्तियां हैं किन्तु ये उच्चस्तरीय वास्तविकता से ओतप्रोत है।

यह पुस्तक सम्मान और आपसी समझ के परिणामस्वरूप दिए गए उन व्यक्तियों के अख्यानों का अद्‌भुत संग्रह है जिन्होंने अपनी जिन्दगी की दास्तान निर्भय और निर्बाध रूप से खुलकर सुनाई। पाठकों को ऐसे व्यक्तियों के जीवन में झांकने की निकट अंतर्दृष्टि उपलब्ध कराती है यह पुस्तक–'गलती किसकी?' वरना आप उन्हें नज़रअंदाज कर देते, उनसे अनजान रहते और/या आप उनमें दाखिल ही न हो पाते। यह पुस्तक इन वास्तविकताओं को श्वेत–श्याम रंग–रूप में उन सभी व्यक्तियों के समक्ष उजागर करती है जो इन घटनाओं की रोकथाम में भूमिका निभा सकते हैं। यह पुस्तक किए जानेवाले कर्तव्यों और स्वीकार किए जानेवाले उत्तरदायित्वों को परिभाषित करती है।

इन विवरणें को लिखने के विचार का निर्णय 'दि टाइम्स ऑफ इंडिया' के संपादक दिलीप पडगांवकर और उनकी सहयोगी सबीना सैकिया के साथ एक अल्पाहार बैठक के दौरान लिया गया। इन विचारोत्तेजक सच्चाइयों को कागज पर उतारने के योग्य बनाने के लिए मैं उन दोनों के प्रति कृतज्ञ हूं।

मैं 'नवज्योति' और 'इंडिया विजन फाउण्डेशन' नामक अपने दो संगठनों के प्रति भी समान रूप से ऋणी हूं जिन्होंने इस पुस्तक में उल्लिखित व्यक्तियों के साथ सम्पर्क करने की पहल की और जिन्होंने वर्णित व्यक्तियों की बाद में भी जरूरत पड़ने पर देखभाल की जिम्मेदारी ली।

मैं अपनी टीम के सदस्यों–सुनील वर्मा और कामिनी गोगिया के उदार और निर्बाध समर्थन के लिए सर्वाधिक आभारी हूं।

मैं यह पुस्तक और इससे होनेवाली आय सभी जरूरतमंदों की भलाई के लिए समर्पित करती हूं।

आइए, हम सब अवांछनीय और निरोधार्य घटनाओं को रोकना सीखें।

महान आशाओं के साथ,

–किरण बेदी

लेखक परिचय

डॉ. किरण बेदी भारतीय पुलिस सेवा की प्रथम वरिष्ठ महिला अधिकारी हैं। उन्होंने विभिन्न पदों पर रहते हुए अपनी कार्य--कुशलता का परिचय दिया है। वे संयुक्त आयुक्त पुलिस प्रशिक्षण तथा स्पेशल आयुक्त, खुफिया, दिल्ली पुलिस के पद पर कार्य कर चुकी हैं। इस समय वे संयुक्त राष्ट्र संघ के 'शांति स्थापना ऑपरेशन' विभाग में 'नागरिक पुलिस सलाहकार' के पद पर कार्यरत हैं। उन्हें वर्ष 2002 के लिए भारत की 'सबसे प्रशंसित महिला' तथा 'द ट्रिब्यून' के पाठकों ने उन्हें 'वर्ष की सर्वश्रेष्ठ महिला' चुना।

डॉ. बेदी का जन्म सन् 1949 में पंजाब के अमृतसर शहर में हुआ। वे श्रीमती प्रेमलता तथा श्री प्रकाश लाल पेशावरिया की चार पुत्रियों में से दूसरी पुत्री हैं। उनके मानवीय एवं निडर दृष्टिकोण ने पुलिस कार्यप्रणाली एवं जेल सुधारों के लिए अनेक आधुनिक आयाम जुटाने में महत्वपूर्ण योगदान किया है। निःस्वार्थ कर्त्तव्यपरायणता के लिए उन्हें शौर्य पुरस्कार मिलने के अलावा अनेक कार्यों को सारी दुनिया में मान्यता मिली है जिसके परिणामस्वरूप एशिया का नोबल पुरस्कार कहा जाने वाला 'रमन मेगासेसे' पुरस्कार से उन्हें नवाजा गया। उनको मिलने वाले अंतर्राष्ट्रीय पुरस्कारों की श्रृंखला में शामिल हैं--जर्मन फाउंडेशन का जोसफ ब्यूज पुरस्कार, नार्वे के संगठन इंटशनेशनल ऑर्गेनाजेशन ऑफ गुड टेम्पलर्स का ड्रग प्रिवेंशन एवं कंट्रोल के लिए दिया जाने वाला एशिया रीजन एवार्ड, जून 2001 में प्राप्त अमेरीकी मॉरीसन--टॉम निटकॉफ पुरस्कार तथा इटली का 'वूमन ऑफ द इयर 2002' पुरस्कार।

व्यावसायिक योगदान के अलावा उनके द्वारा दो स्वयं सेवी संस्थाओं की स्थापना तथा पर्यवेक्षण किया जा रहा है। ये संस्थाएं हैं 1988 में स्थापित 'नव ज्योति' एवं 1994 में स्थापित 'इंडिया विजन फाउंडेशन'। ये संस्थाएं रोजना हजारों गरीब बेसहारा बच्चों तक पहुंचकर उन्हें प्राथमिक शिक्षा तथा स्त्रियों को प्रौढ़ शिक्षा उपलब्ध कराती है। 'नव ज्योति' संस्था नशामुक्ति के लिए इलाज करने के साथ–साथ झुग्गी बस्तियों, ग्रामीण क्षेत्रों में तथा जेल के अंदर महिलाओं को व्यावसायिक प्रशिक्षण और परामर्श भी उपलब्ध कराती है। डॉ. बेदी तथा उनकी संस्थाओं को आज

डॉ. किरण बेदी भारतीय पुलिस सेवा की प्रथम वरिष्ठ महिला अधिकारी हैं। उन्होंने विभिन्न पदों पर रहते हुए अपनी कार्य–कुशलता का परिचय दिया है। वे संयुक्त आयुक्त पुलिस प्रशिक्षण तथा स्पेशल आयुक्त, खुफिया, दिल्ली पुलिस के पद पर कार्य कर चुकी हैं। इस समय वे संयुक्त राष्ट्र संघ के 'शांति स्थापना ऑपरेशन' विभाग में 'नागरिक पुलिस सलाहकार' के पद पर कार्यरत हैं। उन्हें वर्ष 2002 के लिए भारत की 'सबसे प्रशंसित महिला' तथा 'द ट्रिब्यून' के पाठकों ने उन्हें 'वर्ष की सर्वश्रेष्ठ महिला' चुना।

वे एशियाई टेनिस चैंपियन रही हैं। उन्होंने कानून की डिग्री के साथ–साथ 'ड्रग एब्यूज एण्ड डोमेस्टिक वायलेंस' विषय पर डॉक्टरेट की उपाधि भी प्राप्त की है। उन्होंने 'इट्स ऑलवेज पॉसिबल' तथा दो आत्मकथा 'आय डेयर' एवं 'काइंडली बेटन' नामक पुस्तक लिखी हैं। इसके अलावा यथार्थ जीवन पर आधारित वृतांतों का संकलन 'व्हाट वेंट रोंग' नाम से किया है। इसका हिन्दी रूपांतर 'गलती किसकी' नाम से संकलित है। ये दोनों संकलन, दैनिक राष्ट्रीय समाचार पत्रों 'द टाइम्स ऑफ इंडिया' एवं 'नवभारत टाइम्स' में डॉ. बेदी के व्यक्तिगत अनुभवों पर आधारित, पाक्षिक स्तंभों से संबंधित हैं।

आभार

इन कहानियों के मूल में वह व्यथा और पीड़ा है जिसे मैंने अपराध की विभीषिका और उसके कालांतर प्रभावों से जूझते हुए बहुत करीब से देखा है। अगर मैं इस पुस्तक में वर्णित लोगों को अपनी दास्तान सुनाने और उसे दूसरों से साझा करने के लिए न बुलाती तो मुझे चैन नहीं मिल सकता था। ऐसा नहीं है कि इन लोगों की दास्तान सुनकर इन्हें किसी की हमदर्दी पाने की इच्छा है। इन्हें अपनी व्यथा–कथा कहने के लिए इसलिए बुलाया गया ताकि इसे पढ़–सुनकर लोग जागरूक हो सकें। जो कुछ इन लोगों के साथ हुआ वह किसी के साथ भी हो सकता है। मैं दण्डात्मक न्याय के बजाय रचनात्मक न्याय और सजा के बजाय सुधार और मरहम लगाने में यकीन रखती हूं। नवज्योति एवं इण्डिया विजन फाउंडेशन नामक मेरे दो संगठनों ने मेरे इस यकीन को आगे गढ़ाया है। थकाऊ और संवेदनहीन व्यवस्था से कुछ राहत पाने के लिए किए गए उनके निरंतर प्रयास के बिना यह पुस्तक संभव न होती।

मेरे दोनों संगठनों का सूत्र वाक्य है–टु सेव द नेक्स्ट विःक्टिम (यानी अगले व्यक्ति को अपराधी बनने से रोकने के लिए)। यह पुस्तक इसी दृष्टिकोण से प्रकाशित की जा रही है।

यह दस्तावेज इसमें उद्धृत उन लोगों के जीवन की सत्य कथाओं पर आधारित है जिन्होंने स्वेच्छा से हमें बताया कि उनके जीवन में क्या गलत हुआ, किस सीमा तक इसके लिए वे स्वयं उत्तरदायी थे और किस सीमा तक बाह्य परिस्थितियां उनके नियंत्रण के बाहर थी। उन्होंने मेरे प्रति जो सम्मान, समझदारी और निष्ठा दर्शाई, उसके लिए मैं इन सब की कृतज्ञ हूं।

मैं अंग्रेजी दैनिक 'दि टाइम्स ऑफ इंडिया' के सम्पादक श्री दिलीप पडगांवकर का स्वागत करती हूं जिन्होंने इस विषय को एक पाक्षिक स्तंभ के रूप में अपने अखबार में प्रकाशित करने में रुचि दिखाई। साथ ही मैं 'नवभारत टाइम्स' के संपादक श्री रामकृपाल सिंह की भी आभारी हूं जिन्होंने अपने समाचार पत्र के माध्यम से इन सत्य कथाओं को लाखों हिन्दी पाठकों तक पहुंचाया। लगभग विगत दो वर्षों से अंग्रेजी में 'व्हाट वेंट रांग?' और हिन्दी में 'गलती कहां हुई' क्रमशः दि टाइम्स ऑफ इंडिया एवं नवभारत टाइम्स में हर पखवाड़े प्रकाशित हो रहे हैं।

मेरे लिए मेरे नवज्योति एवं इंडिया विजन फाउंडेशन के सदस्यों एवं सलाहकारों, डॉक्टरों, अध्यापकों के योगदान का उल्लेख करना अत्यंत अनिवार्य है, जिन्होंने इस पुस्तक में प्रकाशित व्यक्तियों के बारे में मुझे आंकड़े तथा अन्य जानकारियां उपलब्ध कराईं।

मैं कृतज्ञ हूं अपने नवज्योति नशामुक्ति केन्द्र के सदस्यों की जिन्होंने मेरे पास मूलचंद का पहला मामला भेजा और मैं मूलचंद की भी आभारी हूं जिसने एक नए आंदोलन की पहलकदमी की।

तिहाड़ जेल में अपने कार्यकाल के दौरान मैंने जो परियोजनाएं वहां शुरू कीं वे मुझे आज भी तिहाड़ से जोड़े हुए हैं। जेल से रिहा हुए अनेक कैदी मेरे ओर मेरी संस्थाओं के पास पुनर्वास की उम्मीद लिए आते हैं। हमने उनकी सहायता का प्रयास किया। उनमें से कुछ लोगों का उल्लेख इस पुस्तक में हुआ है। उस समय तिहाड़ जेल के अंदर सुधार कार्य के लिए जिन स्वैच्छिक संगठनों को आमंत्रित किया गया था, वे अपना नेक कार्य अब भी जारी रखे हुए हैं। अनेक पुनर्वासित नशाखोर और जेलों से रिहा हुए कैदी मेरे संगठनों में इस समय कार्यरत हैं। ये लोग अपने अतीत की दास्तान, लोगों को सुनाकर उन्हें सुधारने के लिए प्रेरित करते हैं। मैं इन सबके प्रति कृतज्ञ हूं।

मैं इंडिया विजन फाउंडेशन द्वारा संचालित 'क्राइम होम चिल्ड्रन' के सदस्यों की आभारी हूं जिन्होंने मुझे परियोजना में पंजीकृत अनेक रिहा कैदियों और उनके परिवारों की हालत के बारे में विस्तृत जानकारी दी। ग्रामीण समस्याओं का समावेश किए बगैर यह पुस्तक पूर्ण नहीं हो सकती थी। शहर के बाहरी क्षेत्र में रहने वाली लक्ष्मी अपनी दास्तान बताने को बड़ी मुश्किल से राजी हुई। किन्तु जब वह एक बार खुली तो ढेर सारी जानकारियां दे डालीं।

मैं समान रूप से कृतज्ञ हूं 'फ्यूजन बुक्स' के नरेन्द्र वर्मा के प्रति जिन्होंने पुस्तक की पांडुलिपि में किए गए मेरे अनेक संशोधनों को स्वीकार किया। मैं उनके धैर्य की प्रशंसा करती हूं।

अंततः मैं अपने माता–पिता के साथ श्रद्धावनत हूं जिन्होंने मुझे एक संवेदनशील व्यक्ति के रूप में गढ़ा। विशेष रूप से मैं अपनी मां की ऋणी हूं जिनकी भौतिक उपस्थिति से मैं हमेशा के लिए वंचित हो गई हूं।

सचमुच, अगर मैं इस व्यवस्था का अंग न होती तो यह सब कुछ संभव न हो पाता। यह व्यवस्था आज भी ऐसे अनेक लोग पैदा कर रही है जिनके पास यह बताने को है कि उनके साथ क्या गलत हुआ। ऐसे लोगों की आपबीती 'समाज में जागरूकता' की दिशा तय करती है।

अनुक्रमणिका

नशे ने मेरा बचपन तबाह कर दिया

1

मैं कोलकाता में जन्मी 12 वर्षीय लड़की हूं और अपने मां–बाप, तीन बहनों और एक भाई के साथ दिल्ली की एक झुग्गी बस्ती में रहती हूं। मेरी मां पश्चिम बंगाल की और पिता यूपी के रहने वाले हैं। एक अन्य औरत के साथ सम्बंध होने के बावजूद मेरे पिता ने मेरी मां को मूर्ख बनाकर उससे शादी कर ली। जब मेरी मां ने उसके सम्बंधों पर एतराज किया तो उसने कहा कि मैं जूते बदलने की तरह रोजना औरतें भी बदल सकता हूं। मैं चाहूं तो 70 औरतों के साथ रहूं, तुझे क्या लेना–देना। मेरा बाप अक्सर अपनी दूसरी औरत के पास भागकर दिल्ली चला जाता और काफी समय तक वहां रहता। धीरे–धीरे हमारे सभी रिक्शे बिक गए और हमारे मां–बाप की रोज–रोज की लड़ाई से तंग मकान मालिक ने हमें घर से बाहर निकाल दिया। तंग आकर मेरी मां ने हम सब को छोड़ देने का फैसला किया। मैंने अपनी मां से अपनी छोटी बहन को साथ रखने की प्रार्थना की, जिसे उसने मान लिया। हम अपने पिता के साथ कोलकाता छोड़कर दिल्ली चले आए।

यमुना बाजार के फुटपाथों पर हमें शरण मिली। मेरा बाप सारा दिन रिक्शा खींचता और हम भाई–बहन इधर–उधर भटकते फिरते। सिर पर छत न होने की वजह से सर्दी, गर्मी, बरसात में हम खुले असामान के नीचे ही रहते। मेरा बाप मुझे रोजाना पूरे दिन के खाने के लिए केवल एक रुपया देता। उसे इस बात की कोई परवाह नहीं थी कि एक रुपए में पूरे दिन की खुराक कैसे पूरी हो सकती है। एक दिन मैंने 10 रुपए का चावल खा लिया, जिसकी वहज से उसने मेरी खूब पिटाई की। मेरी छोटी बहन सर्दी लगने से मर गई। इसकी सूचना मेरी मां को कोलकाता में दी गई। बहन की मौत पर मैं बहुत रोई।

यमुना पुश्ता की झुग्गियों में रहते हुए कई लड़के–लड़कियों से मेरी दोस्ती हो गई और मैं उनके साथ जामा मस्जिद जाकर भीख मांगने लगी। बाकी हमें खुद ही जुगाड़ करना पड़ता था। मेरे सभी भाई–बहन भीख मांगने के लिए जाने लगे और मैं अपने दोस्तों के साथ मजे करने लगी। मेरे दोस्तों ने पहले मुझे बीड़ी, फिर गुटका और अंततः व्हाइटनर नामक फ्लूड सूंघने के लिए दिया। मैं उसकी आदी हो गई। हम लोग एक दिन में 25 शीशियां सूंघ जाते। नशे के लिए हमलोग भीख मांगकर, चोरी करके और कूड़ा बीन कर पैसे इकट्ठा करते। शुरू में तो मेरी इस आदत से लोग अनजान थे, लेकिन एक दिन मेरी

मां को मेरी आदत का पता चल गया। उसके बाद मेरे मां–बाप झुग्गी के अंदर मुझे जंजीरों से बांध कर रखने लगे, लेकिन मौका पाते ही मैं अपने पिता की तरह कई–कई दिनों के लिए फरार हो जाती।

एक बार हम तीन लड़कियां मुम्बई गए। स्टेशन पर पहुंचते ही हमारी लड़ाई हो गई, इसलिए मेरी दो सहेलियां मुझे छोड़कर चली गईं। मैं वहां दो दिनों तक रोती रही। एक औरत ने मुझे अनाथालय में पहुंचा दिया। एक महीना वहां रहने के बाद मुझे दिल्ली भेज दिया गया। मैं सोनीपत, पंजाब, हरिद्वार वगैरह में घूमती रही।

मेरे मां–बाप अब तक मुझे भूल चुके थे। लगभग एक साल बाद नवज्योति ने मुझे नशा छोड़ने की सलाह देकर नशामुक्ति केन्द्र में दाखिल कराया। इलाज के दौरान एक दिन मेरे साथियों ने मुझे बुलाया। नहाने के बहाने मैं वहां से भागकर उनके साथ पानीपत चली गई। वहां मुझे एक बार फिर अनाथालय ले जाया गया। वहां ढेर सारी लड़कियां थीं। उनके साथ रहना मुझे अच्छा लगा। हम सब मिलकर काम करते और 400 रुपए महीना कमाते। महीने के अंत में पैसा मिलने की वजह से मेरी लत काफी कम हो गई। मैं वहां लगभग एक साल रही। बोरियत ने मुझे एक बार फिर दिल्ली आने के लिए विवश किया। दिल्ली पहुंचकर मैं अपने पिता से मिली, लेकिन उसने कहा कि उसे मेरी कोई परवाह नहीं। मैंने कई नशेड़ियों को सड़क पर मरते देखा था। पुलिस बिना यह सोचे कि मृतक हिन्दू है या मुसलमान, उसे आग में फेंक देती थी। यह सब देखकर मैं दुखी थी, क्योंकि मैं सड़क पर नहीं मरना चाहती थी।

एक बार एक स्मैकिए ने मुझसे बलात्कार किया, लेकिन मैंने उसके बारे में किसी को नहीं बताया। पानीपत से लौटने के बाद मैंने देखा कि नवज्योति वाले मेरे बारे में पूछताछ कर रहे थे। उन्होंने मुझे समझाना शुरू किया। मैं चाहती थी कि मेरा इलाज जल्दी पूरा हो जाए, क्योंकि मैं नशेड़ी साथियों के दबाव को बर्दाश्त नहीं कर सकती थी। मेरे माता–पिता और भाई–बहनों ने मेरी कोई परवाह नहीं की। मेरी मां एक एसटीडी शॉप में काम करती है। मेरे भाई–बहन वहां से पैसे चुराकर इल्जाम मुझ पर लगा देते हैं। मेरी मां मेरे पिता से अक्सर कहती है कि वह मेरी जल्दी से जल्दी शादी कर दे, वरना मैं वेश्या बन जाउंगी।

मैं ठीक होकर अपना निजी एसटीडी बूथ खोलना चाहती हूं। हालांकि मेरे घर वाले मुझसे प्यार नहीं करते, फिर भी मैं उनके साथ ही रहना चाहती हूं।

गलती किसकी ?

- भिखारी पैदा नहीं होते, बल्कि बनाए जाते हैं।
- गैरजिम्मेदार और गरीब मां–बाप के बच्चे गलियों में भीख मांगते हैं और शोषण के शिकार होते हैं।
- समाज के इन वर्गों पर बहुत कम ध्यान दिया जाता है, जबकि हकीकत में उन पर सर्वाधिक ध्यान दिए जाने की जरूरत है।

पुत्री के इलाज के बहाने दूसरी शादी रचाई

2

मैं एक 35 वर्षीय ईसाई महिला हूं। मेरी शादी चेन्नई के एक सम्पन्न ईसाई परिवार में हुई थी। हम दोनों पति–पत्नी नौकरी करते थे इसलिए हमने दिल्ली में मकान लेकर शुखहाल जिंदगी शुरू की। लगभग डेढ़ साल बाद एक बेटी हुई, किंतु तीन साल की हो जाने के बावजूद उसने बोलना शुरू नहीं किया। डॉक्टर ने बताया कि उसकी श्रवण शक्ति कमजोर है। उसे स्पीच थैरेपी के लिए एक खास स्कूल में दाखिल कराया गया। कुछ समय बाद मैंने उसे अपने ही स्कूल में दाखिल करा दिया, ताकि सामान्य बच्चों के साथ रह कर उसकी परफॉर्मेंस सुधर सके। बहरहाल, उसे चौथी कक्षा के बाद पढ़ाई में काफी दिक्कत होने लगी। हमने उसकी मैग्नोथैरेपी भी कराई, लेकिन वह आगे नहीं पढ़ सकी।

इस दौरान अमेरिका में रहने वाली मेरी डॉक्टर ननद ने उसका इलाज अमीरिका में कराने का सुझाव दिया। चूंकि मेरा पति दिल्ली में सरकारी नौकरी करता था और उसे अमेरिका जाने के लिए अनापत्ति प्रमाणपत्र लेना पड़ता, इसलिए उसने अपना और बेटी का पासपोर्ट चेन्नई से बनवा लिया। मेरे पति ने मुझसे कहा कि वह इलाज कराकर जल्द लौट आएगा, इसलिए मैं वहीं रहूं। लगभग छह महीने बाद जब पैसे खत्म हो गए तो मेरा पति बेटी के साथ अचानक दिल्ली आ गया। मैं अपनी आय से घर का खर्च चलाती थी और बेटी के इलाज के लिए पति का वेतन बचाकर रखती थी। मैंने इलाज के लिए अपने स्कूल से कर्ज भी लिया। मेरे पति ने मुझे सलाह दी कि अगर मैं अपनी बेटी को अपनी डॉक्टर ननद को गोद दे दूं तो उसे इलाज का खर्च वापस मिल जाएगा। पति की बात मानकर मैंने स्टाम्प पेपर पर दस्तखत कर दिए। बाद में मुझे पता चला कि मेरी ननद ने मेरी बेटी को कभी भी गोद नहीं लिया। पति ने स्टाम्प पेपर का क्या किया मुझे नहीं मालूम।

वह मुझे दिल्ली में ही छोड़कर बेटी के साथ अमेरिका के लिए रवाना हो गया। मुझे इस बात की कतई उम्मीद नहीं थी कि वह हमारी आखिरी मुलाकात होगी। कुछ दिनों तक तो हम दोनों एक–दूसरे से लगातार सम्पर्क में रहे और मैं अपने अकेलेपन की दुहाई देती रही, लेकिन उस पर कोई असर नहीं

हुआ। एक दिन फोन करने पर मेरी ननद ने बताया कि मेरे पति की उसके साथ कहा–सुनी हो गई है, इसलिए वह वहां से कहीं और चला गया है। उसने दिल्ली में इस्तीफा दिए बगैर अमेरिका में नौकरी कर ली। धीरे–धीरे हमारा सम्पर्क कम होता गया।

इसी बीच मेरी बहन को अमेरिका के जार्जिया शहर में नौकरी मिल गई। मैंने बहन के हाथ बड़े चाव से अपनी बेटी के लिए गिफ्ट भेजा और उसका हाल–चाल बताने को भी कहा। मेरी बहन जब मेरे पति से मिली तो उसने बड़ी बेरुखी बरती। बेटी के स्कूल में होने का बहाना बनाकर उसने मेरी बहन को उससे मिलने भी नहीं दिया। अब तक मेरे पति से मेरा सम्पर्क लगभग खत्म हो गया था। मैं जब भी उससे बात करने की कोशिश करती, वह घर या दफ्तर कहीं भी मौजूद नहीं होता। उसने मेरी बहन से यह भी शिकायत की कि बेटी के इलाज के लिए वह खुद ही परेशान हो रहा है, इसकी मां को इसकी कोई परवाह नहीं। यह सुनकर मैं हतप्रभ रह गई।

बेटी की कोई खबर न मिलने के कारण मैंने उसके स्कूल को पत्र लिखा। स्कूल की काउंसिलर ने मुझे बताया कि उसे सख्त हिदायत है कि बेटी के बारे में उसके संरक्षक माता–पिता के अलावा किसी को कुछ न बताया जाए। इस जानकारी से मैं और अधिक हैरान हुई कि मेरे जीवित रहते संरक्षक माता–पिता कहां से आ गए। मैंने अपने ससुर और देवर से भी पति के बारे में काफी पूछताछ की, लेकिन किसी ने उसके बारे में कोई जानकारी नहीं दी। अंततः मैं चेन्नै में अपनी ससुराल गई। वहां मेरे ससुर ने कहा कि गर्मी की छुट्टियों में जब मेरी बेटी आएगी तो उससे मिल लेना। इस जवाब से मुझे थोड़ी तसल्ली हुई और दिल्ली आकर मैं अपनी बेटी के स्वागत की तैयारियां करने लगी।

दिल्ली आकर मुझे जानकारी मिली कि मेरे स्कूल ने मेरी छुट्टी मंजूर नहीं की थी। मेरे लिए उस समय पहली प्राथमिकता थी अपनी बेटी के बारे में जानकारी पाना। दूसरी नौकरी मिल जाने की आशा में मैंने स्कूल से इस्तीफा दे दिया। मुझे जल्द ही अपनी बेटी का ई–मेल पता मिल गया, लेकिन उसने मेरे संदेशों का कभी कोई जवाब नहीं दिया। एक दिन जब मुझे बताया गया कि मेरी बेटी अब उस स्कूल में नहीं है तो मेरी परेशानी बढ़ गई। मेरे भतीजे ने एक दिन मुझे फोन पर बताया कि शायद मेरी बेटी को कुछ हो गया है, लेकिन उसे पक्की जानकारी नहीं है।

मैंने अपने देवर को बुलाया, क्योंकि मेरे पास सूचना का एकमात्र स्रोत वही था। पहले तो उसने आनाकानी की, लेकिन बाद में कह दिया कि मेरी बेटी मर चुकी है। इस दुखद खबर से मैं खामोश हो गई। मुझे अपने कानों पर यकीन नहीं हुआ। इसकी पुष्टि के लिए मैंने अगले दिन अपनी बहन को अमेरिका में फोन किया। उसे पता चला कि मेरी बेटी ने 18वीं मंजिल से कूद कर आत्महत्या कर ली। उसकी जेब से एक सुसाइट नोट भी मिला, जिसमें उसने लिखा था कि वह अपने पापा को बहुत प्यार करती थी और उनकी दूसरी शादी से वह खुश नहीं थी।

दूसरी शादी? यह खबर मेरे बर्दाश्त से बाहर थी। मैं अपने पति पर बहुत भरोसा करती थी, हालांकि ससुराल वालों ने कभी मेरी कोई मदद नहीं की। मुझे यह सब होने का जरा भी संदेह नहीं था। बाद में मुझे

पता चला कि उसने भारत में अपने साथ काम करने वाली एक औरत से शादी कर ली थी। मुझे याद आया कि एक औरत हमारे घर कई बार आई थी, लेकिन उसका चेहरा मुझे याद नहीं था। मुझे यह भी नहीं मालूम कि शादी से पहले उनके सम्बन्ध थे या नहीं। मुझे लगता है, यह सब पहले से योजना बनाकर हुआ। मुझे तकलीफ इस बात की है कि पिता ने दूसरी औरत के लिए अपनी उस बेटी की मदद ली जो खुद ही असहाय थी।

मैंने अपने पति को सजा दिलाने के लिए कई प्राधिकरण से सम्पर्क किया, लेकिन कोई नतीजा नहीं निकला। इंसाफ के लिए अब 'नवज्योति' मेरी मदद कर रही है। इस सिलसिले में बाहर जाने से पहले मैं अपनी मृत बेटी की कसम खाती हूं और उससे वादा करती हूं कि मैं उसके लिए लड़ूंगी।

गलती किसकी ?

- संतान का पालन–पोषण करना बहुत बड़ी जिम्मेदारी है, जिसे बहुत कम आंका जाता है।
- माता–पिता होने के अलावा, जिंदगी को हर चीज में कुछ सीखने और हासिल करने के तत्त्व मौजूद हैं।
- निजी स्वार्थों के लिए बच्चे का इस्तेमाल और बलिदान करना मनुष्य द्वारा किया गया सबसे बड़ा अपराध है।

सगी मां ने विवश किया

3

मेरा नाम हरी है। मैं नशे का आदी हूं। मेरे माता–पिता की आयु में बहुत अंतर था। अभी मैं सिर्फ 18 बरस का ही था कि मेरे पिता की मृत्यु हो गई और मेरी मां जवानी में ही विधवा हो गई। हमारी बेकरी की दुकान थी। सुबह मैं अपनी दुकान संभालता और दोपहर को स्कूल जाता। मुझे अपनी मां का व्यवहार हमेशा कुछ अजीव सा लगता। मेरे पिता की मृत्यु के बाद अनेक लोग मेरे घर आने लगे। जब भी कोई आता, मुझे सामान लाने के बहाने बाजार भेज दिया जाता, जहां से लौटने में मुझे घंटों लगते। मेरे पीछे क्या कुछ होता था इसकी मुझे कभी भनक नहीं लगी और न ही ये सब जानने में मेरी दिलचस्पी ही थी। धीरे–धीरे मैंने अपना ज्यादातर वक्त दुकान पर गुजारना शुरू कर दिया।

मेरी दुकान के इर्द–गिर्द नॉनवेज भोजन की बहुत दुकानें थीं, जहां लोग दारू भी पीते थे। 18 साल की उम्र में ही मैंने भी उनके साथ दारू पीना शुरू कर दिया। हैरानी की बात यह थी कि मेरी मां ने कभी दारू पीने से नहीं रोका। धीरे–धीरे मुझे दारू की लत लग गई। थोड़ बड़ा होने पर जब मैं रात को दारू पीकर सोता और सुबह उठता तो ऐसा महसूस होता, जैसे रात को मेरे साथ कुछ किया गया हो। बहरहाल उस वक्त मुझे कुछ समझ में नहीं आया। घटनाएं दिन–ब–दिन बढ़ती गईं। हकीकत का पता चलने तक हालात मेरे काबू से बाहर हो गए थे। मैं इतना डरा हुआ था कि किसी से कह भी नहीं सकता था। वह मेरे सामने ही सिगरेट और शराब पीने लगी, उसकी हरकतों से मुझे बहुत ग्लानि होती, लेकिन उसे कुछ फर्क नहीं पड़ता था। मैं अपराध बोध में जी रहा था। सोहबत के असर में शुरू हुई शराबखोरी अब मेरी दवा बन गई थी। मैं पानी की तरह शराब पीने लगा। अब मैं घर, खासतौर से मां से दूर रहने के उपाय खोजने लगा। मेरे पिता के एक करीबी दोस्त अक्सर मेरे घर आया करते थे।

उन्होंने उनकी मृत्यु के समय हमारी मदद की थी। उनकी बेटी के साथ मेरी शादी तभी तय हो गई थी, जब हम दोनों पैदा भी नहीं हुए थे। मैं अक्सर उनके घर जाने लगा। कुछ समय बाद पिता के दोस्त की बेटी के साथ मेरी शादी हो गई, लेकिन मेरी मां के साथ मेरे शारीरिक संबंध बरकरार रहे। कई बार मेरी पत्नी को इस बारे में संदेह भी हुआ।

मेरे दो बेटे भी हो गए। फिर भी मेरी मां ने उनके साथ दादी जैसा व्यवहार नहीं किया। एक रात शराब के नशे में धुत होकर जब मैं पेशाब के लिए उठा तो मेरी मां ने मुझे अपने बिस्तर में खींच लिया। मुझे अपने कमरे में वापस आने में देर हुई तो मेरी पत्नी ने मेरी मां के कमरे आकर हम दोनों को संदग्धिावस्था में देख लिया। अगली सुबह मुझे घर का माहौल बड़ा तनावपूर्ण लगा लेकिन नशे में होने की वजह से मुझे कुछ समझ में नहीं आया कि क्या हो गया है। मेरी पत्नी ने मुझे रात की बात बताई, लेकिन मैंने अपनी अनभिज्ञता जाहिर की। मैं उसे सच्चाई बताना चाहता था, लेकिन साहस नहीं जुटा पाया।

मेरी पत्नी के साथ मेरी मां का व्यवहार कभी अच्छा नहीं रहा। दिन–ब–दिन वह खराब ही होता गया। अपनी मां के प्रभाव में कई बार मैं अपनी पत्नी की पिटाई कर देता और उससे बुरा बर्ताव करता। इस दौरान मेरी पत्नी के एक मित्र ने, जो मेरे भी बहुत करीब था, मेरी हालत का लाभ उठाने की कोशिश की। मैंने सबसे नफरत करनी शुरू कर दी। मैंने नशे की गोलियां भी लेनी शुरू कर दीं।

मेरी मां एक दिन मेरी पत्नी को धक्के मार रही थी। उसकी हरकत मुझसे सहन न हुई। मैंने उन्हें पलंग पर धक्का देकर तकिये से उसका गला घोंटकर मार डाला, ताकि लोगों को उसकी मृत्यु स्वाभाविक लगे। अपने कृत्य से न तो मैं कभी डरा और न ही मुझे उसका कोई अफसोस हुआ।

घर के हालात ठीक हो जाने की उम्मीद में मैंने अपनी पत्नी को सब कुछ बता दिया। बदले में वह बहुत नम्र और धार्मिक हो गई। अब उसका ज्यादातर वक्त सत्संगों में बीतने लगा। मेरे बेटों का व्यवहार भी मेरे प्रति बदल गया। उन्होंने इल्जाम लगाया कि मैंने उनकी जिंदगी तबाह कर दी। मेरी नशाखोरी बढ़ती गई। लेकिन इसके लिए मैंने उन्हें जिम्मेदार नहीं ठहराया। मैं इस बात से भी वाकिफ था कि जो कुछ मैंने उनके साथ किया है, उसके एवज में मुझे उनसे अच्छे सलूक की उम्मीद नहीं करनी चाहिए। मेरे बेटे कई बार मुझे बहुत दूर छोड़ आए, लेकिन मैं हर बार वापस उनके पास पहुंच जाता। धीरे–धीरे उन्होंने मुझे रोजमर्रा के खर्चे के लिए भी पैसे देने बंद कर दिए। मैंने चोरी व झपटमारी के जरिए उसका भी विकल्प खोज लिया। अब मैं घर जाने से कतराने लगा, क्योंकि मैं घरवालों की खूंखार निगाहों का सामना नहीं कर सकता था। इन घटनाओं के बारे में अब से पहले मैंने किसी को कुछ भी नहीं बताया। पहले जब मैं 'नवज्योति' के साइनबोर्ड के पास से गुजरता था तो उसे देखकर मजाक उड़ाता। वही बोर्ड अब मेरा मजाक उड़ा रहा है। मेरी पत्नी बहुत नर्म दिल औरत है। इतना कुछ सहने के बाद भी वह मुझे इलाज के लिए 'नवज्योति' ले गई। 'नवज्योति' ने मुझे इतनी

ताकत दी है कि आज मैं सब कुछ कबूल कर रहा हूं। 'नवज्योति' में आने के बाद ही मैं समझ सका कि असली प्यार किसे कहते हैं। मेरी मां, जिसे मेरी जिंदगी बनानी चाहिए थी, उसने उसे नर्क बना दिया और जिसके जीवन को मैंने नर्क बना दिया था, वही आज मेरे साथ खड़ी है, जिससे मुझे सब कुछ स्वीकार करने और इलाज कराने की ताकत मिली।

गलती किसकी ?

- इंसान जानवर बन जाए तो इंसानियत शेष नहीं रहती।
- जिंदगी में फलने–फूलने की उम्र अगर निकल जाए तो सिर्फ जानवर की सी ही हालत हो जाती है।
- वेश्यावृत्ति समाज को हमेशा को लिए प्रदूषित कर देती है।

फौजी डॉक्टर ने मेरी जिंदगी से खिलवाड़ किया

4

मेरा नाम मीना है। मुझे उस आदमी ने धोखा दिया, जो न केवल एक डॉक्टर है, बल्कि सेना में भी कार्यरत है। सात साल की छोटी–सी उम्र में ही मैं अनाथ हो गई थी। अनाथालय में ही मैंने अपनी स्कूली शिक्षा पूरी की। अपनी पढ़ाई का खर्च मैंने वजीफे, ट्यूशन और पार्ट–टाइम काम करके और यहां तक कि बैंक से कर्ज लेकर पूरा किया। बचपन में बहुत तकलीफ उठाने के बावजूद, अब मैं अच्छा जीवन–यापन कर रही हूं। मैं सॉफ्टवेयर इंजीनियर हूं। पिछले साल तक मैं बहुत खुश थी।

मैंने बंगाली मैट्रिमोनी डॉट कॉम में अपना रजिस्ट्रेशन करा लिया। जल्द ही मुझे विवाह के इच्छुक एक 43 वर्षीय व्यक्ति का विज्ञापन पढ़ने को मिला। उसके साथ ऑन–लाइन बातचीत और ई–मेल का आदान–प्रदान मुझे अच्छा लगता था। कुछ महीनों बाद मैं उससे पहली बार चेन्नै में मिली। वह मुझे समझदार आदमी लगा। उसने मुझसे जल्द शादी करने की घोषणा करने को कहा, जिसे मैंने मान लिया। एक सप्ताह बाद उसने अचानक मुझसे कहा कि वह अभी शादी नहीं कर सकता, क्योंकि उसे किसी जरूरी काम से विदेश जाना पड़ रहा है। मेरे कहने पर उसने अपना विदेश दौरा स्थगित कर दिया। इससे मुझे महसूस हुआ कि यह आदमी मेरे लिए कुछ भी कर सकता है।

मैंने उसके साथ बातचीत जारी रखी और दोबारा उससे तब मिली जब मेरी नौकरी छूट चुकी थी और मैं अमेरिका में नौकरी करने के प्रस्ताव पर विचार कर रही थी। उसने मुझ पर उस प्रस्ताव को ठुकराने के लिए दबाव डाला, क्योंकि वह मुझसे शादी करने के लिए बेताब था। मैंने उसकी बात पर भरोसा कर लिया। हम दोनों चेन्नै गए और होटल में साथ–साथ रहे। उसके साथ रात गुजारने में मुझे कुछ भी गलत महसूस नहीं हुआ। उसने मुझे अपनी शादी और उम्र के बारे में गलत बताया था।

वह अपनी पत्नी से अलग रह रहा था, लेकिन उसका तलाक नहीं हुआ था और उसकी असली उम्र 47 वर्ष थी। मैं उसके प्यार में इतनी गहराई से डूब गई थी कि मैंने उसे हर चीज के लिए माफ कर दिया।

जल्द ही वह मुझसे मिलने मेरे घर आया। इसी दौरान मेरे पास उसकी पत्नी का फोन आया, जो उसके बारे में पूछ रही थी। यह सुनकर मुझे धक्का लगा। फौजी डॉक्टर ने मुझे बताया था कि उसकी कैंसर से पीड़ित पत्नी अमेरिका से भारत लौट आई है और वह अपनी बेटी मेरे हवाले करना चाहती है। उसने मुझे इस बात का यकीन दिलाया कि वह लड़की उस औरत के पहले प्रेमी की संतान थी। मैंने उससे कहा कि यदि वह चाहे तो अपनी पत्नी के साथ रहने के लिए स्वतंत्र है लेकिन उसने हमेशा यही कहा कि उसकी उस औरत में अब कोई रुचि नहीं है और उसने तलाक देने के लिए मामला दायर कर दिया है। उसने कसम खाई कि वह सिर्फ मुझे ही चाहता है। वह बेताब होकर रोने लगता और मेरे पैर पकड़कर उसे न छोड़ने की भीख मांगता। मैं अपनी किस्मत पर भरोसा नहीं कर सकी।

उसकी पत्नी के फोन जारी रहे। वह मेरे साथ बात करना चाहती थी। मैं डॉक्टर से तलाक के बारे में जब भी कोई पूछताछ करती तो वह मुझे नपा–तुला जवाब दे देता। उसने मुझ पर दिल्ली शिफ्ट होने के लिए दबाव डाला और कहा कि वह भी जल्द ही अपना तबादला करवा लेगा। अनेक कठिनाइयों के बावजूद मैंने उसके लिए दिल्ली में रहना स्वीकार कर लिया। यहां उससे सम्पर्क कट गया, लेकिन उसकी पत्नी के फोन आने जारी रहे। कई बार वह मेरे ई–मेल पर बड़े गंदे संदेश भेजती और वॉयस मेल पर गालियां देती।

सब कुछ इतनी तेजी से बदल चुका था कि मुझे कुछ समझ नहीं आ रहा था कि मैं कैसे प्रतिक्रिया करूं। एक दिन मुझे उसका संदेश मिला कि उसे मनोचिकित्सा वार्ड में ड्यूटी पर लगा दिया गया है। मैंने उसके बड़े अधिकारियों से बात करने और उसे अन्यत्र भेजे जाने की कोशिश की, लेकिन कोई लाभ नहीं हुआ। इस सबके पीछे मुझे उसकी पत्नी की चाल लगी।

अंततः मैंने अपने दो मित्रों से वास्तविकता जानने का अनुरोध किया। मुझे यह जानकर गहरा धक्का लगा कि सारे भद्दे संदेश उसके घर के नंबर से भेजे जा रहे थे, जहां वह अपनी पत्नी के साथ बड़े मजे से रह रहा था। उस आदमी ने मेरी जिंदगी से खिलवाड़ किया और मेरी भावनाओं का मजाक बनाकर रख दिया। इससे पहले मुझे इतनी ग्लानि कभी नहीं हुई थी। मैंने जीने की तमन्ना छोड़ दी मेरा ईश्वर पर से भी भरोसा उठ गया। मैं अब भी हैरान थी कि उसने यह सब मेरे साथ क्यों किया वैसे क्या वह सब उसकी वासना की पूर्ति के लिए था? मैं देखने में बहुत सुंदर भी नहीं हूं।

काम वासना की शांति के लिए वह किसी ख़ूबसूरत वेश्या के पास जा सकता था, जिससे उसके ऊपर कोई जवाबदेही भी नहीं आती। मुझे इस बात की भी हैरानी है कि उसकी बीवी उस वक्त कहां थी, जब हम दोनों लगातार रात–दिन एक–दूसरे से ऑनलाइन चैट करते। उसने मुझे वेब कैमरे

जरिए अपना घर दिखाया। मैंने उसमें केवल उसके पालतू कुत्ते को ही देखा, उसकी बीवी कभी दिखाई नहीं पड़ी।

अब मैं इंसाफ पाने की उम्मीद में 'नवज्योति' में आई हूं। मैं आशा करती हूं कि अब वह किसी अन्य औरत को फुसलाने के लिए स्वतंत्र नहीं रहेगा। मैं यह जरूर कहना चाहूंगी कि वह जबरदस्त अभिनेता और अच्छा किस्सागो है। अगर वह इस क्षेत्र में होता तो काफी नाम कमाता।

गलती किसकी ?

- भोली–भाली औरतें आर्थिक रूप से आत्मनिर्भर होने के बावजूद भी सुरक्षा की तलाश में रहती हैं।
- पुरुष इस बुनियादी कमजोरी को जानते हैं और उसका लाभ उठाते हैं।
- अनवरत शोषक संबंधों के दौरान स्त्रियों का अनिर्णय उनकी जिंदगी तबाह कर देता है।

प्यार के बदले पिटाई बन गई मेरी किस्मत

5

मेरा नाम सुमन है। मैं अपने माता–पिता की बड़ी लाडली थी। हमारे परिवार में मैं और मेरा भाई था। छोटी होने के कारण मैं पढ़ाई के लिए ना–नुकर करने और स्कूल न जाने की आदी हो गई थी। मेरे माता–पिता मेरी पसंद के कपड़े सिलवाते थे और हमारी अच्छी देखभाल होती थी।

मैं देखने में बड़ी ख़ूबसूरत थी। हमारे एक पड़ोसी अपने बेटे के साथ मेरी शादी करने में रुचि रखते थे। जब मैं 15 वर्ष की हुई तो मेरे माता–पिता ने उस पड़ोसी के बेटे से मेरी शादी करवाने का प्रस्ताव रखा। ज्यादा दहेज मांगने की वजह से वहां रिश्ता नहीं हो सका। उसी दौरान मेरे लिए एक और प्रस्ताव आया, जिसमें दहेज वगैरह की कोई मांग नहीं थी, इसलिए उसे मंजूर कर लिया गया। पारंपरिक रीति–रिवाजों और धूम–धड़ाके के साथ मेरी शादी हो गई। मेरे माता–पिता ने लड़के वालों की संतुष्टि के लिए काफी पैसा खर्च किया था।

लेकिन शादी की खुशियां ज्यादा अरसे तक कायम न रह सकीं। शादी के मात्र 20 दिन बाद ही मुझे अपनी जरूरत की हर चीज के लिए अपनी सास का मोहताज बना दिया गया। यहां तक कि मैं अपने लिए एक बिंदी भी उसकी मर्जी के बगैर नहीं खरीद सकती थी। मुझे ऐसी आदत पहले नहीं थी, इसलिए मैंने गुस्से में अपने पति से कहा कि मेरी जरूरत का ख्याल रखे। फिर भी किसी न किसी बहाने मेरी पिटाई करना उसकी दिनचर्या बन गई। मैंने शादी की परिभाषा में पिटाई को भी शामिल कर लिया और उसका अत्याचार सहती रही।

मेरा पति बहुत शंकालु प्रवृत्ति का आदमी था। अगर कभी मेरा कोई पुरुष संबंधी मुझसे मिलने आ जाता तो मेरा पति हमारे बीच अनैतिक संबंध होने की शंका करता। रतिक्रिया के दौरान वह बहुत अमानवीय व्यवहार करने लगा। मेरी सास मेरे पति के हिंसक व्यवहार में समान रूप से भागीदार थी।

एक दिन मेरी सास ने चाय बनाने के लिए कहा। मैंने उससे माचिस की एक तीली मांगी।

अचानक मेरे पति को पता नहीं क्या हो गया। उसने मुझे कमरे में बंद करके ऊंची आवाज में स्टीरियो चला दिया और मुझे निर्दयता से पीटने लगा। मैं दो घंटे तक बेहोश रही। होश आते ही मैं उसके घर से भागकर अपने मायके पहुंच गई। मेरी हालत देखकर और सारा हाल सुनकर मां हैरान रह गई। मां ने फौरन मेरे ससुराल वालों से बात की तो उन्होंने कहा कि वे मुझे अपने घर में नहीं रखना चाहते।

मेरी मां ने वैवाहिक हिंसा के मामले निपटाने वाले एक एनजीओ से सम्पर्क कर मेरा केस दर्ज करा दिया। हम दोनों को बुलाकर समझौता करा दिया गया। हमने अपना घर भी बदल लिया, लेकिन उसकी आदतों में कोई बदलाव नहीं आया।

गलती किसकी ?

- अनेक शादियों में घरेलू हिंसा लगभग एक रिवाज बन चुकी है।
- सहन करने के कारण यह और अधिक बढ़ जाती है।
- घरेलू स्त्रियां इसे समान रूप से प्रोत्साहित करती हैं।

ससुरालवालों की बदनीयती का शिकार बनी शाजिया

6

मेरा नाम शाजिया है। मैं लखनऊ के एक मुस्लिम परिवार में पैदा हुई। चूंकि, हमारा परिवार रूढ़ीवादी था, इसलिए मुझे कभी भी स्कूल नहीं भेजा गया। जब मैं 15 वर्ष की हुई तो एक मध्यस्थ के माध्यम से मेरी शादी का प्रस्ताव आया। मेरे पिता शादी के लिए काफी उतावले थे, क्योंकि लड़का देखने में ख़ूबसूरत था, जबकि मैं औसत सेहत वाली सांवली लड़की थी। पिताजी ने लड़के वालों से अच्छी तरह पूछ लिया था कि क्या वे अपनी मर्जी से शादी करने को तैयार हैं। उस वक्त उनमें से किसी ने कोई एतराज नहीं किया और इस तरह से मेरी शादी हो गई। एक साल बाद मेरा गौना हुआ और मैं अपने शौहर के घर दिल्ली आ गई।

दो महीने तक मैं ससुराल में बहुत खुश रही। उसके बाद धीरे–धीरे मेरी सूरत को लेकर ताने दिए जाने लगे। कुछ अरसे बाद फब्तियों की जगह प्रताड़ना ने ले ली और मुझे अपने रोजमर्रा के खर्चों के लिए भीख मांगने की नौबत आ गई। मेरे शौहर पूरी तरह अपनी मां के प्रभाव में थे। उन्होंने मुझे साफ बता दिया था कि अगर उनकी मां मुझे छोड़ने के लिए कहेगी, तो वह मुझे फौरन छोड़ देंगे। मेरे शौहर ने यह साफ–साफ कह दिया कि वह हर हालत में अपनी मां की इच्छा की पूर्ति करेंगे।

एक रोज मुझे अपने भाई के बीमार होने की खबर मिली। मेरे पिता मुझे लेने आए। मैं अपने मायके में लगभग तीन महीने रही, लेकिन मेरा शौहर न तो मेरे भाई को देखने आया और न ही उसने मेरी कोई खबर ली। मैं उसका इंतजार करती रही। वह हर बार एक–दो दिनों में आने की बात करता, लेकिन वह दिन कभी नहीं आया। आखिरकार मैं यह देखकर हैरान रह गई कि उन्होंने दिल्ली में मेरे मकान के सामने एक मकान लेकर उसमें रहना शुरू कर दिया। इतने नजदीक रहते हुए भी उन लोगों ने हमारे साथ कभी भी कोई वास्ता नहीं रखा।

मेरे पिता अक्सर उनसे मुझे वापस ले जाने की बात कहते, लेकिन ससुराल वाले कोई न कोई

बहाना बनाकर टाल देते। एक दिन मेरे ससुरालवालों ने मेरे अब्बू से साफ–साफ कह दिया कि उनक मुझमें कोई दिलचस्पी नहीं है। मेरे अब्बू मुझे ढांढ़स देते रहे कि घबराने की कोई बात नहीं, हमने को गलत काम थोड़े ही किया है। एक दिन सब ठीक हो जाएगा और बिरादरी वालों के सामने उनकी ए नहीं चलेगी। मेरे अब्बू ने उनसे पंचायत में मामले को तय कर लेने की बात कही, लेकिन उन्हों उनकी बात अनसुनी कर दी। दोनों परिवारों को पास–पास रहते तीन साल बीत गए हैं, फिर भी हमा बीच की दूरी कम नहीं हुई। मेरे ससुराल वाले हमारे परिवार के साथ आए दिन झगड़ा करते रहते ताकि तंग आकर हम उनसे तलाक लेने के लिए कह दें। मेरा शौहर आजकल एक लड़की के सा बिना शादी किए रह रहा है। वह देखने में ख़ूबसूरत है, इसलिए मेरे ससुराल वाले भी उसकी ख़ देखभाल कर रहे हैं। मेरे अब्बू को अब भी उम्मीद है कि मामला निबट जाएगा। मैं भी तलाक देना न चाहती।

लगभग 15 दिन पहले मेरी सास ने मेरे पिताजी को खूब गालियां दीं। दोनों के बीच कहा–सु अधिक बढ़ गई और मेरी सास ने मेरे अब्बू के सिर में लोहे की प्लेट मार दी। पड़ोसियों ने शिकायत द कराने के लिए कहा, लेकिन अब्बू ने मना कर दिया। बहरहाल, मैं अपने ऊपर काबू न रख सकी औ थाने जाकर रिपोर्ट दर्ज करा दी।

पुलिस वालों के सामने मेरे अब्बू ने झूठ बोल दिया कि उन्हें सीढ़ियों से गिरने की वजह से च लगी है। मैं अपने अब्बू का रुख समझ नहीं सकी। उन्हें शायद अब भी उम्मीद है कि वह पंचायत मेरे ससुरालवालों पर दबाव डालने में कामयाब हो जाएंगे और वे लोग मुझे वापस ले जाएंगे।

आजकल मैं पूरी तरह अपने माता–पिता पर आश्रित हूं। मैं अपनी ससुराल वापस जाना चाह हूं, लेकिन मेरी समझ में नहीं आ रहा है कि मैं किससे बात करूं। अंत में मैं 'नवज्योति' की मदद त आई हूं, ताकि वही कोई रास्ता निकाले।

गलती किसकी ?

- अनेक माता–पिता अपनी अज्ञानता और सामाजिक दबाव के कारण अपनी बेटियों को ताउम्र बोझ बना लेते हैं।
- ऐसी लड़कियां लालची सासों के नियंत्रण में रहने वाले अपने पतियों के हाथों सताई जाती हैं।
- ऐसी औरतों के शौहर उनकी निर्भरता का अनुचित लाभ उठाते हुए उनका शोषण करते हैं।

7

बेबस की जिंदगी को बरबाद करके छोड़ा

मैं हरियाणा की रहने वाली एक 40 वर्षीय महिला हूं। कथित तौर पर मैं शादीशुदा हूं, और नहीं भी हूं। मेरे जन्म से पहले ही मेरे पिता की मृत्यु हो गई थी। मेरी मां ने मेहनत–मजदूरी करके म पांच (मेरे चार भाई और मैं) को किसी तरह पाल–पोस कर बड़ा किया। मेरे भाई जैसे–जैसे बड़े ते गए, उनकी शादी के साथ–साथ मां से दूरी बढ़ती गई और एक दिन उन सब ने मुझे और मेरी को घर से बाहर धक्का दे दिया। जिंदगी गुजारने के लिए हम दोनों को लोगों के घरों में का–बर्तन करना पड़ा। इच्छा के बावजूद मैं स्कूल का मुंह कभी नहीं देख सकी।

धीरे–धीरे मैं जवान हो गई। हमारे एक दूर के रिश्तेदार ने मेरी मां के सामने शादी के लिए एक से लड़के का प्रस्ताव रखा, जो न केवल दिल्ली की फैक्टरी में काम करता था, बल्कि अच्छी आमदनी थी उसकी। साथ–साथ उसका निजी मकान भी था। मेरी मां को और क्या चाहिए था। उसने शादी लिए फौरन हामी भर दी। मेरी शादी में मेरा कोई भी भाई आर्थिक या अन्य प्रकार की सहायता लेकर हीं आया। खैर किसी तरह मेरी शादी हो गई।

शादी के बाद मुझे उत्तर प्रदेश के एक गांव में ले जाया गया, जहां मेरी ससुराल थी। पहले ही न कम दहेज लाने के लिए गालियों और दुर्व्यवहार से मेरा स्वागत हुआ। मुझे यह जानकर और धिक हैरानी हुई कि मेरा पति न तो कहीं नौकरी करता था और न ही उसका कोई मकान ही था। उत्पीड़न दिन–ब–दिन बढ़ता ही गया और मेरे लिए यह कहना मुश्किल हो गया कि मेरे पति, स और ननदों में सर्वाधिक क्रूर कौन है! शुरू–शुरू में मैंने थोड़ा–बहुत विरोध किया, लेकिन आगे कर मेरी हिम्मत जवाब दे गई। मैं खामोश रहकर उनके जुल्म–ओ–सितम सहती रही, क्योंकि मेरे कोई अन्य चारा भी तो नहीं था। सच तो यह है कि मैं अपनी मां के पास वापस जाकर उसकी लीफ बढ़ाना नहीं चाहती थी।

दहेज की मांग रिसते घाव की तरह बढ़ती रही। मैंने शुरू में ही अपने ससुरालियों से कह दिया था कि बिना बाप की बेटी दहेज कहां से लाए और उनकी मांग कैसे पूरी करे? उन लोगों की निगाह मेरे भाइयों पर थी, जो अच्छी कमाई कर रहे थे। वे मेरी कोई बात सुनने को तैयार नहीं थे। धीरे–धीरे स्थिति सामान्य हो जाने की आशा में दो साल बीत गए, लेकिन हालत जस की तस बनी रही।

एक दिन मेरे पति ने मुझे आखिरी चेतावनी दे दी। उसने मुझसे कहा कि अगर मैं दहेज का प्रबंध नहीं करूंगी, तो वह मुझे छोड़ देगा। असमर्थता प्रकट करने पर उसने मुझे घर से निकल जाने के लिए कहा। इसी दौरान मेरे एक रिश्तेदार ने मुझे बताया कि ससुराल वाले दहेज की मांग पूरी न होने पर मुझे जान से मारने की योजना बना रहे हैं और किसी अन्य लड़की से मेरे पति की शादी की फिराक में हैं। जान का खतरा देखकर मैं वापस अपनी मां के पास चली आई। उस समय मुझे छह माह का गर्भ था।

कुछ समय बाद मैंने एक बेटी को जन्म दिया। मुझे आशा थी कि ऐसी स्थिति में मेरा पति मुझे और अपनी बेटी को ले जाने के लिए जरूर आएगा, लेकिन वैसा नहीं हुआ। कोई मुझे देखने तक नहीं आया। लड़की कुपोषण के कारण काफी कमजोर थी, क्योंकि हम इतने गरीब थे कि उसके लिए दूध तक नहीं खरीद सकते थे। चार महीने बाद मेरी बेटी ने दम तोड़ दिया। इसके बावजूद ससुराल वालों का दिल नहीं पसीजा। फिर भी मैं अपने मन में यह उम्मीद पाले रही कि एक दिन मेरा पति मुझे जरूर वापस ले जाएगा। मैं सोचती थी कि मुझे तलाक दिए बगैर वह दूसरी शादी कर ही नहीं सकता, इसलिए मैं बेफिक्र थी।

एक दिन मुझे मेरे पति का एक नोटिस मिला, जिसमें मुझ पर आरोप लगाया गया था कि मैं उसके घर से नगदी और जेवरात चुराकर भाग गई हूं। हम लाचार मां–बेटी को कुछ समझ में नहीं आया कि क्या करें? मुझे यह भी पता चला कि मेरे पति ने न केवल दूसरी शादी कर ली है, बल्कि उसके दो बच्चे भी हैं। इस खबर से मैं और मेरी मां बुरी तरह टूट गईं। मेरे एक हमदर्द रिश्तेदार ने अदालत में मामला दायर करने में मेरी सहायता की।

लगभग छह साल बाद अदालत ने मेरे पति को 30 हजार रुपये एकमुश्त या किश्तों में मुझे भुगतान करने का आदेश दिया। मेरे गुजारे–भत्ते के लिए अदालत ने 500 रुपये मासिक के भुगतान का आदेश भी दिया। मेरे पति ने कहा कि वह जेल जाने को तैयार है, लेकिन वह किसी प्रकार का कोई भुगतान नहीं करेगा। उसे गिरफ्तार कर लिया गया और 6000 रुपये की पहली किस्त का भुगतान करके वह जमानत पर बाहर आ गया।

उसके बाद न तो उसने कोई भुगतान किया और न ही कभी सुनवाई की तारीख पर अदालत ही पहुंचा। हमारे वकीलों ने हमसे एक–एक पाई वसूल ली। हमारी हिम्मत जवाब दे गई। विग

12 वर्षों से मैं अपनी मां के साथ बिना किसी की मदद के रह रही हूं। तकलीफों ने मेरी मां की दृष्टि भी छीन ली।

तीन माह पूर्व 'नवज्योति' के एक कार्यकर्ता ने मुझे नया गांव स्थित 'नवज्योति' परिवार परामर्श केंद्र की जानकारी दी। मैंने वहां संपर्क किया। अब वह मुझे कानूनी सहायता उपलब्ध करा रहे हैं। मेरी जिंदगी में अब 'नवज्योति' ही आशा की आखिरी किरण है। उसनें मुझे लगातार इंतजार न करने की समझ और साहस प्रदान किया है।

गलती किसकी ?

- गरीबी, अभाव, अज्ञानता और निर्भरता औरत की जिंदगी में अभिशाप हैं।
- औरत जितनी अधिक गरीब होगी, उसका उत्पीड़न भी उतना ही अधिक होगा।
- इस बात की कोई गारंटी नहीं है कि बेटे अपने माता–पिता की देखभाल करेंगे ही।

पति के दोस्त ने विश्वासघात किया

8

मेरा नाम रजिया और उम्र 55 वर्ष है। जन्म से मैं हिंदू हूं, लेकिन तकदीर की मार ने मुझे मुस्लिम बना दिया। 16 साल की उम्र में मेरी शादी हुई थी। पांच–छह साल तक मेरी जिंदगी बड़े मजे से गुजरी। तीन बच्चे भी पैदा हुए, लेकिन उनमें से केवल एक ही जिंदा रह सका। अपने बेटे के तीन साल का हो जाने के बाद मैंने उसका मुंडन संस्कार कराने का मन बनाया, लेकिन पति के परदेस में होने के कारण यह सम्भव न हो सका। बाद में मेरे पति के एक घनिष्ठ मित्र ने इस मामले में मदद करने की पेशकश की। उसने मुझसे कहा कि वह हरिद्वार ले जाकर मुंडन संस्कार करवा देगा। मैं बेफिक्र होकर उसके साथ हरिद्वार के लिए रवाना हो गई। वह मुझे हरिद्वार ले जाने के बजाय अपने गांव ले गया, जिससे मैं बहुत हैरान हुई। जब मैंने उससे पूछा कि वह मुझे वहां क्यों लाया है, तो उसने साफ–साफ कह दिया कि तुम्हारे ऊपर मैं बहुत अरसे से फिदा था, लेकिन मौका आज मिला है। उसकी बीवी भी उसे छोड़कर चली गई थी। मैं बहुत डर गई, क्योंकि उससे पहले कभी मैंने अपने घर से बाहर कदम नहीं रखा था। अपनी गोद में छोटा बच्चा लिए मैं बहुत चिंतित थी।

मुझे साथ लाने से उसके घरवालों ने सख्त एतराज किया। हिंदू होने की वजह से वे लोग मुझे रखना नहीं चाहते थे। अपने परिवार वालों के दबाव का सामना न कर पाने की वजह से वह तीन दिन बाद मुझे वापस छोड़ने का बहाना बनाकर घर से निकल पड़ा। इससे मुझे थोड़ी राहत मिली। वह मुझे मेरे घर पहुंचाने की बजाय दिल्ली ले आया, जिससे मैं फिर हैरान रह गई। मैं उससे मिन्नत–खुशामद करती रही कि वह मुझे मेरे घर छोड़ आए, लेकिन उसके ऊपर कोई असर नहीं हुआ। दिन, हफ्ते, महीने बीत गए। आखिरकार मैंने यह तय कर लिया कि अब वापस जाने का कोई औचित्य नहीं है। पराए मर्द के साथ इतने दिन बाहर रहने के कारण अब मुझे कोई स्वीकार नहीं करेगा। मुझे इस बात से काफी तकलीफ हुई कि मेरे ससुराल वालों या मेरे पति ने भी मेरी कोई खबर नहीं ली। कोई अन्य उपाय न देखकर मैं उस धोखेबाज दोस्त के साथ रहने लगी, क्योंकि मायके वापस जाने पर मेरे माता–पिता की बदनामी होती और मेरी छोटी बहनों की शादी में दिक्कत आती। एक दिन उसने मुझे बताया कि गांव जाते समय उसने एक मजार पर मेरे साथ चुपके से शादी कर ली थी और अनजाने में ही मुझसे विवाह प्रमाणपत्र पर दस्तखत भी करा लिए थे। चूंकि अब मैं उसकी वाकायदा शादीशुदा बीवी बन गई थी, इसलिए मैंने उसके साथ रहने का मन बना लिया।

दिल्ली में मुझे एक छोटे–से कमरे में रखा गया। मेरे शौहर ने मुझे यह कह कर घर से बाहर निकलने के लिए मना कर दिया था कि भले घरों की औरतें बाहर नहीं निकला करतीं। उसने मुझे बताया कि वह सिगरेट बेचता है, जिस पर मैंने यकीन कर लिया। हमारे संबंध ठीक नहीं थे। हालांकि वह मेरी पिटाई भी करता था, फिर भी मैं सब सह लेती थी।

एक दिन उसने मुझसे कहा कि हम कहीं दूसरी जगह जाएंगे, क्योंकि वह जगह किफायती है और वहां उसके काम के लिए अच्छा बाजार भी है। इसके बाद वह मुझे एक झुग्गी बस्ती में ले गया, जहां बदबू और भिनभिनाती मक्खियों ने मेरा स्वागत किया। यमुना पुश्ता की झुग्गियों से वह मेरा पहला परिचय था। मेरी जिंदगी उस इलाके में गाली–गलौच सुनते और पिटाई खाते गुजरती रही। मैंने उन परिस्थितियों को अपनी किस्मत मानते हुए समझौता कर लिया था, लेकिन उसकी हरकतें संदेहास्पद होती गई और एक दिन एक लड़की की इज्जत लूटने के जुर्म में उसे जेल भेज दिया गया। मुझे अपना और अपने बच्चों का पेट भरने के लिए पहली बार घर से बाहर निकलना पड़ा। दो जून की रोटी की जुगाड़ में मैंने कूड़ा बीनना शुरू कर दिया, जो जेल से उसके लौट आने के बाद भी जारी रहा। इस बीच उसकी पहली बीवी भी उसके साथ रहने के लिए आ गई, जबकि उसके पास अपना और बच्चों का पेट भरने का कोई और जरिया न था।

इसी तरह अब लगभग 15 बरस बीत चुके हैं। कई बार मैं सोचती हूं कि मुझे वापस लौट जाना चाहिए, क्योंकि वहां इतना अपमान और शोषण तो नहीं है, जितना मैं यहां रोज भोग रही हूं। अब मेरे पास और ज्यादा सहने की क्षमता नहीं है। मैंने अब तक बहुत तकलीफ उठाई है और बंद दरवाजों के पीछे बहुत मार खाई, लेकिन कभी किसी से इसका जिक्र तक नहीं किया। इत्तेफाक से मेरी मुलाकात 'नवज्योति' की कार्यकर्ता रजीना से हुई। उन्होंने मुझे नरक से निकलने और निए सिरे से जिंदगी शुरू करने की सलाह दी। उन्होंने मुझे 'स्वयं सहायता समूह' का सदस्य बनने को कहा। सदस्यता ग्रहण करने के बाद मैंने महसूस किया कि अहमियत इस बात की है कि हम तकलीफों से निपटते कैसे हैं। 'नवज्योति' की मदद से मुझे नरक से निकलने का हौसला मिला। अब मैं अपनी निजी चाय की स्टॉल चला रही हूं और अपने बच्चों की देखभाल कर रही हूं। यह एक नई जिंदगी में दाखिल होने जैसा ही है।

गलती किसकी ?

- कई बार इंसान जानवरों से भी बदतर हो जाता है।
- समाज के अंदर ऐसे लोग दूसरों के लिए ताउम्र दुःख और तकलीफ का कारण बनते हैं?
- पाश्विक प्रवृत्ति के ऐसे लोग अपने आश्रितों को सारी जिंदगी दुखी करते हैं।
- इस किस्म के लोगों के लिए औरतें महज जागीर होती हैं।

पैसा ऐंठने के लिए उसने मेरे साथ निकाह किया

9

मैं एक 35 वर्षीय महिला हूं और विगत 20 वर्षों से यमुना पुस्ता की झुग्गियों में रह रही हूं। मूलतः मैं बिहार की रहने वाली हूं। मेरे पिता का जिस समय देहांत हुआ, मैं बहुत छोटी थी। मेरी मां ने गुजर–बसर के लिए घरों में महरी का काम किया, लेकिन जब गुजारा नहीं चला, तो वह मुझे लेकर दिल्ली आ गई। उस समय मेरी आयु 15 वर्ष की थी। मेरे दो बड़े भाई और एक बहन गांव में ही रह गए।

पहले–पहले हम दोनों (मां–बेटी) ने कूड़ा बीनना और भीख मांगना शुरू किया। मेरे पड़ोस में रहने वाले एक लड़के के साथ मेरी शादी भी हो गई। सब कुछ ठीक–ठाक चल रहा था। मैंने एक लड़के को जन्म दिया। एक रात मेरी जिंदगी में बड़ा भयानक मोड़ आया। मैंने देखा कि मेरा पति बगल के कमरे में सोई मेरी बहन की लड़की के कपड़े उतार रहा था। मैंने शोर मचा दिया। आसपास के सारे लोग इकट्ठे हो गए और उसकी पिटाई कर दी। उसकी इस हरकत से क्षुब्ध होकर मैंने उसे छोड़ दिया और अपने बेटे को लेकर अलग हो गई। हालांकि उसने वापस आने की गुजारिश कई बार की, लेकिन मैंने ऐसे घटिया आदमी के साथ रहना गवारा नहीं किया। मैं कूड़ा बीनकर और भीख मांगकर अपनी मां और बेटे का पालन–पोषण करती रही, लेकिन कभी उससे मदद नहीं ली।

एक दिन मैं अपने बेटे के साथ सड़क पार कर रही थी कि एक तेज रफ्तार ट्रक ने मेरे बेटे को कुचल दिया, जिससे उसकी फौरन मौत हो गई। उसकी मौत के साथ ही मेरी जिंदगी का मकसद खत्म हो गया। एक साल बाद मुझे 10,000 रुपए का मुआवजा मिला। कूड़ा बीनकर और भीख मांगकर मैं अपनी बूढ़ी मां की देखभाल करती रही। मेरे अकेलेपन को देखते हुए मेरी मां मुझ पर दोबारा शादी करने का दबाव डालने लगी।

इसी बीच हमारी एक पड़ोसन ने अपने किराएदार, जिसकी बीवी उसे छोड़कर किसी अन्य आदमी के साथ भाग गई थी, का जिक्र किया। उसने कहा कि उसका किराएदार किसी शरीफ और आत्मनिर्भर लड़की की तलाश में है। मैं शादी के लिए राजी हो गई और मुस्लिम रीति–रिवाज के साथ मेरा निकाह हो गया।

पहली ही रात में उसने मेरा हाथ देख कर कहा कि वह ज्योतिष जानता है और उसके मुताबिक मेरे पास कहीं छिपा हुआ धन है। मजाक समझ कर मैंने उसकी बात खारिज कर दी।

मेरी हमदर्दी हासिल करने के लिए वह मुझे अपनी पुरानी जिंदगी की दुखभरी दास्तान सुनाता और कहता कि उसका पिछले चार सालों से उसकी पहली बीवी के साथ कोई रिश्ता नहीं है। वह कहता कि उसके (बीवी) भागने के बाद भी उसने उसे वापस आने के लिए कई बार खुशामद की, लेकिन उसने मुझे चलती बस से धक्का दे दिया, जिसकी वजह से मेरा दिल टूट गया। कुछ अरसे बाद मैंने उसमें जबरदस्त बदलाव देखा। वह हर वक्त मुझसे पैसे ऐंठने की फिराक में रहने लगा। हालांकि, मैंने कई वर्षों की मेहनत से 20 हजार रुपए बचा कर जमा किए हुए थे, लेकिन मैं उससे यही कहती कि मेरे पास फूटी कौड़ी भी नहीं है। जब वह मुझे राजी नहीं कर पाया, तो मेरी मां के पास पहुंच गया। मेरी भोली–भाली मां अपने दमाद की बातों में आ गई और उसने उसे बता दिया कि मैंने बीस हजार रुपए जमा कर रखे हैं। अब उसने मुझे भावनात्मक रूप से ब्लैकमेल करना शुरू कर दिया। बीवी का फर्ज समझ कर मैंने उसे अपने खून–पसीने की कमाई सौंप दी।

मेरी हैरानी का ठिकाना उस समय न रहा, जब अगले ही दिन उसकी पहली बीवी लौट आई। उस समय मैं चार माह की गर्भवती थी। मेरी सौत के आते ही मेरे शौहर ने मुझे घर से चले जाने के लिए कहा। अब मुझे यकीन हो गया कि उसने शादी का यह नाटक मेरा पैसा हड़पने के लिए किया था। जिंदगी ने मेरे साथ दूसरी बार धोखा किया। जब भी मैं उससे अपने पैसे वापस मांगती, तो वह साफ इंकार कर देता और एक दिन उसने मुझे अपने घर से निकाल दिया। मैंने पड़ोसियों और रिश्तेदारों के जरिए उस पर हर संभव दबाव डाला, लेकिन उसने मुझे एक पाई भी लौटा कर नहीं दी। मैंने महिला प्रकोष्ठ में उसके खिलाफ मामला दायर किया, लेकिन उसका भी कोई लाभ नहीं हुआ। बेटी के जन्म के बाद मेरे लिए कोर्ट के चक्कर लगाना मुश्किल हो गया, इसलिए मैंने केस की पैरवी बंद कर दी।

कहावत है कि भगवान जब एक दरवाजा बंद करता है तो दूसरा खोल भी देता है। नवज्योति स्कूल के अध्यापक ने मुझे फैमिली काउंसलिंग सेंटर के बारे में बताया। मैंने फौरन वहां सम्पर्क किया। नवज्योति परिवार सलाह केंद्र के सलाहकारों के लगातार दौरे के फलस्वरूप मेरे पैसे मुझे वापस मिल गए, और वे मुझे साप्ताहिक तीन सौ रुपए का गुजारा–भ त्ता दिलाने में भी सफल रहे। मेरी बेटी की खातिर मुझे जीने का एक और मौका देने के लिए नवज्योति का बार–बार शुक्रिया।

गलती किसकी ?

- मासूम स्त्रियां बड़ी आसानी से फुसलाई जा सकती हैं और पुरुष उनका जमकर शोषण करते हैं।
- कम उम्र की लड़कियां इस बात को अच्छी तरह नहीं समझतीं कि मातृत्व एक बड़ी जिम्मेदारी है इसलिए इसमें बड़ी सावधानी और नियंत्रण से प्रवेश करना चाहिए।

नजमा की जिंदगी को यूं मिली नई किरण

10

मैं कोलकाता की रहने वाली 16 वर्षीय लड़की हूं। मेरा नाम नज़मा है। मेरे पिता जीवन–यापन के लिए चाय की दुकान चलाते थे। मेरी मां ने दो लड़कों को भी जन्म दिया, लेकिन वे बच नहीं सके। मेरे माता–पिता के आपसी संबंध काफी तनावपूर्ण थे। इसकी वजह मेरे पिता की गलतबयानी थी। दरअसल, उन्होंने मेरी मां से यह बात छिपाई थी कि उनकी पहले भी दो शादियां हो चुकी थीं। उनके बीच होने वाला झगड़ा हमारी रोजमर्रा की जिंदगी का हिस्सा बन चुका था। मेरे पिता बहुत बदनीयत इंसान थे और जिस्मफ़रोशी के धंधे से भी जुड़े हुए थे। शादी के बाद उन्होंने मेरी मां पर दूसरे मर्दों के साथ नाजायज ताल्लुकात रखने के लिए दबाव डालना शुरू कर दिया। उन्होंने ओछेपन की सारी सीमाएं पार करते हुए मुझे महज तीन साल की उम्र में बेचने की कोशिश की। बहरहाल स्थानीय पुलिस की मदद से मेरी मां ने मुझे बचा लिया और मेरे पिता का घर छोड़कर नानी के घर चली आई।

मेरी नानी हमें अपने ऊपर बोझ समझती थीं, इसलिए हमारे साथ अच्छा बर्ताव नहीं करती थीं। वह मेरे पिता को लेकर उल्टी–सीधी बातें करती रहती थीं, जिससे तंग आकर मेरी मां ने मुझे नानी के पास छोड़कर दिल्ली चली आई। यमुना पुश्ता की झुग्गियों में रहने वाले एक हिंदू मर्द से उसने शादी कर ली और मुझे नर्क में पड़ा रहने के लिए नानी के पास छोड़ दिया।

नानी मुझे सारा दिन कोसती और गालियां देती, जिससे मुझे मानसिक तौर पर बड़ी तकलीफ होती। अपने ममेरे भाइयों को स्कूल जाता देख मेरा मन भी स्कूल जाने के लिए करता, लेकिन मेरी सुनने वाला कोई नहीं था। मैं अपने ममेरे भाइयों को लिखता–पढ़ता देखकर जमीन पर पानी से क, ख, ग लिखने की कोशिश करती। एक बार जब मेरी मां मुझसे मिलने आई, तो मैंने उससे स्कूल में दाखिल कराने को कहा।

वह राजी हो गई और दिल्ली आकर मेरी पढ़ाई के लिए पैसे भेजने लगी। इस दौरान मेरी नानी ने

अपना घर बदल लिया। नया घर स्कूल से काफी दूर था, इसलिए दूसरी कक्षा के बाद मैं पढ़ाई जारी न रख सकी। मैं सारा दिन घरेलू कामकाज में लगी रहती। किस्मत ने करवट बदली और मैं अपनी मां को इस बात के लिए राजी करने में कामयाब हो गई कि वह मुझे अपने साथ दिल्ली ले चले। मेरा सौतेला बाप बड़ा भला आदमी था। वह चाय की दुकान चलाता था। उसने मुझे स्कूल भेजने की इजाजत दे दी और मैं यमुना पुश्ता पर 'नवज्योति' द्वारा संचालित स्कूल में पढ़ने लगी। स्कूल में मेरी ढेर सारी सहेलियां बन गईं। इस दौरान एक इलेक्ट्रीशियन लड़के के साथ मेरी दोस्ती हो गई। वह अक्सर मेरे घर आता था, इससे मुहल्ले में अफवाह उड़ने लगीं। एक दिन उसने सारी सीमाएं तोड़ते हुए मेरे साथ शारीरिक संबंध बनाने की कोशिश की। गुस्से में आकर मैंने उसके साथ दोस्ती खत्म कर दी। मुझे मुहल्ले में गलत निगाह से देखा जाने लगा। मेरी मां ने मुझे धमकाया कि अगर दुबारा मैंने वैसी कोई हरकत की, तो वह मुझे वापस गांव भेज देगी। मेरी मानसिक पीड़ा समझे बिना मुझे घर की चारदीवारी में कैद कर दिया गया।

एक दिन मेरी एक शादीशुदा सहेली ने मुझसे कहा कि मैं एक लड़के को उसकी तरफ से प्रपोज कर दूं। मैंने सोचा कि अगर वह शादीशुदा होकर ऐसा कर सकती है, तो मैं क्यों नहीं? अब मुझे अपनी आजादी का एकमात्र रास्ता शादी ही नजर आया। मैंने उसी लड़के को प्रोपोज किया, जिस पर मेरी शादीशुदा सहेली फिदा थी। हालांकि उसकी मंगनी हो चुकी थी, फिर भी उसने मेरा प्रस्ताव मान लिया। वह मेरे साथ अच्छा बर्ताव करता था। मुझे लगा कि प्यार भरी शादीशुदा जिंदगी मेरा इंतजार कर रही है, लेकिन मेरी यह खुशी बहुत कम समय ही कायम रह सकी। मेरी सहेली मेरी दुश्मन बन चुकी थी और उसने मेरे बारे में अफवाह फैलाने का बीड़ा उठा लिया। उसने यह अफवाह फैलाई कि मेरे किसी और पुरुष से भी संबंध हैं।

इसके चलते मेरे ब्वॉय फ्रेंड ने मुझसे संबंध तोड़ लिया। इन सब बातों से मेरा सौतेला बाप बहुत नाराज हुआ और उसने मेरी पढ़ाई बंद कर दी। हालांकि नवज्योति के सलाहकार ने उसे कई बार समझाने की कोशिश की कि मेरा कोई कसूर नहीं है, फिर भी वह नहीं माना। इससे दुखी होकर मैंने खुदकुशी करने की ठान ली। एक रात मैं पेड़ से लटकने जा रही थी कि एक पड़ोसी ने मुझे बचा लिया।

मेरी उसी सहेली ने इस बार मेरा नाम एक शादीशुदा मर्द के साथ जोड़ा और उसकी पत्नी को मेरे खिलाफ खूब भड़काया। उसकी प्रतिशोध की आग बुझने का नाम ही नहीं ले रही थी। एक दिन उसकी पत्नी ने आकर बड़ी निर्दयता से मेरी पिटाई की।

हैरत की बात थी कि मुझे समझ में नहीं आ रहा था कि क्या हो रहा है और मेरी गलती क्या है? कैसी विडम्बना थी कि मेरी सहेली ने डेढ़ साल के अंदर मेरा नाम चार मर्दों के साथ जोड़ दिया था, जबकि एक के अलावा, मैं बाकी तीनों को जानती तक नहीं थी। मुझे लगा कि मैं अपना सब कुछ गवां चुकी हूं, क्योंकि मेरी इज्जत तार–तार हो चुकी थी।

ऐसे में नवज्योति ने मेरी रक्षा की। उसकी सलाहकार मेरी स्थिति और भावनाओं को समझती थी। वह पुलिस और मेरे मां–बाप को यह समझाने में सफल रही कि मैं परिस्थितियों की शिकार हुई हूं,

असलियत में मेरा कोई कुसूर नहीं है। उन्होंने मुझे पढ़ाई जारी रखने की सलाह दी और मैं नेशनल ओपन स्कूल के माध्यम से तीसरी कक्षा पास करने में सफल रही। सलाहकार ने मुझे समझाया कि अभी तुम्हारी शादी की नहीं पढ़ाई की उम्र है। मैंने महसूस किया कि अगर आत्मनिर्भर बनना है, तो शादी का चक्कर छोड़कर पढ़ाई पर ध्यान देना होगा, क्योंकि असली आजादी शादी से नहीं बल्कि शिक्षा से प्राप्त होती है। गौरतलब है कि नजमा ने अब खुद को आत्मनिर्भर बनाने का फैसला कर लिया है।

गलती किसकी ?

- अनेक लड़कियां बिना किसी मार्गदर्शन के अपनी जिंदगी व्यतीत करती हैं और अंत में जिंदगी खुद उनके लिए बोझ बन जाती है।
- पुरुषों से सहारे की आस में जब संबंध बनाए जाते हैं, तो अक्सर वे रुसवाई में तब्दील हो जाते हैं, क्योंकि पुरुष अपना काम निकालने के बाद उन्हें अकेला छोड़कर चलते बनते हैं।

जब औरत सादगी की हद पार कर जाए

11

मेरा नाम संजय है। मैं मेरठ के एक मध्यवर्गीय परिवार से हूं। अपने तीन बहन–भाइयों में मैं सबसे छोटा हूं। बी.ए. करने के बाद मैंने कुछ समय तक मेरठ में काम किया और उसके बाद रोजगार की अच्छी संभावनाएं देखते हुए फरीदाबाद शिफ्ट हो गया। अपनी निजी और व्यावसायिक जिंदगी के बारे में मेरे ख्वाब बहुत साधारण थे। हालांकि मेरी शादी के लिए कई प्रस्ताव आए, लेकिन आत्मनिर्भर हुए बिना मैं नई जिंदगी शुरू करना नहीं चाहता था।

एक दिन मैं अपने एक रिश्तेदार के मित्र के घर गया, जहां मुझे शादी का प्रस्ताव मिला। लड़की उस रिश्तेदार की कजन थी। वह लड़की देखने में बड़ी भली और समझदार लगी। उसने मुझे बताया कि बचपन में ही उसके माता–पिता की मृत्यु हो गई थी। उस समय वह निर्यात का कारोबार कर रही थी। हालांकि अपनी और उसकी हैसियत को लेकर मैं शुरू में थोड़ा आशंकित था, लेकिन फिर मैंने सोचा कि उसे आर्थिक नहीं, भावनात्मक सुरक्षा की जरूरत है। उस प्रस्ताव से मैं सहमत हो गया और हमारी शादी तय हो गई। वैसे, मैंने मंदिर में सादगीपूर्ण विवाह की योजना बनाई, लेकिन शादी से दो दिन पहले उसने मुझे सूचित किया कि उसने अपनी हैसियत के अनुकूल शादी के लिए एक पांच सितारा होटल बुक किया है। इससे मुझे थोड़ी हैरानी तो हुई, लेकिन उसे मैंने स्वीकार कर लिया। मात्र एक सप्ताह के भीतर ही हमारी शादी की सभी रस्में पूरी हो गईं। शादी के फौरन बाद उसने मेरे घर आने से इंकार कर दिया। उसने मुझसे कहा कि अगर वह मेरे साथ रहेगी, तो उसके कारोबार में दिक्कत होगी। समय बीतने के साथ उसके काम को लेकर मेरा शक बढ़ता गया। शादी के फौरन बाद उसके लिए फोन आने शुरू हो गए। वह हमेशा बाथरूम में जाकर फोन सुनती। उसने मुझसे कहना शुरू कर दिया कि मेरे साथ शादी करके उसने मुझ पर उपकार किया है। एक दिन उसने मुझे नौकरी छोड़ने का सुझाव दिया, जो मेरे लिए स्वीकार्य नहीं था। इस बीच मुझे पता चला कि वह किसी

गैरकानूनी धंधे में लगी हुई थी और मुझे भी उसमें शामिल करना चाहती थी। उस वक्त मुझे महसूस हुआ कि मुझसे भयानक भूल हो गई है। मैं हतप्रभ था और कुछ समझ नहीं पा रहा था कि क्या करूं? काफी कहा–सुनी के बाद महज 14 दिन साथ रहकर उसने मुझे छोड़ दिया। प्रकरण को समाप्त हुआ समझकर मैं अपने गांव चला गया, लेकिन मुसीबत ने मेरा पीछा वहां भी नहीं छोड़ा।

छह महीने बाद मुझे जानकारी मिली कि उसने मेरे और मेरे रिश्तेदारों के खिलाफ शारीरिक उत्पीड़न का आरोप लगाते हुए महिला अपराध शाखा में मामला दर्ज कराया है। आठ महीने तक वह केस चलता रहा। अपनी धन शक्ति से वह उच्चाधिकारियों को प्रभावित करती रही। तभी एक अन्य केस दर्ज हुआ और हम लोग गिरफ्तार हो गए। हालांकि कुछ समय बाद हमें जमानत मिल गई, लेकिन उसकी खुन्नस फिर भी जारी रही। मैं जब भी दिल्ली आता, वह थाने में जाकर शिकायत दर्ज करा देती कि मैं अपने रिश्तेदारों के साथ मिलकर उसे तंग करता हूं। अपने मामले में मैंने पुलिस को असहाय और बिका हुआ पाया। पुलिस ने हमें फिर से गिरफ्तार कर लिया। हम टूटने के कगार पर ही थे कि हमें तिहाड़ में 'नवज्योति' के बारे में जानकारी मिली। हमने वहां संपर्क करके अपनी पूरी दास्तान बताई। शुक्र है कि 'नवज्योति' आज हमें इंसाफ़ दिलाने के लिए प्रयास कर रही है।

गलती किसकी ?

- स्त्रियों का अपराधियों की भाषा बोलना बड़े शर्म की बात है।
- कानून लागू करने वाले एजेंसियों का संवेदनहीन होकर काम करना भी काफी दुखद है।
- पर्याप्त खोजबीन के बिना कोई भी शादी में धोखा खा सकता है।

दोस्त ने यौन शोषण किया शादी का बहाना करके

12

मैं एक 16 वर्षीय लड़की हूं। पिछले आठ वर्षों से मैं अपने माता–पिता और दो छोटे भाइयों के साथ दिल्ली में शुखहाल जीवन के लिए संघर्ष कर रही हूं। मेरे पिता उत्तर प्रदेश के एक किसान थे, लेकिन पैसा कमाने के लिए वह दिल्ली आ गए। दिल्ली में वह एक दिहाड़ी मजदूर के रूप में काम करने लगे और रेलवे लाइन के निकट एक झुग्गी–बस्ती में रहने लगे। उनकी आमदनी कम होने के कारण लोगों को दो जून की रोटी की भी दिक्कत होने लगी, इसलिए हम सब ने काम करना शुरू कर दिया। मेरी मां ने महरी का, मेरे भाई ने तांगा चलाने का और मैंने माला बनाने का काम शुरू कर दिया। उस समय मैं छठी कक्षा में पढ़ रही थी, किंतु मुझे पढ़ाई छोड़नी पड़ी। जीवनयापन के लिए हमलोग 'कोल्हू के बैल' की तरह काम करने लगे। कुछ समय बाद मेरी नजर कमजोर हो गई और मुझे बार–बार सिर दर्द की शिकायत होने लगी। अंत में मुझे अपना काम छोड़ना पड़ा, क्योंकि मैं सुई–धागे से ज्यादा देर तक काम कर पाने में असमर्थ हो गई।

कोई काम न होने के कारण मैं सारा समय इधर–उधर घूमने और सहेलियों के साथ गप्पें मारने में बिताने लगी। इसी दौरान एक सहेली के घर मेरी एक लड़के से मुलाकात हुई। उसे मैं पसंद आ गई और उसने मेरे साथ शादी का प्रस्ताव रखा। मेरी उसमें दिलचस्पी नहीं थी, इसलिए मैंने उसके प्रस्ताव को ठुकरा दिया। इसके बावजूद वह अपनी बात मनवाने के लिए मेरा पीछा करने लगा। मैं लगातार उसे इंकार करती रही। अपने सच्चे प्यार का प्रमाण देने के लिए एक दिन उसने मेरे सामने ही अपनी कलाई की नस काट डाली और खून के फव्वारे फूट पड़े। यह दृश्य देखकर मैं सहम गई और घबराहट में मैंने उसे 'हां' कह दी। बाद में ठंडे दिमाग से मैंने महसूस किया कि मुझे एक अच्छा साथी मिल गया है। समय बीतने के साथ–साथ अपनी गृहस्थी बसाने की मेरी इच्छा प्रबल होती गई और शादी के लिए मैंने उसे कई बार याद दिलाया। उसने मुझे न केवल शादी का भरोसा दिलाया, बल्कि अपने चाचा से मेरा परिचय भी कराया। मुझे उस पर यकीन हो गया और मैंने उसके साथ बाहर जाना जारी रखा।

एक दिन उसके परिवार वालों को हमारे रिश्ते की भनक लग गई, जिस पर उन्होंने एतराज किया। उनके एतराज के बावजूद मेरे दोस्त का इरादा नहीं बदला, लेकिन मैं थोड़ा आशंकित रहने लगी। एक दिन मैंने उससे कहा कि वह अपने घरवालों से शादी की मंजूरी फौरन ले ले, किंतु उसके घरवालों ने उसकी एक न सुनी। उनके इंकार करने पर वह छज्जे से कूद पड़ा और उसकी एक बांह टूट गई। उसकी इस हरकत से मुझे हैरानी तो हुई, लेकिन अपने प्रति उसकी दीवानगी देखकर मुझे खुशी भी हुई।

एक दिन हम दोनों घूमने गए। उस दिन उसने मुझसे कुछ देर और ठहर जाने का आग्रह किया और बातों–बातों में रात के दस बज गए उसने कहा कि काफी रात बीत चुकी है, इसलिए मैं उसके साथ उसके रिश्तेदार के घर ठहर जाऊं। मैं बेफिक्र होकर उसके साथ चल पड़ी। उसके रिश्तेदार के घर पहुंचने पर मैंने वहां कुछ महिलाओं को बैठे देखा। उन सबने मेरा स्वागत किया। मैं यह देखकर हैरान रह गई कि उन लोगों ने हमारे लिए बहुत उम्दा खाना तैयार किया था। मुझे लगा जैसे उन्हें मेरे आने का पहले से ही अंदाजा था। मैंने खूब मजे से खाना खाया। उन महिलाओं ने हमारी शादी में मदद करने का आश्वासन भी दिया, जिससे मुझे काफी राहत मिली। खाना खाने के बाद वे महिलाएं मुझे मेरे दोस्त के साथ ऊपरी मंजिल पर बने एक कमरे में ले गईं। कुछ देर तक हमारे साथ रहने के बाद हम दोनों को कमरे में बंद करके वे सभी कमरे के बाहर आ गईं, जिससे मुझे कुछ बेचैनी हुई। उसने मेरे साथ शारीरिक संबंध बनाने की इच्छा व्यक्त की, जिसे मैंने ठुकरा दिया। अंततः उसने मेरे साथ जबरदस्ती की और तीन बार मेरे साथ शारीरिक संबंध बनाया। भूखे भेड़िए की तरह उसने मेरे सारे जिस्म को नोच डाला। मुझे यकीन नहीं हो रहा था कि यह वही शख्स था, जिसने मेरे लिए दो बार अपनी जिंदगी दांव पर लगा दी थी।

इस घटना के बाद मैं अपने मां–बाप को मुंह दिखाने लायक नहीं रह गई थी, इसलिए शर्म के मारे मैंने अपने घर जाने के बजाय सीधे अपने प्रेमी के घर की राह पकड़ी। रास्ते में मुझे मेरे पिताजी मिल गए। वह मुझे लेकर घर गए। मैं उनसे कोई बात छिपा न सकी और उनके ज्यादा पूछताछ पर सारी हकीकत बयान कर दी। मेरी मां ने दो दिनों तक मेरी जमकर पिटाई की। मेरी भावनाओं को देखते हुए तीसरे दिन मेरे पिताजी मेरे दोस्त के पिता से मिलने उसके घर गए। उन्होंने अपने बेटे की गलती स्वीकार करने के बजाय, मुझ पर ही चरित्रहीन होने का आरोप लगाया। इसकी जानकारी मिलते ही मैं उसके घर गई और उसके माता–पिता से खूब लड़ी। इसी दौरान उसके चाचा ने मुझे धक्का देकर इतने जोर से चांटा मारा कि मैं फर्श पर गिर पड़ी। जब मैं बर्दाश्त न कर सकी, तो मैंने उनके सामने ही अपनी कलाई की नस ब्लेड से काट डाली। मुझे अस्पताल ले जाया गया और मेरे पिताजी शिकायत दर्ज कराने के लिए थाने गए। मैंने अपनी डॉक्टरी जांच के लिए जोर दिया, लेकिन उन लोगों ने मुझे यह कह कर डरा दिया कि डॉक्टरी जांच में मेरे शरीर में कुछ मशीनें घुसेड़ी जाएंगी। अंततः मैं बिना किसी परीक्षण के घर वापस आ गई। अगले दिन मैं और मेरे पिताजी रात के बारह बजे

तक थाने में पड़े रहे, लेकिन किसी ने हमारी बात नहीं सुनी। दो दिनों के बाद एक पुलिसकर्मी हमारे घर आया और हम पर अपना रुख बदलने के लिए दबाव डाला। पुलिस का रवैया देखकर मुझे हैरानी हुई। बाद में मुझे यह भी पता चला कि पुलिस ने हमारी रिपोर्ट दर्ज नहीं की थी। मेरा ब्वॉय फ्रेंड तब से लगातार गायब था, लेकिन पुलिस उसे तलाशने के बजाय हमें ही प्रताड़ित करती रही। हम लोग अपना इरादा बदल कर मामला वापस लेने ही वाले थे कि हमें 'नवज्योति' परिवार परामर्श केंद्र के बारे में पता चला। हमने उनसे सम्पर्क करके मदद की गुहार की। उन्होंने मेरी डॉक्टरी जांच कराकर फौरन मामला दर्ज कराया। हालांकि पुलिस हमें अब भी परेशान कर रही है, लेकिन 'नवज्योति' की सहायता पाकर हमारी हिम्मत बढ़ गई है। मैंने आत्मनिर्भर बनने और नई जिंदगी शुरू करने के लिए 'नवज्योति' केंद्र में सिलाई सीखना शुरू कर दिया है। किसी ने सच ही कहा है–'ईश्वर एक द्वारा बंद करता है, तो दूसरा खोलता भी है।' नवज्योति हमारे लिए ईश्वर द्वारा खोला गया दूसरा द्वार है।

गलती किसकी ?

- समाज को अब भी एक न्यायप्रिय और संवेदनशील पुलिस की तलाश है।
- ऐसी घटनाओं के लिए जिम्मेदार बच्चों की पिटाई करने के बजाय उनके माता–पिता गलत काम में उनका साथ देते हैं।

शराबखोरी ने तबाह कर दिया

13

मेरा नाम जुनैद है। मैं एक प्रतिष्ठित मुस्लिम परिवार में जन्मा और पला–बढ़ा। मुझे जिंदगी की हर खुशी मिली, मसलन अच्छी सेहत, मजबूत सामाजिक–आर्थिक हैसियत, अच्छी शिक्षा और सबसे ऊपर मेरे माता–पिता, भाइयों तथा बहनों का बेशुमार प्यार। स्कूल की पढ़ाई खत्म होने के बाद मैंने मेडिकल कॉलेज में दाखिला ले लिया। कॉलेज में दोस्तों के बार–बार कहने के ब।द मैंने पहली बार शराब का स्वाद चखा। धीरे–धीरे मुझे शराब की आदत पड़ गई। चूंकि मैंने अपने खानदान में किसी को भी किसी किस्म का नशा करते कभी नहीं देखा था, इसलिए मैं अपने परिवार वालों को अपनी शराब की लत के बारे में बताते हुए डरता था। कॉलेज पास करने के बाद मैंने प्रैक्टिस शुरू कर दी। पार्टियों में कुछ पैग से शुरू हुई मेरी शराबखोरी अब मेरी दिनचर्या में शामिल हो चुकी थी। यहां तक कि मैंने अपने परिवार के साथ रहते हुए भी छिपकर पीना शुरू कर दिया।

कुछ अरसे बाद मेरी शादी हो गई। मेरे माता–पिता इसी बात से खुश थे कि उनके बेटे के पास अच्छा कैरियर और प्यारी बीवी है। इसके अलावा, उनकी और कोई ख्वाहिश नहीं थी। इधर, मेरी शराबखोरी की आदत बढ़ती गई और जिसका मुझे डर था वह दिन जल्दी ही आ गया। मेरे घरवालों को मेरी शराब पीने की आदत का पता चल गया। घर वाले शराब को लेकर इतने अधिक भड़क उठे कि मैं उनसे यह बताने की हिम्मत न जुटा सका कि अब इस आदत को छोड़ना मेरे वश से बाहर है। मेरे माता–पिता को मेरी शराबखोरी मंजूर नहीं थी, इसलिए उन्होंने मुझे अपने बीवी–बच्चों के साथ फौरन घर छोड़ देने के लिए कहा। उन्हें उम्मीद थी कि जिम्मेदारियों के बोझ से मेरी शराबखोरी की आदत खत्म हो जाएगी, लेकिन हुआ इसका उल्टा ही।

अब मैं रोज–रोज के हस्तक्षेप से आजाद हो चुका था। मैंने अपने घर में ही खुलकर पीना शुरू कर दिया। मेरी बीवी का धीरज जल्दी ही जवाब दे गया और हम दोनों के बीच अक्सर तकरार होने लगी। ज्यादा समय तक बर्दाश्त न कर पाने के कारण मैंने किसी को कुछ बताए बिना घर छोड़ दिया। मैंने एक बार भी यह नहीं सोचा कि आखिर मैं जाऊंगा कहां और मेरी बीवी अपना और बच्चों का इंतजाम कैसे करेगी। मैं ऐसी जगह की तलाश में निकल पड़ा, जहां मैं अपनी शर्तों पर आजादी से रह सकूं और जहां

ना–नुकुर और तकरार करने वाली बीवी भी न हो। वैसे, ऐसी जगह मिलने में अधिक समय नहीं लगा। अपनी योग्यता की वजह से मुझे कभी आर्थिक समस्या का सामना नहीं करना पड़ा। मैंने एक डॉक्टर के साथ काम करना शुरू कर दिया और वहां लगभग पांच बरस रहा। मैं वहां खुश था, क्योंकि मैं शराब पीने और अपने तरीके से जिंदगी का मजा लूटने के लिए आजाद था। कभी–कभी मुझे अपने बच्चों की याद आती, लेकिन एक पैग पीते ही मैं अपनी सभी समस्याओं से मुक्त हो जाता। शराब मुझे सब कुछ भुला देने में सहायक थी। हैरानी की बात यह थी कि मुझे अपनी बीवी की याद कभी नहीं आई। मेरी नशाखोरी की लत बद से बदतर होती गई। कुछ दिनों में नौबत यहां तक आ गई कि मुझे नौकरी छोड़ देनी पड़ी, क्योंकि शराब मेरे पेशे और मेरे बीच बाधक बनने लगी। दरअसल, शराबखोरी ने मेरी काम करने की कुव्वत ही खत्म कर दी थी। मैंने जिंदगी में पहली बार महसूस किया कि शराब ने मुझे तबाह कर दिया है। उधर, अपने बीवी–बच्चों से मिले हुए मुझे नौ बरस गुजर चुके थे। मैं बेसहारा महसूस करता हुआ वापस दिल्ली आ गया। मैं परिवार वालों को मुंह दिखाने लायक न था, इसीलिए दिल्ली आकर मैं अपने एक दोस्त के घर रुका। मेरे बच्चों को जब पता चला कि मैं उनके करीब ही हूं, तो वे मुझसे मिलने आए। मैं गदगद हो गया। मेरे बच्चे आत्मनिर्भर हो चुके थे। मैंने महसूस किया कि जिंदगी में मैं बहुत कुछ खो चुका हूं और इसकी भरपाई मुश्किल है।

मेरे बच्चों ने मुझे अपना इलाज कराने के लिए आर्थिक सहायता देने की कोशिश की, लेकिन सब बेकार था। मैं उन्हें और ज्यादा परेशान नहीं करना चाहता था। बहरहाल, उनके बार–बार कहने पर मैंने उनकी बात मान ली। मेरी सबसे बड़ी बेटी 'नवज्योति नशामुक्ति केंद्र' के बारे में जानती थी। उसने मुझे वहां दाखिल करा दिया। मेरे तीनों बच्चे मुझे देखने वहां नियमित आते रहे, लेकिन मेरी बीवी ने शायद अभी भी मुझे माफ नहीं किया है। वैसे, उसकी नाराजगी की वाजिब वजह भी है। मैं जानता हूं कि एक दिन वह मेरे गुनाहों के लिए मुझे माफ कर देगी। अंततः मैंने यही देखा कि प्यार ही कायम रहता है, नशा नहीं।

गलती किसकी ?

- यह कैसा परिवार है, जिसे यह भी पता न हो कि उसके एक सदस्य के साथ क्या हो रहा है?
- वे कैसे अध्यापक और कॉलेज हैं, जो किसी शख्स को उसके पेशे के लायक नहीं बना सकते?
- यह कैसा मेडिकल सिस्टम है, जिसमें चिकित्सकों को समयबद्ध लाइसेंस नवीनीकरण प्रणाली नहीं है?

शराबी पति ने मेरा जीवन नरक बना दिया

14

मेरा नाम सुनीता है और मेरी उम्र 24 वर्ष है। अपने माता–पिता की चार संतानों में मैं सबसे छोटी हूं। छह वर्ष की आयु में मैं अपने परिवार के साथ नेपाल से भारत आई। मेरे पिता सिक्योरिटी गार्ड थे, लेकिन एक अन्य कर्मचारी के साथ झगड़ा हो जाने के कारण उन्हें नौकरी छोड़नी पड़ी। उस समय मैं छठी कक्षा में पढ़ रही थी। आर्थिक तंगी के कारण मजबूरन मुझे अपनी पढ़ाई बीच में ही छोड़ देनी पड़ी। 17 वर्ष की उम्र में मेरे पिता ने एक योग्य व कामकाजी वर देखकर मेरा विवाह कर दिया। उस समय मेरे पति की आय लगभग सात–आठ सौ रुपए मासिक थी। मेरे पिता को मेरी शादी के चक्कर अपना मकान तक बेच देना पड़ा। ससुराल में मुझे एक प्यारी सास मिली। मैंने पाया कि मेरा पति हमेशा खाने में कमी निकालने की फिराक में रहता था, चाहे खाना उसकी मां ने ही क्यों न बनाया हो। पसंदीदा खाना न मिलने पर मैंने कई बार उसे खाने की थाली अपनी मां के ऊपर फेंकते देखा। धीरे–धीरे वह मेरे साथ भी वैसा ही व्यवहार करने लगा और धक्का-मुक्की व गाली-गलौज मेरी जिंदगी का हिस्सा बन गए। यह सोचकर कि आर्थिक मदद से शायद उसके व्यवहार और तनाव में कुछ कमी आ जाए, मैंने महरी के रूप में काम करना शुरू कर दिया।

मैंने पाया कि मैं तो आर्थिक रूप से कुछ हद तक आत्मनिर्भर हो गई, किंतु उसके रुख़ में कोई बदलाव नहीं आया। इस बीच मैंने एक लड़की को भी जन्म दिया। एक दिन मेरे पति ने गुस्से आकर मुझे इतने जोर से धक्का दिया कि मैं कमरे में रखे ट्रंक के नुकीले कोने से टकरा गई। मेरी पीठ में इतनी अधिक चोट लगी कि मैं बेहोश हो गई। होश आने पर मैंने खुद को अस्पताल के बिस्तर पर पाया। मेरी कमर में फ्रैक्चर हो गया था और बाद में पता चला कि मेरे फेफड़ों में भी इन्फेक्शन हो गया है। मेरी बेटी इंफेक्शन की वजह से ही मर गई। मेरी हालत दिन–ब–दिन बिगड़ती जा रही थी। मेरी सास इतनी बूढ़ी थी कि वह बेचारी चाह कर भी मेरी देखभाल नहीं कर सकती थी।

अंततः मेरा भाई मुझे अपने घर ले गया, जहां उसने कई महीनों तक मेरा इलाज कराया और मैं

स्वस्थ्य हो गई। जब ससुराल आई तो सास चल बसी थी। अब सब कुछ सहने के लिए मैं अकेली रह गई। एक बार तंग आकर मैं पुनः मायके चली गई, लेकिन मायके वालों ने भी इसे मेरी तकदीर का दोष बताकर पल्ला झाड़ लिया। कोई चारा न देखकर मुझे मजबूरन फिर अपने पति के घर जाना पड़ा, जिससे उसकी हिमाकत और बढ़ गई।

इस बीच मुझे यकीन हो चला था कि कुछ बदलने वाला नहीं है, इसलिए इसे मैंने अपना दुर्भाग्य समझकर हालात से समझौता कर लिया। इस दौरान मेरे दो बेटे भी हुए। मैंने महरी के रूप में काम करके अपने बच्चों का पालन-पोषण किया और पति की पिटाई भी सहती रही। मेरा बड़ा बेटा बीमार रहता था। उसके इलाज पर काफी खर्च आया, लेकिन मेरे पति ने मुझे एक पैसा भी नहीं दिया। सारा प्रबंध मैंने खुद ही किया। दो बार मुझे गर्भपात भी करवाना पड़ा, क्योंकि मुझे मालूम था कि दो से अधिक बच्चों को संभाल पाना मेरे लिए बहुत कठिन था। कुछ समय बाद मेरे धैर्य की फिर परीक्षा हुई। मेरा पति गंभीर रूप से बीमार पड़ गया। मैंने सोचा कि शायद बीमारी के बाद उसे कुछ होश आए और वह शराबखोरी छोड़कर अपनी जिम्मेदारी का अहसास करे, किंतु वैसा कुछ नहीं हुआ। उलटे उसने और अधिक पीना शुरू कर दिया।

एक दिन मेरे पति ने मेरी बुरी तरह पिटाई की और रात के 11 बजे मुझे नंगे पांव घर से बाहर निकाल दिया। मेरे मकान मालिक ने मुझे शरण दी। उसने मुझे 'नवज्योति' का पता बताया। मैंने कई बार खुदकुशी करने की भी कोशिश की, लेकिन भगवान को शायद वह भी मंजूर नहीं था। मेरी जगह कोई और औरत होती तो कब का दम तोड़ चुकी होती। ईश्वर मुझे मुंह मांगी मौत भी नहीं देना चाहता था।

बहरहाल, मैं भगवान की इस बात के लिए शुक्रगुजार हूं कि उसने मुझे कोई बेटी नहीं दी, वर्ना आगे चलकर उसकी भी मेरी जैसी दशा होती। इतना कष्ट सहने के बावजूद मैंने अपना घर खुद नहीं छोड़ा था, बल्कि मुझे धक्का देकर निकाला गया था। अब मुझे समझौते की कोई संभावना नजर नहीं आती। अब तो मैं सिर्फ इतना चाहती हूं कि स्वतंत्र जीवन व्यतीत कर सकूं।

गलती किसकी ?

- जिंदगी हमारे हाथों में है और हम उसे अपनी पसंद से जीना चाहते हैं, जिसमें कई बार हम खुद ही परेशानियां पैदा कर लेते हैं।
- स्त्रियों के लिए बच्चे जहां उनकी शक्ति होते हैं, वहीं जीवन–पर्यंत मुसीबत की मुख्य जड़ भी बन जाते हैं।

किस्मत कदम-कदम पर लेती रही परीक्षा

15

मैं कोलकाता के एक अत्यंत निर्धन परिवार की 30 वर्षीय महिला हूं। मेरे पिता मजदूर थे और जो कुछ भी वह कमाते थे, उससे उनके तीन बच्चों और पत्नी का गुजारा नहीं हो पाता था। इस तरह मेरा बचपन दो जून की रोटी के लिए संघर्ष करने में ही गुजरा। स्कूल की तो मैंने शक्ल भी नहीं देखी।

मैं अक्सर अपनी मौसी के घर जाया करती थी। वहां उनके एक पारिवारिक मित्र के लड़के से मेरी दोस्ती हो गई। चूंकि उसकी कमाई ठीकठाक थी, इसलिए मेरी मौसी ने हम दोनों की शादी का प्रस्ताव रखा। मैं अपने माता–पिता पर बोझ नहीं बनना चाहती थी, इसलिए मैंने मौसी के प्रस्ताव को स्वीकार कर लिया। हालांकि उस समय मैं मात्र 16 वर्ष की ही थी। मां शादी के प्रस्ताव और शादी के इंतजाम के तौर-तरीकों से खुश नहीं थी। मां ने मुझे प्रस्ताव ठुकराने के लिए कहा, लेकिन मैं गरीबी से इतनी तंग आ चुकी थी कि मैंने अपनी मां की इच्छा के विपरीत शादी कर ही ली। माता–पिता मेरी शादी में शामिल नहीं हुए। शादी के बाद हम दोनों दिल्ली आकर बस गए।

पति ने यहां एक ढ़ाबा खोल लिया। हमारी जिंदगी मजे से गुजरने लगी। इसी बीच मैंने एक पुत्री को जन्म दिया। हालांकि ढ़ाबे से होने वाली आय हमारी खुशहाल जिंदगी के लिए पर्याप्त थी, लेकिन मेरे पति को ऐशपरस्ती की ख्वाहिश उससे पूरी नहीं हुई। वह कुंठित रहने लगा और उसकी कुंठा दिन–ब–दिन बढ़ती गई। उसने लॉटरी पर पैसा खर्च करना और अपने नए दोस्तों के साथ शराबखोरी शुरू कर दी। इस दौरान ढाबे की आमदनी भी गिरती गई।

इन सब के बावजूद मेरे प्रति उसका प्यार और चिंता बरकरार रही। अपनी बेटी व मेरे प्रति वह इतना अधिक चिंतित रहने लगा कि उसकी सेहत दिन–ब–दिन गिरती चली गई और वह बीमार रहने लगा। वह काम के बहाने ज्यादातर समय घर से बाहर ही रहता। एक बार वह पांच दिनों तक घर नहीं आया। उसकी गतिविधियों को जानने के लिए एक दिन मैंने उसका पीछा किया। मुझे यह जानकर हैरानी हुई कि उसका

टीबी का इलाज चल रहा था। दरअसल, वह नहीं चाहता था कि मुझे उसकी बीमारी का पता चले, इसलिए उसने अपना पंजीकरण एक बेसहारा आदमी के रूप में कराया था। मुझे उसकी बीमारी की जानकारी मिलने तक काफी देर हो चुकी थी। कुछ दिनों बाद उसकी मृत्यु हो गई।

इस हादसे के बाद मैं जीवन के प्रति उदासीन हो गई, लेकिन मुझे अपनी बेटी की खातिर जीना था। कुछ अर्से तक मैंने ढाबे का कामकाज संभाला, लेकिन एक दिन मेरा नौकर सारा पैसा लेकर चम्पत हो गया। मेरे पास कुछ नहीं बचा। मेरी समझ में यह नहीं आ रहा था कि मैं कहां जाऊं! मुझे तो यहां तक मालूम नहीं था कि मेरे माता–पिता जीवित भी हैं या नहीं! मैंने पड़ोस के घरों में महरी के रूप में काम करना शुरू कर दिया। मुझे काम के अच्छे अवसर मिलने लगे, लेकिन जल्दी ही मुझे लगा कि मेरा निर्णय गलत था।

एक दिन घर की सफाई करते वक्त मकान मालकिन ने टिप्पणी की कि मेरी और उसके देवर की जोड़ी बहुत अच्छी रहेगी। उसकी टिप्पणी से मैं हतप्रभ रह गई, क्योंकि हम दोनों की आर्थिक स्थिति में इतना अंतर था कि मैं उसके बारे में सोच तक नहीं सकती थी। उसका देवर विधुर था और उसके दो बच्चे थे। मेरी मकान मालकिन मेरी बेटी की बढ़ती जरूरतों को याद दिलाकर शादी की पैरवी करती, लेकिन मेरी इसमें काई रुचि नहीं थी। बाद में मकान मालकिन ने उस बाबत कभी बात नहीं की और मैंने काम करना जारी रखा।

बहरहाल, मैंने पाया कि उन लोगों ने अपने सभी घरेलू मामलों में मुझे शामिल करना शुरू कर दिया। एक दिन इमरजैंसी के बहाने वह जबरन मुझे अपने देवर के घर ले गई। उसे शराब में धुत देखकर मैं चौंक गई। वह बिस्तर पर अचेत पड़ा था। उसकी मां ने बताया कि पत्नी की मृत्यु के बाद इसने शराब पीना शुरू कर दिया है। अगर कोई इसकी देखभाल करने के लिए आ जाए, तो यह बिलकुल ठीक हो जाएगा। एक अन्य मौके पर उसके छोटे भाई और उसकी पत्नी ने भी मां के अभाव में उसके बच्चों की तकलीफों की चर्चा की।

मेरे लिए उस घर में काम करना अब मुश्किल हो गया था, लेकिन कोई अन्य विकल्प न होने के कारण मैंने काम करना जारी रखा। उसके बच्चे भी मेरे घर आकर मुझसे दोस्ती बढ़ाने लगे। अब वह स्वयं भी मेरे घर आने लगा। हालांकि उसने शादी की बाबत कभी बात नहीं की, लेकिन मैंने पाया कि मेरी जिंदगी में उसका दखल बढ़ रहा था।

एक दिन मुझे बताया कि उसके घर में कोई फंक्शन है और काम अधिक होने की वजह से मुझे रात भर वहीं रहना पड़ेगा। किसी अनहोनी की चिंता किए बगैर मैं राजी हो गई। उन्होंने मुझे लाल चूड़ियां दीं और मेरे हाथ–पैरों पर मेहंदी भी लगाई। चूंकि वहां हर कोई मेहंदी लगा रहा था, इसलिए मैंने ऐतराज नहीं किया। जब मैं अपने घर पहुंची, तो मेरे एक पड़ोसी ने पूछा कि क्या मैंने शादी कर ली है? इस किस्म की चूड़ियां तो सिर्फ विवाहित महिलाएं ही पहनती हैं। उसके प्रश्न से मैं हैरान रह गई।

दोबारा वहां जाने पर सब ने मुझे शादी करने का सुझाव दिया। मैंने अपनी बेटी के बहाने शादी का प्रस्ताव ठुकराने की कोशिश की, लेकिन समूचे परिवार ने एक स्वर में कहा कि मेरी और मेरी बेटी की देखभाल की जिम्मेदारी अब उनकी होगी। अंततः मैं राजी हो गई।

शादी के महज तीन दिनों के अंदर ही मुझे अहसास हो गया कि मैंने बहुत बड़ी भूल की है। दरअसल, पहले ही दिन मेरी सास ने मुझ पर आरोप लगाया कि शादी करके मैंने उसके बेटे को बेवकूफ बनाया है। पहले ही दिन मेरा पति काम खत्म होने के बावजूद अपनी भाभी के घर से वापस नहीं आया। दूसरे दिन वह देर से आया और खाना भी नहीं खाया। तीसरे दिन जब मैंने उससे इस बारे में पूछा, तो उसने मेरी पिटाई की और घर से बाहर निकाल दिया।

अब मैं अपने घर में हूं और उनके यहां काम करने के लिए खुद को कोस रही हूं। मेरी आमदनी का एकमात्र जरिया भी अब खत्म हो गया है। 'नवज्योति' के बारे में जानकारी पाकर मैंने उनसे इस उम्मीद में सम्पर्क किया कि वे मेरी सहायता अवश्य करेंगे। मेरे मन में बार–बार यह सवाल उठ रहा है कि आखिर मैंने क्या गलती की? संभवतः मेरा कसूर यह है कि मैं अपनी इच्छा के विपरीत शादी के प्रस्ताव को सख्ती से न ठुकरा सकी।

गलती किसकी ?

- निर्भरता प्रदर्शन करने के बाद महिला असुरक्षित हो जाती है।
- समाज में असुरक्षित व्यक्तियों के लिए कोई कारगर सुरक्षा प्रणाली उपलब्ध नहीं है।
- असंतोष और लालच विनाश के मार्ग पर ले जाते हैं।

दहेज लोभियों ने दर-दर भटकाया

16

मैं हिमाचल में जन्मी और पली–बढ़ी 21 वर्षीय महिला हूं। मेरे पिताजी सरकारी कर्मचारी थे। जब मैं 16 वर्ष की थी, तभी उनकी मृत्यु हो गई। इसके बाद मेरी मां को उनके स्थान पर नौकरी मिल गई। चूंकि उनकी तनख्वाह तीन बच्चों के भरण–पोषण के लिए पर्याप्त नहीं थी, इसलिए मैंने 12वीं कक्षा के बाद पढ़ाई बंद करके काम करना शुरू कर दिया। इसी दौरान हमारे एक रिश्तेदार के माध्यम से मेरी शादी का प्रस्ताव आया। हमें बताया गया कि हालांकि लड़का सिर्फ 10वीं तक ही पढ़ा है, लेकिन उसकी अचार की एजेंसी है और वह लगभग 15,000 रुपये मासिक कमा रहा है। हमें रिश्ता पसंद आया और उससे मेरी शादी हो गई।

शादी के बाद मुझे नौकरी छोड़नी पड़ी। ससुराल में पहले ही दिन मेरी सास ने मेरे सारे गहने और पैसे मुझसे ले लिए। उसने पर्याप्त दहेज न लाने के लिए मुझे कोसना शुरू कर दिया। कुछ दिनों तक तो मैंने इस ओर यह सोचकर कोई ध्यान नहीं दिया कि समय गुजरने के साथ सब ठीक हो जाएगा, लेकिन जब स्थिति में कोई बदलाव नहीं आया, तो मैंने अपने पति से उसकी शिकायत की। मेरे पति ने मुझे बताया कि वह उसकी सगी नहीं, बल्कि सौतेली मां है। यही वजह है कि उसने उसके साथ भी कभी उचित बर्ताव नहीं किया। मेरे पति ने मुझे यह भी बताया कि उसके बड़े भाई और भाभी सौतेली मां के कारण ही घर छोड़कर चले गए हैं। वैसे, पूछताछ करने पर पता चला कि मेरा पति न केवल बेरोजगार था, बल्कि अशिक्षित भी था।

हालांकि मेरे ससुर ने मुझे कभी कुछ नहीं कहा, लेकिन उन्होंने मेरी सास की हरकतों पर भी कभी एतराज नहीं किया। मुझे महसूस हुआ कि वे लोग मेरी शादी में मिलने वाले दहेज से अपनी बेटी की शादी की योजना बना रहे थे। मेरे मायके से दहेज न मिलने से उनके मंसूबों पर पानी फिर गया, जिसकी वजह से वे क्षुब्ध थे। ऐसे में मैं कुछ कर भी नहीं सकती थी, क्योंकि मेरा पति पूरी तरह उन्हीं लोगों पर निर्भर था।

इस तरह धीरे–धीरे नोक–झोंक बढ़ती गई। मैं पति से शिकायत करती, तो वह घर में शांति बनाए रखने की हिदायत देता। वह मुझसे कहता कि जिस तरह मैं बर्दाश्त कर रहा हूं, उसी तरह तुम भी करो। कुछ समय बाद मैं बीमार रहने लगी। देखभाल न होने के कारण मेरी सेहत दिन–ब–दिन गिरती गई। मेरी सास ने मुझे मायके जाकर इलाज कराने को कहा। इसके बाद मेरा पति मुझे मायके छोड़ आया। मेरे ठीक हो जाने के बाद मेरी मां ने जब ससुराल वालों से मुझे ले जाने के लिए कहा, तो उन्होंने साफ इंकार कर दिया। उन्होंने कहा कि उन्हें मुझमें कोई दिलचस्पी नहीं है। उन्होंने मेरी मां से कहा कि अगर तुम चाहो, तो अपनी बेटी–दामाद को एक अलग मकान लेकर दे दो। कुछ दिनों बाद मेरे पति ने आकर बताया कि उसे भी घर से बाहर कर दिया गया है। मेरे पति ने मुझे बताया कि उसने एक कूरियर कंपनी में काम करना शुरू कर दिया है और कुछ दिनों बाद वह एक किराए का मकान लेकर मुझे वहां ले जाएगा। दो महीने बाद जब मेरी मां ने उसकी योजना के बारे में पूछा, तो उसने चिल्लाते हुए जवाब दिया कि वह जा रहा है और अब तभी वापस आएगा, जब पूरी तरह आत्मनिर्भर हो जाएगा। मुझे कुछ संदेह हुआ। मैंने एक रिश्तेदार को बुलाकर सच्चाई जानने का आग्रह किया। रिश्तेदार ने बताया कि मेरा पति खूब कमा रहा है और सारी कमाई अपनी मां को दे रहा है। उसने यह भी बताया कि उन लोगों को मुझे अपने साथ रखने का कोई इरादा नहीं है।

घबराकर मैंने हेल्पलाइन से संपर्क किया। उनके हस्तक्षेप से मैं अपने पति के साथ अलग मकान में रहने में सफल हुई। मैंने सोचा था कि शायद अब मेरे दु:खों का अंत हो जाएगा, लेकिन उनमें और बढ़ोतरी ही हो गई। मेरे पति ने मुझे पीटना शुरू कर दिया और एक वैन खरीदने के लिए पैसे का इंतजाम करने को कहा। उसकी मांग पूरी करना मेरे बूते से बाहर था। एक दिन उसने मुझे इतनी बुरी तरह पीटा कि मेरे कान से खून आने लगा। मैंने थाने में उसके खिलाफ शिकायत दर्ज करा दी। वहां पुलिस ने मुझे बताया कि मेरा पति पहले भी कई बार चोरी करने के आरोप में पकड़ा जा चुका था।

इसके बाद मैंने महिला अपराध शाखा में भी उसके खिलाफ शिकायत दर्ज कराई। वहां उसने समझौता कर लिया। दो दिनों तक तो वह ठीक–ठाक रहा, लेकिन उसके बाद वह मुझ पर केस वापस लेने का दबाव डालने लगा। मेरे मना करने पर उसने मुझे एक कमरे में बंद कर दिया। किसी तरह मैं वहां से निकल कर थाने पहुंची। वहां थानेदार ने कहा कि तुम्हारा पति तो पहले से ही अंदर बैठा हुआ है। मैंने अंदर जाकर देखा तो उसके हाथ और सिर में जख्म थे। थानेदार ने मुझसे पूछा कि तुमने अपने पति को क्यों मारा? मैंने रोते हुए उससे कहा कि मैंने ऐसा कुछ भी नहीं किया, लेकिन पुलिस कुछ भी सुनने को तैयार नहीं हुई। बहुत खुशामद करने के बाद उन्होंने एफआईआर तो दर्ज कर ली, लेकिन पूरे तथ्य नहीं लिखे।

अब मैं अपने मायके में हूं, लेकिन मेरी मुसीबतें खत्म नहीं हुई हैं। वे लोग मेरे खिलाफ झूठे आरोप लगाने और मुझे सताने का कोई भी मौका नहीं गंवा रहे हैं। शिकायत वापस न लेने पर वे मुझे गंभीर

परिणामों की धमकी देते हैं। इंसाफ की तलाश में मैं इस थाने से उस थाने तक भटक रही हूं, लेकिन हर कोई इसे पारिवारिक दुर्भावना का मामला मानकर खारिज कर देता है। कोई भी इसे दहेज प्रताड़ना का गंभीर मामला नहीं मानता। सब तरफ से निराश होकर मैंने 'नवज्योति' से सहायता मांगी है। मुझे उम्मीद है कि वे हमारी समस्या ठीक प्रकार से समझेंगे। अपनी मां की मुसीबतें कम करने के लिए पिछले 11 महीनों के वैवाहिक जीवन में मैंने एक अनपढ़, बेरोजगार और यहां तक कि चोर को बर्दाश्त किया है, लेकिन मेरी तकलीफें कम नहीं हुई। मेरा एकमात्र दोष मेरी गरीबी है।

गलती किसकी ?

- शादी को जब तक जिंदगी और गुजर–बसर के लिए जरूरी माना जाता रहेगा, तब तक स्त्रियां दुःख सहती रहेंगी।
- जब तक स्त्रियां जीवन भर अपनी सुरक्षा के लिए अपने पति पर आश्रित रहेंगी, तब तक उनकी तकलीफें खत्म नहीं होंगी।

साधुओं की संगत में नशेड़ी बना राजा

17

मेरा नाम राजा है। मेरी आयु 16 वर्ष की है। मेरा जन्म मेरठ के एक छह बच्चों वाले बड़े परिवार में हुआ। मेरे पिताजी की एक दुकान थी, जिसकी आय से हमारी दोनों वक्त की रोटी मजे से चलती थी। मेरी जिंदगी सामान्य रूप से गुजर रही थी। मैंने कभी सपने में भी नहीं सोचा था कि एक सम्मानित परिवार में पैदा होने के बावजूद मैं दिल्ली की गलियों में भटकूंगा। जब मैं तीसरी कक्षा में था, तो एक दिन मेरी मां ने मुझे बाल कटाने भेजा। दुकान घर के पास ही थी, इसलिए मैं अकेला ही चला गया। मैं नाई की दुकान में दाखिल होने ही वाला था कि मेरी नजर एक साधु पर पड़ी। उसने मुझे अपने पास बुलाया तथा दुकान से एक सिगरेट खरीद कर लाने के लिए कहा। जब मैंने उसे सिगरेट लाकर दी, तो उसने मुझे अपने ठिकाने पर चलने के लिए कहा। वह मुझे ऐसी जगह ले गया, जहां साधु ड्रग्स ले रहे थे।

मैं उसके निर्देश पर उसके सारे काम करने लगा। बदले में वह मुझे पीने के लिए बीड़ियां देता। महज 15 दिनों में ही मुझे तम्बाकू की लत पड़ गई। हालांकि कुछ दिनों बाद मेरे माता–पिता ने मुझे खोज लिया और अपने साथ वापस ले गए, लेकिन मैं लौटने से खुश नहीं था। मैं घर से भागने की फिराक में रहने लगा। पढ़ाई से भी मेरा जी उचट गया। इसे देखते हुए मेरी मां ने मुझे एक दर्जी की दुकान पर काम सीखने भेज दिया। तीन महीने बाद अंततः मैं भागकर दिल्ली पहुंच गया। स्टेशन पर मेरी मुलाकात अपने से बड़ी उम्र के चार लड़कों से हुई। वे मुझे अपने साथ ले गए। वे फुटपाथों पर रहते थे और ऐसे ड्रग्स लेते थे, जिनका स्वाद मैंने पहले कभी नहीं चखा था। मैं उनके गुट में शामिल हो गया और स्मैक व गोलियां लेनी शुरू कर दीं। एक–दो गोलियों से शुरू हुईं मेरी नशाखोरी रोजाना 15–16 गोलियों तक पहुंच गई। उन्होंने मुझे जेब काटना सिखाया, जिसकी वजह से मुझे ड्रग्स के लिए पैसों की परेशानी कभी नहीं हुई।

मैं बिलकुल आजाद था, क्योंकि यहां कोई रोक–टोक करने वाला नहीं था। अपने घरवालों की याद मुझे कभी नहीं आई। अब मेरी जिंदगी का एकमात्र मकसद नशे का जुगाड़ करना था। नशाखोरी करते हुए मुझे चार साल बीत गए। एक दिन 'नवज्योति' के डॉ. भारत भूषण ने मुझे स्मैक सूंघते देख

लिया। उन्होंने मुझे इलाज कराने की सलाह दी, लेकिन उनकी सलाह का मुझ पर कोई असर नहीं हुआ। हालांकि वे कुछ दिनों तक लगातार मुझसे संपर्क बनाए रहे और अंततः मुझे इस बात के लिए राजी कर ही लिया कि मैं देखूं तो सही कि इलाज किस तरह का होता है।

नशा मुक्ति केंद्र में इलाज कराने वाले नशेड़ियों से मिलने और उनको होने वाले लाभ के बारे में सुनकर मैं भी अपना इलाज करवाने के लिए राजी हो गया। हालांकि मैं इलाज के लिए दाखिल तो हो गया, लेकिन ड्रग्स के बगैर रहना, मेरे लिए लगभग असंभव था। मैंने नशा मुक्ति केंद्र में हरेक से लड़ाई की, गालियां भी दीं, लेकिन 'नवज्योति' के लोग शांतिपूर्वक मेरा इलाज करने में लगे रहे। अंततः जब मैं दर्द सहन करने लायक हो गया, तो मैंने महसूस किया कि मैं ड्रग्स के बगैर भी जिंदा रह सकता हूं। इसके बाद मेरी इलाज में रुचि बढ़ गई। इस बीच 'नवज्योति' वालों ने मेरे गांव का पता लगा लिया। मेरे घरवाले मुझे वापस पाने की उम्मीद छोड़ चुके थे। 'नवज्योति' वालों ने मेरे माता–पिता को भी बुला लिया। मुझे महसूस हुआ कि चार वर्ष बीत जाने के बावजूद मेरे माता–पिता का मेरे प्रति प्यार पहले जैसा ही है। मैंने इलाज में लगभग नौ महीने बिताए। अब मैं 'नवज्योति' के प्रति कृतज्ञ हूं कि उन्होंने मुझे अपने माता–पिता का सामना करने लायक बना दिया। अगर मेरी मां मुझे गलियों में भटकते और ड्रग्स लेते हुए देखती, तो उसकी क्या हालत होती? अब मैं महसूस करता हूं कि नशे के बहाने आजादी महसूस करने वाले लोगों की जिंदगी बहुत कम होती है, जबकि परिवार का प्यार और सरोकार ही ऐसी चीज है, जो हमेशा बरकरार रहती है।

गलती किसकी ?

- ऐसे लोगों की कमी नहीं है, जो किसी की मासूमियत का अनुचित लाभ उठाते हैं।
- कसूरवार होने पर कोई भी व्यक्ति जीवन की सच्चाइयों का सामना करने से भागता है।

ससुराल वालों ने मेरे शरीर का सौदा करना चाहा

18

मैं एक 20 वर्षीया महिला हूं। मेरा जन्म दिल्ली के एक मध्यवर्गीय परिवार में हुआ। मेरे पिता पुलिस बल में एक दर्जी के रूप में काम करते थे। मैं अपने चार भाई-बहनों में सबसे छोटी हूं।

मैं एक पार्लर में काम करती थी। वहां एक नियमित ग्राहक आती थी। उसके मेरी दोस्ती हो गई। हम दोनों अक्सर एक-दूसरे के यहां आने-जाने लगे। एक दिन मेरी सहेली अपनी मां के साथ मेरे घर आई और अपने भाई के लिए मेरा रिश्ता मांगा। उसने मेरे घर वालों को बताया कि मेरा भाई मेरे पति के कारोबार में सहयोग करता है और 5000 रुपए मासिक कमाता है। चूंकि हम दोनों एक साल से भी अधिक समय से परिचित थे, इसलिए मेरे घरवालों ने बिना किसी खास पूछताछ के मेरी शादी कर दी।

शादी के तीसरे ही दिन मेरा पति जब काम से लौटा, तो वह बहुत तनाव में था। पूछने पर उसने बताया कि उसे कारोबार में घाटा हो गया है और पैसे की तत्काल जरूरत है। मेरी रजामंदी के बिना ही मेरी ननद ने मेरी अलमारी से मेरे सारे जेवर निकाल लिए। मेरे पति ने बताया कि उसने जेवर गिरवी रखकर 80,000 रुपये कर्ज लिए हैं।

शादी के समय मुझे बताया गया था कि मेरी ससुराल में मेरे पति और सास सिर्फ दो ही सदस्य हैं, लेकिन मैंने देखा कि शादी के एक सप्ताह के अंदर ही मेरी ननद, उसका पति और मेरी सास के दो भाई भी हमारे साथ रहने आ गए। मुझे उनके इरादों की कोई भनक नहीं थी, इसलिए मैंने उन्हें हमेशा खुश रखने की कोशिश की। एक दिन जब मैंने उन तमाम लोगों को एक साथ शराब पीते और नाचते देखा, तो मेरी आंखों को यकीन नहीं हुआ। मैंने देखा कि मेरी सास और ननद भी उन मर्दों के साथ शराब पी रही थीं। उन्होंने मुझे भी अपने साथ शामिल होने के लिए कहा, लेकिन मैंने इंकार कर दिया। शराब पीकर नाचने-गाने का सिलसिला लगातार चलता रहा। मैंने ऐसा परिवार पहले कभी नहीं देखा था, इसलिए मुझे कुछ समझ में नहीं आ रहा था। वे लोग मुझे लगातार आमंत्रित करते रहे,

लेकिन मैं उनका प्रस्ताव ठुकराती रही। उनको मेरा इनकार करना पसंद न आता। वे लोग मुझे गालियां देते और मेरी पिटाई करते। एक दिन उन्होंने मुझसे साफ–साफ कह दिया कि या तो मैं उनका साथ दूं या फिर अपना सामान समेट कर उनके घर से चली जाऊं।

मैंने यह भी देखा कि मेरी ससुराल में मुलाकातियों का रोजाना जमघट लगा रहता। ससुराल वाले आगंतुकों को अपना रिश्तेदार बताते और मैं उनकी बात पर यकीन कर लेती। एक दिन मैंने एक मुलाकाती को अपनी ननद के साथ संदिग्ध अवस्था में देखा। ननद की हरकत से मैं स्तब्ध रह गई। उसके बाद मैंने लगभग रोजाना अपनी सास को किसी न किसी आदमी से पैसे लेते और उसे मेरी ननद के पास भेजते देखा। एक रात हम फिल्म देखकर लौट रहे थे। मेरे ननदोई ने रास्ते में कार रोक दी और मेरे सामने कुछ शर्तें रखीं। उसने कहा कि अगर मुझे उस घर में रहना है, तो उनकी शर्तें माननी पड़ेंगी। उसने मुझे स्पष्ट बताया कि लड़कियों को फंसाकर उनसे देह व्यापार कराना उसका धंधा है और परिवार की आमदनी बढ़ाने में मुझे उसका साथ देना ही होगा। उसने यह भी कहा कि अगर मैं दूसरे पुरुषों के साथ न सोना चाहूं तो भी कोई बात नहीं, लेकिन इसके बदले मुझे दलाल के रूप में काम करना पड़ेगा। अगर यह भी मंजूर नहीं हो, तो उसके पास रिवाल्वरों की तस्करी का भी काम है। मैं अपने पति के साथ मिलकर तस्करी के काम में लग जाऊं। उनकी बातचीत से मुझे ऐसा लगा, जैसे मैं इस घर की बहू नहीं, बल्कि अजनबियों के पाले पड़ी कोई लड़की हूं। मेरे सारे सपने चकनाचूर हो गए।

मैं पूरी रात सो नहीं सकी। मैं अपने मायके जाकर अपने माता–पिता की हंसी नहीं उड़वाना चाहती थी। इन सारी घटनाओं से वे अनजान थे। साहस जुटा कर मैंने स्थिति का सामना करने का निश्चय किया और एक साल से अधिक समय तक उन शैतानों को झेलती रही। धीरे–धीरे मुझे पता चला कि केवल मेरे ससुराल वाले ही नहीं, उनके सारे सगे–संबंधी भी इसी किस्म के धंधे में लिप्त थे। वे लोग भोली–भाली लड़कियों को फुसलाकर उनसे शादी करते और फिर उन्हें देह व्यापार या तस्करी के धंधे में उतार देते थे। मेरे पति ने मुझसे पहले एक अन्य लड़की के साथ शादी करके उसे बेच दिया था।

मैं ढाई महीने के गर्भ से थी, लेकिन एक दिन ससुराल वालों ने मेरी इतनी पिटाई की कि मेरा गर्भपात हो गया और उसके बाद मैं कभी गर्भधारण न कर सकी। एक दिन उन्होंने मुझे किसी ग्राहक के साथ सुलाना चाहा। मेरे इनकार करने पर उन्होंने मुझे जलाने की कोशिश की। मेरा धीरज जवाब दे गया। मैं भागकर थाने गई, लेकिन वहां भी कोई सुनवाई नहीं हुई। मैंने अखबारों में 'नवज्योति' के बारे में पढ़ रखा था। आखिरी उम्मीद के साथ मैंने 'नवज्योति' के परिवार परामर्श केंद्र में संपर्क किया। उन्होंने फौरन रिस्पॉन्स दिया, जिससे मुझे काफी राहत मिली। मैं अभी भी अपनी शादी को बरकरार रखना चाहती थी, इसलिए मैंने सलाहकार से कहा कि वह मेरे पति को मुझे ठीक से अपने साथ रखने के लिए राजी करे। सलाहकार की कोशिशों से हम दोनों पति–पत्नी परिवार से अलग रहने लगे। कुछ

दिनों बाद ही मेरे पति का रवैया फिर पहले जैसा हो गया। सलाहकार ने जब हस्तक्षेप करना चाहा, तो वह भाग गया। अब मैं अपने भविष्य को लेकर बहुत आशंकित हूं। हालांकि मैं जानती हूं कि मेरा पति कभी नहीं बदलेगा, किंतु मैं अलगाव की बात सोच भी नहीं सकती, क्योंकि मेरे पास कोई दूसरा विकल्प भी तो नहीं है।

गलती किसकी ?

- सामाजिक बदनामी का कलंक स्त्रियों को शोषणपूर्ण रिश्ते निभाने को विवश कर देता है।
- इस चक्कर में वे खुद पर से अपना नियंत्रण खो देती हैं।
- समाज, जिसमें महिला और पुरुष दोनों शामिल हैं, लाचार औरतों को गुलाम बनाने के लिए समान रूप से जिम्मेदार हैं।

हमदर्दी दिखाकर विश्वासघात किया 19

मेरा नाम मीना है। मैं 30 वर्षीया विधवा हूं और मेरे दो बच्चे हैं। मेरा जन्म एक गरीब किसान परिवार में हुआ था। 10 साल की थी, तभी मेरी शादी हो गई। दो बच्चों के जन्म के बाद मेरे पति गंभीर रूप से बीमार पड़ गए। काफी इलाज कराने के बावजूद वह बच नहीं सके। पति की मौत के बाद मुझे मायके भेज दिया गया। मेरे पिता की खेती कोई खास नहीं थी। मैंने अपने बच्चों और मायके वालों के भरण–पोषण के लिए खेतों में मजदूरी शुरू कर दी। इस बीच मुझे दस हजार रुपए का मुआवजा मिला, जिसे मैंने अपने बच्चों के भविष्य के लिए जमा कर दिया। काम के दौरान ही ठेकेदार से मेरी दोस्ती हो गई। वह अक्सर मेरे बच्चों और परिवार के बारे में पूछता रहता। मैं उससे रोजाना मिलने लगी। बातों ही बातों में मैंने उससे अपनी जमा–पूंजी की चर्चा कर डाली।

एक दिन उसने मुझसे पांच हजार रुपये उधार मांगे, जो मैंने अपने माता–पिता को बताए बिना उसे दे दिए। दो महीने बाद मैंने उससे पैसे लौटाने को कहा तो वह भावुक हो उठा और मुझे खुदगर्जी के ताने मारने लगा। मैंने महसूस किया कि वह मेरे लिए काफी महत्त्वपूर्ण है, अतः मैं उसे दिया उधार तक भूल जाने के लिए भी तैयार हो गई। उसे दूसरे गांव में काम मिल गया। उसने मुझे वहां अपने साथ काम करने का प्रस्ताव दिया। साथ ही, उसने मुझसे वादा किया कि वह मुझसे शादी करके बच्चों की देखभाल करेगा। मैंने उसकी बात पर यकीन कर लिया और उसके साथ मायके से भाग गई।

नई जगह हमने किराए पर मकान लिया और पांच महीने तक एक ठेकेदार के पास काम किया। इस बीच नवरात्रि का त्योहार आ गया। अपने गांव जाने के लिए उसने मुझसे पांच हजार रुपये फिर मांगे और कहा कि वह पांच दिनों बाद वापस आ जाएगा। उस पर विश्वास कर अपनी जिंदगी की आखिरी जमा पूंजी

भी मैंने उसे सौंप दी, किन्तु वह आज तक वापस नहीं लौटा। बाद में मेरे मकान मालिक और ठेकेदार ने मुझसे पैसे लौटाने को कहा। मैं हैरान थी कि आखिर ये लोग किस बात के पैसे मांग रहे हैं। उन्होंने बताया कि तुम्हारे पति ने हमसे उधार लिया था और काम करके लौटाने का वादा किया था। मेरे पास कोई जवाब नहीं था। मैंने दुगुनी मेहनत से काम करना शुरू कर दिया, लेकिन उधार की रकम इतनी अधिक थी कि मैं अदा न कर सकी। उन्होंने मेरा उत्पीड़न और यौन शोषण शुरू कर दिया, जिससे तंग आकर मैं वहां से भाग खड़ी हुई। मैं अपने माता–पिता की बदनामी के डर से अपने गांव भी वापस नहीं जा सकती थी।

इधर–उधर भटकते देख 'नवज्योति' के एक शिक्षक ने मुझे नया गांव स्थित फैमिली काउंसलिंग सेंटर में भेज दिया। 'नवज्योति' वालों ने न केवल मेरे रहने का इंतजाम किया, बल्कि मेरे बच्चों को अपने स्कूल में दाखिला भी दे दिया। अब 'नवज्योति' ही मेरा व मेरे परिवार का एकमात्र सहारा है।

गलती किसकी ?

- स्त्रियां हमेशा सुरक्षा के लिए पुरुषों की मोहताज रहती हैं।
- पुरुष उनकी इस लाचारी का अपनी सुविधानुसार फायदा उठाते हैं।
- एक भूल का यह अर्थ कतई नहीं है कि उसे कभी सुधारा नहीं जा सकता।

प्रताड़ना के सिवाय कुछ न मिला

20

मेरा नाम आरती है। मेरी उम्र 26 साल है और मैं 12वीं कक्षा तक पढ़ी हूं। दिल्ली की एक झुग्गी बस्ती में मेरा जन्म हुआ। मेरे ऑटो रिक्शा चालक पिता द्वारा दूसरा विवाह कर लेने के कारण मेरी मां ने उसे छोड़ दिया। उस समय मैं महज छह महीने की थी। मेरी मां मुझे लेकर अपने मायके चली गई। मेरी नानी का परिवार बहुत बड़ा था, फिर भी उन लोगों ने मुझे एक अनाथ बच्ची के रूप में पाला। मेरी मां मेरे विवाह को लेकर बहुत चिंतित रहती थी। मौका मिलते ही उसने एक कार पेंट करने वाले व्यक्ति से मेरी शादी कर दी। उस समय मेरी उम्र 18 वर्ष थी।

शादी के अगले दिन से ही मेरे सिर पर घरेलू काम की जिम्मेदारियां डाल दी गईं। सुबह चार बजे से शुरू होने वाली मेरी दिनचर्या देर रात तक चलती। चौका–बर्तन, पति व ससुर को नाश्ता देने के बाद घर की सफाई और कपड़े धोने का कमरतोड़ काम सारा दिन चलता रहता। ससुराल वालों को खुश रखने की मैं हर संभव कोशिश करती, लेकिन उन्हें मेरा कोई काम पसंद नहीं आता। मुझे प्रताड़ित करने का वे कोई न कोई बहाना ढूंढ़ ही लेते। मेरी सास और ननद मेरे पति से मेरी शिकायत करतीं और वह मेरी पिटाई कर देता।

हद तो तब हो गई, जब एक दिन ससुराल वालों ने मेरी जान लेने की कोशिश की। इतना सब कुछ होने के बावजूद मेरे पति के व्यवहार में कोई सुधार नहीं हुआ। एक दिन उसने मुझसे सादे कागज पर कुछ लिखवा लिया और मुझे मेरी नानी के घर छोड़ आया। मेरे मामा को जब यह पता चला, तो उन्होंने मेरे पति से पूछताछ की। उन दोनों की कहा-सुनी झगड़े में बदल गई और पुलिस ने दोनों को गिरफ्तार कर लिया। मैं हतप्रभ थी। मुझे समझ में नहीं आ रहा था कि मैं किसका पक्ष लूं। मैं पति के खिलाफ बोलती, तो मेरा वैवाहिक जीवन खत्म हो जाता, इसलिए मैंने अपने मामा के खिलाफ गवाही दे दी। जब तक मुकदमा

चला, तब तक मेरे पति ने मेरे साथ अच्छा बर्ताव किया, लेकिन केस जीतने के बाद वह फिर पुराने ढर्रे पर आ गया और उसकी वहशियाना हरकतें चालू हो गईं। मैं गर्भवती हो गई। इसके बाद भी मेरे साथ मारपीट का सिलसिला नहीं थमा।

कुछ समय बाद मेरे पति ने घर में दूसरी औरतों को लाना शुरू कर दिया। एक बार उसने कोलकाता में एक मित्र की शादी के मौके पर मेरी कुछ अश्लील तस्वीरें खींच ली थीं। मेरे पूछने पर उसने कहा कि वह मजे के लिए तस्वीरें खींच रहा है। बाद में उसने उन तस्वीरों से मुझे ही ब्लैकमेल करना शुरू कर दिया। उसने मुझे धमकाया कि मैं ज़बान न खोलूं। एक बार हिम्मत करके मैंने उसकी हरकतों के बारे में अपने एक पड़ोसी को बता दिया। यह जानकर मेरा पति बहुत भड़का और उसने मेरी खूब पिटाई की। उसने सर्दी की रात में मुझे कमरे के बाहर निर्वस्त्र बैठने पर विवश कर दिया। मेरा तनाव दिन–ब–दिन बढ़ता गया। इस पर उसने मेरा दिमागी इलाज कराना शुरू कर दिया, जिससे मेरी हालत और भी बिगड़ गई।

लगभग चार महीने पहले मेरे पति ने मेरी इतनी पिटाई की कि पुलिस में शिकायत करने के अलावा, मेरे पास कोई विकल्प नहीं था। पुलिस ने मेरी दिमागी हालत ठीक न होने के बहाने शिकायत दर्ज नहीं की। उसके बाद पति के घर में मेरे लिए कोई जगह ही नहीं रह गई थी। मैं अपनी मां के पास चली गई, जहां मेरी एक सहेली ने 'नवज्योति फैमिली काउंसलिंग सेंटर' का पता बताया। आखिरी उम्मीद के रूप में मैंने वहां संपर्क किया। अपनी तमाम प्रताड़ना का कारण मैं आज तक नहीं समझ पाई हूं। मैं जानना चाहती हूं कि क्या औरत सिर्फ झाड़ू–पोंछा और खाना पकाने के लिए ही जन्म लेती है?

गलती किसकी ?

- आर्थिक रूप से विभिन्न और पारिवारिक सहायता विहीन औरतें ज्यादातर घरेलू हिंसा का शिकार बनती हैं।
- घर के अंदर उन्हें सताने वालों में स्त्रियां और पुरुष दोनों होते हैं।
- अगर पुलिस घरेलू हिंसा का संवेदनशीलता से निपटारा करे, तो हजारों महिलाएं इससे बच सकती हैं।

मेरे बूढ़े मां-बाप और बहनों को बचाइए मैडम

21

मैं हाल ही में अमेरिका आई हूं। मेरे परिवार वाले भारत के एक महानगर में रहते हैं। उनकी सुरक्षा को लेकर मैं बहुत चिंतित हूं। शादी के बाद मुझे अमेरिका शिफ्ट होना पड़ा है। माता–पिता एवं दो छोटी बहनें भारत में हैं। मेरी चिंता का कारण है मेरी चाची और उनके दो बेटे। विगत कई वर्षों से वे लोग हमें सताते रहते हैं। हमारे पुश्तैनी मकान में वे हमारे परिवार के साथ ही रहते हैं। मेरे पिता तथा चाचा के परिवार वाले इस मकान से होने वाली आय में बराबर के हिस्सेदार हैं, लेकिन मेरी चाची तथा उनके दो बेटे इस बात पर आमादा हैं कि हम मकान खाली कर कहीं और चले जाएं, ताकि वे पूरे मकान पर कब्जा कर सकें। अपनी इसी मंशा को पूरा करने के लिए उन लोगों ने हमारी जिंदगी नरक बना दी है। हमारी कमजोरी का लाभ उठाकर उन्होंने हमें कई बार शारीरिक यातनाएं भी दी हैं।

माता–पिता वृद्ध हैं, अतः घर का खर्च चलाने के लिए मेरी दोनों बहनें नौकरी करती हैं। जब वे काम से लौटती हैं, तो चाची के लड़के उन पर अश्लील फब्तियां कसते रहते हैं। अगर मेरी बहनें उनकी बात का जवाब देती हैं तो उनकी पिटाई भी की जाती है। समय बीतने के साथ-साथ ये लोग बद से बदतर होते जा रहे हैं। एक दिन तो उन्होंने मेरे पिता को इतनी जोर से धक्का दिया कि उनके सिर में तीन टांके लगाने पड़े।

हम सब उनसे बचने के लिए हमेशा अपना दरवाजा बंद रखते हैं। हमारे बंद दरवाजे के बाहर वे लोग पेशाब कर देते हैं। मेरी मां और बहनों को देखकर वे लोग कभी-कभी निर्वस्त्र हो जाते हैं। किसी महिला के लिए इससे खराब स्थिति और क्या हो सकती है? एक दिन उन लोगों ने मेरी दादी के कमरे का दरवाजा तोड़ दिया। उन्हें अच्छी तरह पता था कि दादी ने उस कमरे की देखभाल के लिए चाबियां मेरे

पिताजी को दे रखी थीं। दरवाजा तोड़ने का कारण पूछने पर उन लोगों ने मेरे माता-पिता को मारा-पीटा और धमकी दी कि तुम्हारी एक बेटी अब काम से वापस नहीं लौट पाएगी।

किरण बेदी जी, भारत में रहते हुए मैंने पुलिस की मदद से इस मसले को अस्थायी तौर पर हल करने में सफलता पाई थी। मेरी दोनों बहनें अभी छोटी हैं। उन्हें पुलिस के तौर-तरीकों की अभी ज्यादा जानकारी नहीं है। बहरहाल, मैंने उन लोगों (अपनी चाची के दोनों बेटों) के खिलाफ अब तक 12 डेली डायरी रिपोर्ट दर्ज कराई हैं। पुलिस ने उन्हें चेतावनी दी और एक-दो रोज के लिए जेल भी भेजा। कुछ समय तक तो वे ठीक-ठाक रहे, परंतु अब उन लोगों ने हमारे परिवार वालों को फिर सताना शुरू कर दिया है। हमलोग जब उन्हें पुलिस की धमकी देते हैं, तो वे कहते हैं, 'पुलिस हमारा क्या बिगाड़ लेगी? एक या दो दिन बंद कर देगी, उसके बाद हम फिर छूट जाएंगे।' मैडम, एक दर्जन से अधिक रिपोर्ट लिखवाने के बाद अब हमारे परिवार वाले निराश हो चुके हैं। अब आप हमारे परिवार के लिए आशा की आखिरी किरण हैं। मेरे माता–पिता बहुत बूढ़े हैं। मुझे इस बात की फिक्र है कि अगर मेरी चाची के बेटे उन्हें फिर शारीरिक चोट पहुचाएं तो हो सकता है कि उनकी मृत्यु भी हो जाए। कृपया हमारी मदद कीजिए। हम सारी जिंदगी आपके आभारी रहेंगे।

गलती किसकी ?

- पुलिस अगर मामले को पूरी तरह निपटा नहीं देती तो अशांति न केवल जारी रहती है, बल्कि बदतर स्थिति तक पहुंच जाती है।
- पुलिस के पास इस प्रकार की बेहूदगी से निपटने के स्पष्ट अधिकार हैं, फिर भी वह शिकायत किए जाने के बावजूद मूकदर्शक बनी रहती है।
- जन कल्याण संगठन भी ऐसे मामलों में अपनी भूमिका अदा कर सकते हैं, लेकिन पुलिस के भरोसे रहकर वे ऐसे मामलों से दूरं ही बने रहते हैं।

दोस्त ने दस्तखत कराकर दिया दगा

22

मेरा नाम रीता है। मेरी उम्र 23 साल है। मैं असम में जन्मी और पली-बढ़ी हूं। मेरे पिताजी बहुत सख्त थे। वह हमें देर तक घर से बाहर रहने की इजाजत नहीं देते थे। यहां तक कि मैं एक निश्चित समय के बाद अपनी सहेली के घर भी नहीं जा सकती थी।

कॉलेज में एडमिशन के बाद प्रथम वर्ष में पढ़ने वाले एक लड़के से मेरी दोस्ती हो गई। हम स्कूल समय में ही एक-दूसरे से मिलने लगे। मेरी सहेलियों ने कई बार मुझे समझाया कि मैं उस लड़के से न मिलूं, क्योंकि उसकी छवि अच्छी नहीं थी। बावजूद इसके मैंने अपनी सहेलियों के सुझाव पर कोई ध्यान नहीं दिया।

एक साल की दोस्ती के बाद उस लड़के ने मेरे सामने शादी का प्रस्ताव रखा। मैं शादी के लिए तैयार नहीं थी, क्योंकि मैंने इस बारे में कभी सोचा ही नहीं था। इसके अलावा, मैं अपने पिता से भी बहुत डरी हुई थी। अपनी मोहब्बत के बारे में उन्हें बताने की मेरी बिलकुल हिम्मत नहीं हुई। बहरहाल, मैंने अपने पिता के एक दोस्त की पत्नी से इस बारे में चर्चा की। मैं यह देखकर हैरान रह गई कि उसने मुझे शादी के लिए प्रोत्साहित किया और कहा कि शादी के बाद वह मेरे परिवार वालों को मना लेगी।

एक दिन मेरे ब्वॉय फ्रेंड ने मुझसे मेरा पासपोर्ट साइज फोटो मांगा, जो मैंने उसे दे दिया। एक हफ्ते के बाद वह मेरे पास आया और बोला कि अगले दिन मैं कोर्ट मैरेज के लिए तैयार रहूं। मुझे कुछ समझ नहीं आ रहा था कि मैं क्या करूं। मैंने उससे पूछा कि क्या हमारी ओर से किसी गवाह की जरूरत पड़ेगी, तो उसने कहा कि उसका इंतजाम भी वह खुद ही कर लेगा।

अगले दिन मैं डरी-सहमी उसके पास गई। मैंने उससे कहा कि शादी के बारे में वह एक बार फिर सोच ले, लेकिन उसने कहा कि अब बहुत देर हो चुकी है। शादी का सारा इंतजाम हो चुका है। वह मुझे कोर्ट ले जाने की बजाय, अपने कुछ दोस्तों के साथ एक वकील के चैंबर में ले गया। वहां उसने चार-पांच कागजों पर मेरे दस्तखत ले लिए। मैं कानूनी औपचारिकताओं से अनजान थी, इसलिए वे जैसा कहते रहे, मैं करती गई।

कागजात पर दस्तखत करने के बाद मुझे इस बात का अहसास हुआ कि मैंने बहुत बड़ी गलती की है। मुझे कुछ समझ नहीं आ रहा था कि मैं क्या करूं। मैं तो यहां तक नहीं जानती थी कि जिन

कागजों पर मैंने दस्तखत किए हैं, वे असली भी हैं या नहीं। अपने मित्र के डर से मैंने आंख बंद करके हस्ताक्षर कर दिए। इसके बाद उसके प्रति मेरी सारी चाहत एक झटके में खत्म हो गई। मैं पूरी रात सो नहीं पाई। अगले दिन मेरी उसी आंटी ने मुझे अपने घर बुलाया। उसे हमारी शादी के बारे में जानकारी थी। यह सोचकर कि वह मुझे इस मुसीबत से बचा लेगी, मैं उसके घर गई, लेकिन वहां स्थिति कुछ ओर ही था।

आंटी ने मेरे उस दोस्त को भी वहां बुला लिया था। उसने आंटी के घर में ही मेरे साथ शारीरिक संबंध बनाने की कोशिश की। इससे उसके प्रति मेरी सारी भावनाएं तत्काल समाप्त हो गईं और मैं घर वापस आ गई। इन उलझनों के कारण मैं अच्छी तरह पढ़ाई नहीं कर सकी और 12वीं की परीक्षा में फेल हो गई। लगभग सात महीने बीत चुके हैं, लेकिन इस बारे में अपने माता–पिता को मैंने कुछ भी नहीं बताया है। यहां तक कि उस लड़के ने भी अपने साथ रहने के लिए मुझ पर कभी दबाव नहीं डाला। वह मुझे मिलने के लिए बार–बार कहता और मैं उसके डर से मिलती रही।

इसी दौरान दिल्ली में रहने वाली मेरी दादी बीमार पड़ी और हम सब उसके साथ रहने के लिए दिल्ली आ गए। मैं यह सोचकर खुश थी कि अब मुझे अपने उस दोस्त से छुटकारा मिल जाएगा, लेकिन उसने मुझे दिल्ली में भी टेलीफोन करना जारी रखा। जब मैंने उसे उत्साहजनक उत्तर देने बंद कर दिए, तो उसने मेरे माता-पिता से बात की। हमारी शादी की जानकारी पाकर मेरे मां-बाप को बहुत सदमा पहुंचा। मुझे अभी भी नहीं पता कि मेरे उस दोस्त ने वास्तव में मुझसे किन पेपर्स पर दस्तखत करवाए हैं। इन परिस्थितियों से हमारा परिवार घबराया हुआ है कि कहीं कुछ गड़बड़ न हो जाए।

हमारी समस्या देखकर मेरी बुआ ने हमें 'नवज्योति' परिवार परामर्श केंद्र की जानकारी दी और हमने सहायता के लिए उनसे संपर्क किया। 'नवज्योति' की सलाहकार मेरे मामले की जांच कर रही हैं। अपने माता–पिता की परेशानी बढ़ाने के लिए मैं अपने आपको जिम्मेदार मानती हूं। अब मैं सोचती हूं कि मुझे इस बारे में अपनी मां से बातचीत करनी चाहिए थी।

गलती किसकी ?

- किशोरावस्था बहकने की उम्र होती है, जहां भावनाएं प्रबल होती हैं और कई बार वे बच्चों को बर्बादी की ओर ले जाती हैं।
- ज्यादातर स्कूलों में व्यावसायिक परामर्श सेवाएं उपलब्ध नहीं होतीं, इसलिए बच्चे समय पर उचित सलाह हासिल नहीं कर पाते।
- अनजाने डर के कारण कई बार इंसान की जिंदगी में गलतियां बढ़ती ही चली जाती हैं।

अब अकेली नहीं है संतोष

23

मेरा नाम संतोष है और मैं उत्तर प्रदेश के एक गांव की रहने वाली हूं। 12 साल की उम्र में ही मेरी शादी हो गई। उस समय मैं 8वीं कक्षा में पढ़ रही थी। शादी के दो साल बाद मेरा गौना हुआ। इस बीच मैंने हाई स्कूल पास कर लिया। शादी के समय मुझे बताया गया था कि मेरा पति पढ़ाई कर रहा है, लेकिन ससुराल पहुंचकर मैंने पाया कि न तो वह पढ़ाई कर रहा था और न ही किसी ऐब से दूर था। छोटी-सी उम्र में ही वह स्मैक, शराब, सिगरेट वगैरह पीने के साथ–साथ वेश्यालयों में भी जाता था। जब मैंने इन बातों का विरोध किया, तो मुझे प्रताड़ित किया जाने लगा। उच्च शिक्षा प्राप्त करने के मेरे सारे सपने चकनाचूर हो गए।

मैंने सोचा कि समय के साथ सब कुछ ठीक हो जाएगा। इसी उम्मीद में दो साल बीत गए और एक बेटी भी पैदा हो गई। पति के स्वभाव में कोई बदलाव न देखकर उसे मैंने दिल्ली में अपनी मौसी के घर भेज दिया। हमने सोचा कि काम की जिम्मेदारियों से वह अपना तौर-तरीका बदल लेगा। कुछ दिनों बाद उसे एक प्राइवेट कंपनी में नौकरी मिल गई। इसके बाद अपने पति के पास जाकर मैंने भी नौकरी कर ली। हालांकि उसके स्वभाव में कोई खास परिवर्तन नहीं हुआ था, फिर भी मैं यह सोचकर संतुष्ट थी कि वह कम से कम काम के समय तो बुरी आदतों से दूर रहता था। एक दिन वह खूब शराब पीकर आया और उसने अपने ऊपर मिट्टी का तेल छिड़ककर आग लगा ली। पड़ोसियों की मदद से मैंने आग बुझाई और उसे अस्पताल में दाखिल कराया। उसे पूरी तरह ठीक होने में छह महीने लग गए। इस दौरान मैंने उसकी भरपूर सेवा की। मैंने सोचा कि शायद अब उसकी आदतें बदल जाएंगी, लेकिन उसका रवैया ज्यों का त्यों बना रहा। वह मुझे पहले की तरह ही मारता–पीटता रहा। प्रताड़ना बर्दाश्त से बाहर हो जाने के बाद अपनी बेटी के साथ मैंने उसका घर छोड़ दिया। इस बीच मैंने बी.ए. पास करने के साथ-साथ टाइपिंग का डिप्लोमा भी हासिल कर लिया। गांव में कोई नौकरी न मिलने के कारण मैं अपने भाई के पास दिल्ली आ गई। नौकरी के साथ-साथ मैं अपनी बेटी का पालन–पोषण करती रही और धीरे-धीरे पैसे बचाकर मैंने एक मकान भी खरीद लिया। जब मेरी बेटी 9वीं कक्षा में पढ़ रही थी, उस समय मेरी मौसी मेरे लिए शादी का एक प्रस्ताव लेकर आई। मैं यह सोचकर शादी के लिए राजी हो गई कि इससे मेरी बेटी और मुझे दोनों को एक अभिभावक मिल जाएगा। शादी के बाद कुछ समय तक उसने हमारे साथ अच्छा व्यवहार किया, फिर उसकी नीयत बदलने लगी। वह किसी

न किसी बहाने मुझसे पैसे मांगने लगा। हालांकि मेरी आय बहुत सीमित थी, फिर भी मैं जो कुछ भी कमाती, उसके हवाले कर देती। बावजूद इसके वह संतुष्ट नहीं था। उसे हमेशा आशंका रहती कि मैं उसे पूरे पैसे न देकर कुछ बचत कर रही हूं। उसने मुझे परेशान करना शुरू कर दिया। एक बार तो उसने मेरी बेटी के साथ भी घिनौनी हरकत करने की कोशिश की। मैं अपनी बेटी को लेकर अपने भाई के घर चली गई। एक हफ्ते बाद आकर उसने मुझसे माफी मांगी और मुझे अपने साथ ले गया। घर पहुंचने के बाद उसकी पुरानी हरकतें फिर शुरू हो गईं। मेरी बेटी के साथ भी उसके बर्ताव में कोई बदलाव नहीं आया। एक शाम, जब मैं काम से लौटी, तो अपनी बेटी को घर में न पाकर हैरान रह गई। वह स्कूल से नहीं लौटी थी। न उसने नाश्ता किया था और न ही रोजाना की तरह अपने कपड़े धोए थे। घर से नकदी और जेवर वगैरह कुछ भी गायब नहीं था। सिर्फ एक पुरानी ड्रेस गायब थी। कई जगह पूछताछ करने पर जब उसका कोई पता नहीं चला, तो मैंने एफआईआर दर्ज करा दी। हर पल मेरी बेचैनी बढ़ती जा रही थी, जबकि मेरा पति पूरे इत्मिनान से घर में रह रहा था। वह बार–बार यही कहता कि शायद लड़की किसी के साथ भाग गई है।

स्थानीय पुलिस की निष्क्रियता देखकर मैंने उच्चाधिकारियों से संपर्क किया। मेरे पति को जब इसकी भनक लगी, तो वह घर से गायब हो गया और कुछ दिनों बाद लौटकर आत्मसमर्पण कर दिया। उसे जेल भेज दिया गया। मुझे लगा कि शायद अब मुझे अपनी बेटी मिल जाएगी, लेकिन वैसा कुछ भी नहीं हुआ। मुझे यह जानकर भी हैरानी हुई कि उसे अपहरण के अभियोग में नहीं, बल्कि मानसिक उत्पीड़न की धारा 498–ए में बंद किया गया था। नौ महीने बीत चुके हैं लेकिन अभी तक मेरी बेटी का कोई पता नहीं चला है। मुझे तो यह भी नहीं मालूम कि वह जिंदा है या नहीं।

मेरी सारी उम्मीदें खत्म हो चुकी थीं। एक दिन मैंने टेलीविजन पर 'गलती किसकी?' सीरियल देखा। मैंने फौरन श्रीनिवासपुरी स्थित फैमिली काउंसलिंग सेंटर में सम्पर्क किया। काउंसलर ने मुझे नैतिक समर्थन के साथ-साथ कानूनी सहायता भी प्रदान की। हालांकि अभी तक मेरी बेटी मुझे नहीं मिली है, लेकिन मुझे संतोष इस बात का है कि अब मैं उसकी तलाश में अकेली नहीं हूं।

गलती किसकी ?

- असफल शादियां कुछ अरसे बाद घातक सिद्ध होती हैं।
- सब कुछ ठीक हो जाने की उम्मीदें सिर्फ उत्पीड़न ही बढ़ाती हैं।
- जरूरत इस बात की है कि महिलाएं जिंदगी को शादी के बगैर भी जीने के बारे में सोचें।

ससुरालवालों की गलत आदतें बनीं ज्योति के जी का जंजाल

24

मेरा नाम ज्योति है। मैं 18 साल की हूं। मेरे माता–पिता कपड़े प्रेस करने का काम करते हैं। मैं और मेरे पांच भाई–बहन ओखला के पास एक झुग्गी बस्ती में पैदा हुए तथा वहीं पले–बढ़े। मैंने सातवीं तक पढ़ाई की। जब मैं 16 साल की थी, तो मेरे एक रिश्तेदार एक लड़के के साथ मेरी शादी का प्रस्ताव लेकर आए। लड़का पास के ही इलाके में कपड़े प्रेस करता था। उसके दो भाई और पिता पूरी तरह उसी पर निर्भर थे। इससे मेरे माता-पिता को कुछ असमंजस तो हुआ, लेकिन अंततः उन्होंने मेरी शादी उसके साथ कर दी।

अपने तीन कमरे के मकान में खुश एवं संतुष्ट थी। मेरा पति मुझे बहुत प्यार करता था। इसके अलावा मुझे और कुछ चाहिए भी नहीं था। मेरे देवर और ससुर सारा दिन इधर–उधर घूमकर वक्त गंवा देते थे। वे सुबह जल्दी घर से निकल जाते और देर रात लौटते।

शुरू में मैंने इसमें हस्तक्षेप करने के बजाय खामोश रहना ही बेहतर समझा। कुछ समय बाद मैंने धीरे-धीरे उनकी भविष्य की योजनाओं के बारे में पूछना शुरू किया, तो उन्हें बहुत बुरा लगा। अब वे बात-बात पर मुझसे बहस करने लगे। मैंने इसकी चर्चा अपने पति से कभी नहीं की।

शुरू–शुरू में मैंने अपने ससुर को स्त्रियों के प्रति बहुत सभ्य महसूस किया। वह पास-पड़ोस में रहने वाली किसी भी महिला पर होने वाले अत्याचार के खिलाफ किसी भी हद तक जा सकता था। सचमुच, मैं उससे बहुत प्रभावित थी, लेकिन कुछ समय बाद मुझे उसका व्यवहार संदेहास्पद नजर आने लगा। वह आती-जाती महिलाओं को देखकर सीटी बजाता और उन पर फब्तियां कसता। मुझे समझ में नहीं आ रहा था कि उसकी इस हरकत की शिकायत मैं अपने पति से करूं या न करूं।

ससुर की हरकतें जब हद पार करने लगीं, तो मैंने साहस करके सारी बात अपने पति को बताई। लेकिन उसकी उदासीनता देखकर मुझे बहुत दुःख हुआ। उसने मुझसे कहा कि वह अपने पिता की हरकतों के बारे में जानता है, लेकिन कुछ कर नहीं सकता। मेरी शादी को छह महीने हो चुके थे, लेकिन मेरे पति ने मेरे ससुर के बारे में पहले कुछ भी नहीं बताया था। चूंकि मैं इस मामले में जरा सख्त थी, इसलिए मैंने उसकी हरकतों पर ऐतराज करना शुरू कर दिया, जिसके परिणामस्वरूप घर में क्लेश होने लगा। इस सबका मेरे ससुर पर कोई असर न हुआ और उसकी हरकतें बद से बदतर होती गईं। अब वह घर में बाहरी औरतों को लाने लगा और उन्हें मेरे कपड़े

तथा मेक–अप का सामान देने लगा। कई बार मैंने अपने ससुर को अन्य औरतों के साथ आपत्तिजनक हालत में देखा।

इस बीच मैं गर्भवती हो गई। मेरे घर का माहौल ठीक नहीं था। मेरी चिंता दिन-ब-दिन बढ़ती जा रही थी, किंतु पति के समर्थन के बिना मैं खुद को असहाय पा रही थी। मैंने अपने माता-पिता से मदद मांगी, लेकिन कोई लाभ नहीं हुआ। उस समय तक मेरा गर्भ आठ महीने का हो चुका था। मेरी हालत देखते हुए मेरी मां मुझे अपने घर ले गई, जहां मैंने एक बेटी को जन्म दिया। तीन दिन बाद मेरा पति मुझसे मिलने आया और कुछ दिनों तक मायके में रहकर आराम करने की सलाह देकर चला गया।

कुछ अरसे बाद मैं अपनी ससुराल पहुंची, तो वहां का दृश्य देखकर दहल गई। खाने-पीने का सारा सामान खत्म हो चुका था। सफाई के दौरान मुझे ससुर के कमरे में इस्तेमाल किया हुआ एक कंडोम भी मिला। मैंने खामोशी अख्तियार कर ली और फैसला किया कि अब मैं उसकी किसी बात का जवाब नहीं दूंगी। अगले दिन उसने अपने कुछ दोस्तों को घर बुलाया और मुझसे कोई न कोई चीज मांगकर मुझे परेशान करने लगा। मैं शांत रही। इसके बाद वह मुझे लगातार परेशान करता और जब भी मैं उसके खिलाफ पति से कहती तो उसका उत्तर सदैव निराशापूर्ण होता। आज इस अवस्था में हूं कि मैं अपने पति के साथ अलग रहना चाहती हूं लेकिन पति इसके खिलाफ हैं। कृपया हमारी मदद करें।

गलती किसकी ?

- परिवार में औरतों की सहनशीलता कुछ समय बाद समस्या बन जाती है। जब वे उत्पीड़न के विरुद्ध विद्रोह करती हैं, तो घर में बखेड़ा हो जाता है।
- बुराई के खिलाफ आवाज उठाने के लिए स्त्री को मजबूत समर्थन की जरूरत होती है। समर्थन के अभाव में उसके सामने उत्पीड़न को सहने के अलावा कोई चारा नहीं रह जाता।

धोखे से शादीशुदा आदमी से कराई गई उसकी शादी

25

मेरा नाम पूजा है। उम्र है 22 साल। पिता की आर्थिक स्थिति अच्छी नहीं थी, इसलिए हाई स्कूल पास करते ही मेरी शादी कर दी गई। शादी का प्रस्ताव हमारा एक रिश्तेदार ही लाया था, जिसने हमें विश्वास दिलाया कि वह उस परिवार को अच्छी तरह जानता है। मुसीबत के समय उसने कई बार हमारी सहायता की थी, इसलिए मेरे माता-पिता उस पर बहुत भरोसा करते थे। उन्हें उस पर इतना विश्वास था कि उन्होंने लड़का देखना भी जरूरी नहीं समझा। मेरा पति दूध बेचता था और अपने चाचा-चाची के साथ रहता था। उसके माता-पिता उत्तर प्रदेश के एक गांव में रहते थे।

शादी के बाद पति को देखकर मैं डर गई, क्योंकि उसकी उम्र मुझसे काफी ज्यादा थी। उसके चेहरे की तरफ देखने की भी मेरी हिम्मत नहीं होती थी। वह सुबह जल्दी घर से निकलता और देर रात वापस आता। शुरू में तो मैंने इस बात की परवाह नहीं की, लेकिन जब यह सिलसिला लगातार जारी रहा, तो एक दिन मैंने उससे पूछ ही लिया। उसने बताया कि उसका काम ही ऐसा है कि उसे ज्यादातर समय घर से बाहर रहना पड़ता है। उसकी चाची ने भी मुझे सांत्वना देते हुए कहा कि सभी दूध वाले ऐसा ही करते हैं और फिर यह तो अच्छी बात है कि तुम्हारा पति मन लगाकर अपना काम कर रहा है। हालांकि उसकी बात मुझे रास नहीं आई, फिर भी मैंने उसे स्वीकार कर लिया।

एक दिन मेरी मां को किसी अजनबी ने फोन करके बताया कि मेरा पति पहले से ही शादीशुदा है और उसके बच्चे भी हैं। अगले दिन मेरे माता-पिता मेरे घर आए और इस बाबत पूछताछ की। उन्हें आश्वस्त किया गया कि इस सूचना में कोई वास्तविकता नहीं है। पति के डर से मैंनें अपने माता-पिता को यह नहीं बताया कि वह अक्सर घर से गैरहाजिर रहता है।

कुछ समय बाद मेरे पिता के पास फिर से वैंसा ही फोन आया। इस बार उन्होंने उसे नजरअंदाज कर दिया, लेकिन लगातार फोन आते रहने के कारण उनकी चिंता बढ़ गई। उन्होंने मेरे पति के काम करने के स्थान पर जाकर पूछताछ की। वह यह देखकर हैरान रह गए कि मेरे पति की दुकान के ऊपर बने कमरे में एक औरत रह रही थी। मेरे पिता ने मेरे पति से जब उस औरत के बारे में पूछा, तो उसने बताया कि वह किराएदार है।

धीरे–धीरे उसकी चाची का व्यवहार मेरे प्रति बदलने लगा। वह बार–बार इस बात का उलाहना देती कि उसने मुझे और मेरे पति के रहने के लिए मुफ्त में जगह उपलब्ध कराई थी। इसकी शिकायत

जब मैंने अपने पति से की, तो उसने कहा कि तुम अपने मां-बाप से कुछ पैसे ले आओ, तो हम अलग रहना शुरू कर देंगे। हालांकि मैं अपने पिता की आर्थिक स्थिति से वाकिफ थी, फिर भी मैंने उनसे एक कमरा किराए पर दिलाने का अनुरोध किया। मुझे आशा थी कि अलग रहकर शायद मेरा पति मेरी ज्यादा देखभाल करेगा, लेकिन हुआ बिलकुल उलटा। अब वह और अधिक लापरवाह हो गया। अब वह कई-कई दिनों तक घर ही नहीं आता था और मेरे पूछने पर मेरी पिटाई करता था। इसी दौरान मेरे पिता ने इस तथ्य की पुष्टि कर ली कि मेरा पति पहले से ही शादीशुदा था। सब कुछ जानने के बावजूद हम कुछ कर पाने में लाचार थे। बहरहाल, जब उसे पता चला कि उसकी दूसरी शादी के बारे में मेरे घर वालों को पता चल गया है, तो वह और भी निर्दयी हो गया। वह मेरे साथ और अधिक मारपीट करने लगा। उसने सोचा कि इतनी मारपीट करने के बाद शायद मैं एक दिन खुद ही घर छोड़कर चली जाऊंगी। लेकिन जब मैंने उसके साथ रहना जारी रखा, तो एक दिन उसने जबरन मुझे घर से बाहर निकाल दिया।

इस घटना के बाद मेरे पिता ने महिला अपराध प्रकोष्ठ में मेरे पति के खिलाफ मामला दर्ज करा दिया। वैसे, आठ महीने जेल में रहने के बाद वह रिहा हो गया। मैं उससे आज भी आतंकित हूं। मेरे पड़ोसियों ने मुझे यमुना पुश्ता स्थित 'नवज्योति' परिवार परामर्श केंद्र की जानकारी दी। मैंने वहां संपर्क किया। केंद्र से मुझे एक वकील के पास भेज दिया गया, जो अब मेरा मार्गदर्शन कर रहा है। मैंने अपने पति के खिलाफ मेंटेनेंस का दावा ठोक दिया है, ताकि मैं अपने माता–पिता पर बोझ न बनूं।

गलती किसकी ?

- लड़कियों को बोझ समझकर उनकी जल्दी शादी कर दी जाती है।
- जब तक शादी जैसे गंभीर मामले में माता–पिता द्वारा बेटी की मर्जी का ख्याल नहीं रखा जाएगा, तब तक लड़कियां इसी तरह पीड़ित होती रहेंगी।
- सुधारवादी न्याय के बिना केवल दंडात्मक निर्णय पीड़ितों को और भी अधिक दुःखी करते हैं।

ससुरवालों के दहेज लोभ का शिकार हुई सुनीता

26

मेरा नाम सुनीता और उम्र 30 साल है। मैं उत्तर प्रदेश के एक गांव की रहने वाली हूं, लेकिन मेरी शादी 13 साल पहले दिल्ली में हुई थी। हायर सेकंडरी करने के बाद ही मेरा एक रिश्तेदार मेरी शादी का प्रस्ताव लेकर आया। मेरा सांवला रंग और सामान्य कद-काठी मेरे माता-पिता के लिए हमेशा चिंता का कारण रही। उन्हें इस बात की बहुत फिक्र रहती थी कि खूबसूरत न होने के कारण उन्हें मेरी शादी में काफी खर्च करना था, जो उनकी क्षमता के बाहर था। यही कारण था कि जैसे ही उनके पास शादी का प्रस्ताव आया, उन्होंने बिना किसी सोच-विचार के फौरन हामी भर दी। मेरे होने वाले सास-ससुर अपने रिश्तेदारों के साथ कई बार हमारे घर आए और मुझे अच्छी तरह देखने के बाद शादी के लिए राजी हुए।

अंततः चार भाइयों और तीन बहनों वाले उस संयुक्त परिवार में मेरी शादी हो गई। शादी से पहले हमें बताया गया था कि मेरा पति पढ़ा-लिखा है और अपना कारोबार करता है। हमें यह भी बताया गया कि उनके पास काफी जायदाद है। बहरहाल, शादी के 15 दिनों बाद मेरे पति ने मुझे बताया कि वह एक प्राइवेट कंपनी में काम करता है और उसे स्थायी होने के लिए 50,000 रुपये की जरूरत है। उसकी बात सुनकर मैं हैरान रह गई। मैंने कभी नहीं सोचा था कि वे लोग इस तरह मुझसे पैसों की मांग करेंगे। हालांकि मैंने यह बात सुन रखी थी कि लड़कियों को दहेज के लिए तंग किया जाता है, लेकिन कभी मैंने यह कल्पना नहीं की थी कि एक दिन मुझे भी इसका सामना करना पड़ेगा।

खैर, मैंने साफ मना कर दिया कि मेरे माता-पिता इतनी बड़ी रकम नहीं दे पाएंगे। इसके बाद मेरी सास ने बात-बात पर मुझे ताने देने शुरू कर दिए। मैं इन सब बातों को नजरअंदाज करने लगी। जब उन्होंने देखा कि उनके सताने का मुझ पर कोई खास असर नहीं हो रहा है, तो उन्होंने अपना रुख थोड़ा आक्रामक कर दिया। मेरे पति ने अब सीधी मांग शुरू कर दी और पंखे व कूलर की मांग भी रखी। कुछ दिनों बाद मुझे मायके भेज दिया गया और कहा गया कि मैं तभी वापस लौटूं, जब उन वस्तुओं का प्रबंध हो जाए। बड़ी ग्लानि और शर्म के साथ मैंने मायके जाकर अपने माता-पिता को सारी बातें बताईं। मेरी मां की आर्थिक हालत बहुत अच्छी नहीं थी, फिर भी उसने किसी तरह कूलर और पंखे का इंतजाम कर दिया। कुछ दिनों बाद मेरा पति आया और सामान के साथ मुझे अपने घर ले गया।

इस घटना से मैं बहुत दुखी थी। मैंने भगवान से प्रार्थना की कि ऐसी स्थिति दोबारा न आए। वैसे, मेरी प्रार्थना का ज्यादा असर नहीं हुआ और ससुराल वालों ने माइक्रोवेव ओवन की मांग रख दी। चूंकि इस मांग को पूरा करना मेरी मां की हैसियत से बाहर था, इसलिए मेरे रिश्तेदारों ने हस्तक्षेप किया। रिश्तेदारों के दबाव के कारण मेरे सास-ससुर ने समझौता कर लिया। उसके बाद मेरी जिंदगी बिलकुल तनहा हो गई। मेरी ननदें मेरे रूप-रंग को लेकर फब्तियां कसतीं और ताने देतीं। मेरा पति भी कई-कई दिनों तक घर से बाहर रहने लगा। उसने यह भी कह दिया कि यदि मुझे उस घर में रहना हो तो मुझे अपने मायके वालों से नाता तोड़ना होगा।

एक दिन उन्होंने मुझे चांटे मारे और दुपट्टे से मेरा गला घोंटने की कोशिश की। जब मैंने उन्हें यूं ही कह दिया कि मैं आप सबकी हरकतों को एक डायरी में रोज नोट करती हूं, तो मुझे छोड़ दिया गया। इसके बाद मुझे तहखाने में तीन दिनों तक बंद रखा गया। फिर मुझे इसी शर्त पर वहां से निकाला गया कि मैं किसी से उनकी हरकतों का जिक्र नहीं करूंगी। कुछ दिनों बाद मैं किसी तरह अपने भाई से संपर्क करने में सफल हुई और उसने आकर मेरे पति को समझाने की कोशिश की, लेकिन उसका कोई असर नहीं हुआ। उन्होंने मुझ पर तलाक देने के दबाव डालना शुरू कर दिया। मेरे रिश्तेदारों ने सुलह कराने की पूरी कोशिश की, लेकिन कोई नतीजा नहीं निकला। हमारा धैर्य जवाब दे गया और हमने महिला अपराध शाखा में मामला दर्ज करा दिया। मेरी सारी उम्मीदें खत्म हो चुकी थीं। इसी दौरान मैंने अखबार में 'नवज्योति' के बारे में एक लेख पढ़ा और उनके परिवार परामर्श केंद्र से संपर्क किया। मैं अब भी तलाक नहीं देना चाहती, क्योंकि ऐसी चीजें हमारे परिवार में कभी नहीं हुईं। अब मुझे 'नवज्योति' से बड़ी आशाएं हैं और मैं चाहती हूं कि वह बुरे वक्त में मेरी सहायता करे।

गलती किसकी ?

- भारतीय समाज में स्त्रियां आज भी भोग की वस्तु बनी हुई हैं।
- हमारी शिक्षा और सामाजिक प्रणाली इस पर आंखें मूंदे हुए हैं। इसे बुराई समझकर भी इसे दूर करने का प्रबंध नहीं किया जा रहा है।
- लोगों को भी यह सच्चाई स्वीकार करने की आवश्यकता है कि कई मामलों में शादियां दीर्घकालिक नहीं भी हो सकतीं।

दोस्त की दगाबाजी ने शराबी बना दिया

27

मेरी उम्र 54 साल है। मैं अपने माता–पिता का सबसे बड़ा बेटा हूं। मेरा लालन-पालन बड़े प्यार और दुलार से हुआ। मुझे ऐसी एक भी घटना याद नहीं, जब मेरे माता-पिता ने मुझे किसी भी चीज के लिए इनकार किया हो।

पढ़ने-लिखने में मैं बहुत तेज था। मेरे ज्यादा दोस्त नहीं थे। बचपन से ही मुझे सब काम अपने बलबूते ही करने की आदत थी। अच्छे अंकों से ग्रेजुएशन करने के बाद मैंने लॉ कॉलेज में दाखिला लिया, क्योंकि वकील होने के नाते मेरे पिता मुझे भी वकील ही बनाना चाहते थे। एक साल तक मैंने कानून की पढ़ाई की, लेकिन उसके बाद पढ़ाई में मेरी दिलचस्पी खत्म हो गई। मैं नौकरी की तलाश में निकल पड़ा। सौभाग्य से मुझे जल्दी ही एक नौकरी मिल गई। हालांकि मुझे अच्छा वेतन मिल रहा था, लेकिन मैं उससे भी अच्छी नौकरियों के लिए कोशिश करता रहा। अंततः मुझे दिल्ली की एक मशहूर मल्टी नेशनल कंपनी में नौकरी मिल गई। मैंने वहां 17 साल काम किया। इसी बीच एक ख़ूबसूरत और समझदार लड़की से मेरी शादी हो गई। कुछ समय बाद मेरी दो बेटियां भी हुईं।

उन दिनों अपनी जिंदगी से मैं पूरी तरह संतुष्ट था। एक दिन मेरे ऑफिस में एक आदमी आया। कुछ ही समय में हम दोस्त बन गए। एक दिन उसने मेरे साथ बिजनेस शुरू करने की पेशकश की। चूंकि वह दिल्ली में नहीं रहता था, इसलिए उसने कहा कि मैं दिल्ली में कामकाज देखूं और वह दिल्ली से बाहर रहकर कामकाज देखेगा। उसके इस प्रस्ताव से मेरे मन में उम्मीद जगी, लेकिन उसकी हैसियत के बारे में कोई खोजबीन नहीं की।

अपनी सारी बचत और कुछ लोगों से उधार लेकर व्यापार शुरू करने के लिए मैंने अपने हिस्से के नौ लाख रुपये उसे सौंप दिए। मैं बहुत खुश था, क्योंकि अपनी मर्जी का करियर शुरू करने का मेरा वर्षों पुराना सपना पूरा होने वाला था। अगले ही दिन मेरे सारे सपने चकनाचूर हो गए, क्योंकि उस आदमी का कहीं कोई अता-पता नहीं था। ऐसे में मैं टूट गया। काम में मेरी दिलचस्पी खत्म हो गई और मैंने शराब पीना शुरू कर दिया। मैं पार्किंग में अपनी कार में बैठकर शराब पीता। शुरू-शुरू में मेरी पत्नी को मेरी इस नई आदत के बारे में पता नहीं चला। जब मैंने देर से आना और बिना वजह बहस करना शुरू कर दिया तो उसे कुछ संदेह हुआ। उसके की पुष्टि उस दिन हुई, जब एक दिन शराब के नशे में मेरा एक्सीडेंट हो गया। बहरहाल, उसने बड़ी हिम्मत से स्थिति को संभाला और मुझे समझाने

की कोशिश की। मेरी बेटियां भी काफी समझदार थीं। उन्होंने मेरी आलोचना करने की बजाय हमेशा मेरी मदद करने का आश्वासन दिया, लेकिन शराबखोरी की मेरी आदत अब काबू से बाहर हो चुकी थी। शुरू में मैं महंगी और अच्छे ब्रांड की शराब पीता था, लेकिन पैसे की तंगी की वजह से अब मैंने सस्ती और लोकल दारू पीनी शुरू कर दी। मैंने अपनी नौकरी से इस्तीफा दे दिया और शराब पर रोजाना 400 रुपए खर्च करने लगा।

घर का खर्च चलाने के लिए मेरी पत्नी ने हमारे एक रिश्तेदार के साथ साझे में एक बुटीक खोल लिया। वह बहुत सशक्त औरत थी और अपने बच्चों के पालन-पोषण या उनकी पढ़ाई में मेरी आदत को बाधक नहीं बनने देना चाहती थी। अपने परिवार वालों को कड़ी मेहनत करता देख मेरे मन में कई बार शराब छोड़ने का विचार आया, लेकिन मेरी नशाखोरी लगातार बढ़ती ही चली गई।

अंततः मेरी पत्नी को कराला स्थित 'नवज्योति नशा मुक्ति केंद्र' की जानकारी मिली। उसने मेरी बेटियों के साथ मिलकर मुझ पर सराय रोहिल्ला स्थित नवज्योति ओपीडी में जाने का दबाव डाला। शुरू-शुरू में मैं बहुत आक्रामक था और वहां जाने के लिए तैयार नहीं था, लेकिन सलाहकार ने मुझे 10 दिन तक ओपीडी में जाने के लिए राजी कर लिया। हालांकि मैं कभी घर से बाहर नहीं रहा था, लेकिन प्रोग्राम में रुचि के कारण मैंने छह महीने तक लगातार सफलतापूर्वक इलाज कराया। पूरे कार्यक्रम ने मुझे आत्मावलोकन और आत्मविश्वास पैदा करने में मदद दी।

साक्षात्कार और इनपुट सेशनों ने मुझे खुद को समझने और इस लत से छुटकारा दिलाने में विशेष सहायता की। अपने सलाहकारों के साथ मेरे संबंधों ने मुझे दुनिया का सामना करने की नई ताकत दी।

गलती किसकी ?

- आमतौर से हम यही सोचते हैं कि बदकिस्मती केवल दूसरों के लिए है।
- ऐसे में जब बदकिस्मती हमारे ऊपर आती है तो हमें उससे निपटने का तरीका मालूम नहीं होता।
- बदकिस्मती से बचने के लिए हम इधर–उधर के तरीके अपनाते हैं, जो उसे और अधिक बढ़ा देते हैं।

बहन ने उजाड़ी गृहस्थी

28

एक दिन मैं अपने कुछ दोस्तों के साथ इंडिया गेट गया था। वहां हमने एक लड़की को अकेली घूमते हुए देखा। वह हमारे करीब से कई बार गुजरी, मानो वह हमसे कुछ कहना चाहती हो, इसलिए मेरे एक दोस्त ने उससे बात शुरू की। उसने बताया कि वह इंडिया गेट पर सैर करने आई है। उसने जाते समय अपना फोन नंबर भी दिया। कुछ समय बाद मेरे मन में उससे बात करने की इच्छा हुई। मैंने उससे केवल एक बार बात करने का फैसला किया। उसके बाद हम रोज एक–दूसरे से फोन पर बातें करते थे। दो महीने तक फोन पर बातें करने के बाद अंततः उसने मुझे अपने घर बुलाया। मैंने कभी कल्पना भी नहीं की थी कि वह एक सेक्स वर्कर होगी, लेकिन यह सच था। उसके बाद मैंने कसम खाई कि अब मैं उससे फिर कभी नहीं मिलूंगा।

उसने अगले दिन फोन किया और मुझसे सिर्फ एक बार मिलने का अनुरोध किया। मुलाकात के दौरान उसने मुझे बताया कि वह इस जिंदगी में अपने माता–पिता के दबाव के कारण जी रही है। न चाहते हुए भी मैंने उसकी बात पर यकीन कर लिया।

हमारी मुलाकातें जारी रहीं और मैंने उसके साथ विवाह करने का निर्णय ले लिया। एक दिन जब मैंने उसके सामने शादी का प्रस्ताव रखा, तो वह हैरान रह गई। फिर उसने कहा कि मैं उसके पिता से बात करूं। उसके पिता से मिलने मैं उसके गांव गया। वहां मुझे तमाम विरोध झेलने पड़े। उसके पिता ने उसे मुक्त करने के लिए मेरे सामने दस लाख रुपए की मांग रख दी। उस मांग को देखते हुए मेरे पास वापस आने के सिवा कोई चारा नहीं था। वहां से लौटकर कुछ दिन तक मैंने उससे बात नहीं की।

एक दिन उसका फोन आया और उसने बताया कि वह मेरे साथ अपने पिता की मर्जी के खिलाफ शादी करने के लिए तैयार है। हमने एक मंदिर में शादी कर ली। उसकी पिछली जिंदगी के बारे में अपने परिवार वालों को मैंने कुछ भी नहीं बताया। वह बहुत सीधी लड़की थी और घर–गृहस्थी के कामकाज भी खास नहीं जानती थी। धीरे–धीरे उसने सब संभाल लिया। हमारे दो बच्चे हुए।

मेरा बेटा दो साल का हो चुका था। एक दिन मेरी पत्नी ने अपने परिवार वालों से मिलने की इच्छा जाहिर की। हालांकि मुझे अच्छा नहीं लगा, लेकिन उसे लेकर मैं अपनी ससुराल चला गया। उसके परिवार वालों ने आश्चर्यजनक रूप से हमारा स्वागत किया। उसके बाद हम उनसे अक्सर मिलने लगे। अपनी जिंदगी को लेकर मैं असंतुष्ट था। वर्षों से बचाई गई पूंजी के बूते अब मैं अपना घर बनाने की स्थिति में भी आ गया था। अच्छे प्लॉट की तलाश में व्यस्त रहने के कारण मैं छह महीने तक अपनी ससुराल नहीं जा सका। एक दिन मेरे ससुर ने फोन करके अपने नाती–नातिनों को देखने की इच्छा जाहिर की। एक हफ्ते की छुट्टी लेकर मैं उनसे मिलने उनके गांव चला गया। वहां मैंने देखा कि मेरी पत्नी की बड़ी बहन

काफी दुःखी थी। पूछताछ करने पर पता चला कि एक टांग कट जाने के कारण वह कामकाज करने लायक नहीं रही, इसलिए उसके परिवार वाले उसके साथ ठीक बर्ताव नहीं करते।

उसने मुझसे एक नकली टांग लगवाने का अनुरोध किया। मैं उसे लेकर दिल्ली आ गया। मैंने कई जगह नकली टांग लगाए जाने के बारे में पूछताछ की। वह लगभग एक साल तक हमारे साथ रही। जब मैं उसे सहारा देने के लिए नकली टांग की तलाश कर रहा था, वह मेरी पत्नी को मेरे खिलाफ भड़काने और हमारी गृहस्थी में जहर घोलने में व्यस्त थी। एक दिन जब मैं नाइट ड्यूटी के बाद घर लौटा, तो पाया कि मेरे घर का दरवाजा पूरी तरह खुला था और घर से कीमती चीजों के साथ–साथ मेरे बीवी–बच्चे भी गायब थे।

पहले–पहल मेरे मन में किसी अनहोनी की आशंका हुई। बाद में मेरे पड़ोसी ने बताया कि मेरी बीवी पिछली रात ही सारे कपड़े–गहने और अन्य कीमती सामान लेकर चली गई है। मुझे यकीन नहीं हुआ। मैंने दिल्ली में अपने सभी नाते–रिश्तेदारों के यहां फोन करके उसके बारे में पूछताछ की, लेकिन उसका कहीं पता नहीं चला।

मैं उसके गांव गया, लेकिन वह वहां भी नहीं थी। मैंने ससुराल वालों को सारा हाल बताया, लेकिन उनकी प्रतिक्रिया देखकर मुझे उन पर कुछ संदेह हुआ। अगले दिन अपने भाई को साथ लेकर मैं फिर उसके गांव गया और अपने बच्चों को वहां खेलता देखकर हैरान रह गया। ससुराल वाले भी मुझे देखकर हैरान हो गए, क्योंकि उन्हें इस बात की आशंका नहीं थी कि मैं अगले ही दिन फिर पहुंच जाऊंगा। मेरे ससुर ने मुझे मेरी पत्नी से मिलने की इजाजत नहीं दी। मैंने उनसे बहुत मिन्नतें कीं, लेकिन वह टस से मस नहीं हुए। मैं अपनी पत्नी से सिर्फ एक बार मिलकर जानना चाहता था कि आखिर उसके इस तरह घर छोड़कर चले आने की वजह क्या थी? मेरे ससुर ने मेरी एक भी न सुनी और मुझे वहां से फौरन चले जाने को कहा।

उसके बाद से अब तक मैंने काफी भाग–दौड़ की और थाने में शिकायत भी दर्ज कराई, लेकिन कुछ नहीं हुआ। मैं धीरे–धीरे टूटता जा रहा हूं। मैंने काम पर जाना भी बंद कर दिया है। इस बीच मेरे बहनोई ने सुझाव दिया कि मैं जहांगीरपुरी स्थित 'नवज्योति' के परिवार परामर्श केंद्र से संपर्क करूं और अपनी पत्नी से बात करने में उनकी मदद लूं। अब वहां के सलाहकार थाने से संपर्क बनाए हुए हैं और मेरे मामले की पैरवी कर रहे हैं। मुझे मेरे बच्चों की बहुत याद आती है और मैं किसी तरह उन्हें पाना चाहता हूं।

गलती किसकी ?

- स्त्रियों के लिए तो सहायता केंद्र हैं, लेकिन पुरूषों के लिए नहीं।
- हमारे समाज में वैवाहिक जिम्मेदारियों के बारे में दंपतियों को जागरूक बनाने के लिए विवाह पूर्व परामर्श की कोई व्यवस्था नहीं है।
- कानूनी प्रक्रिया इस तरह की तात्कालिक परिस्थितियों में फायदेमंद नहीं होती।

जब शादी के बाद टूट पड़ा दुख का पहाड़

29

मैं दिल्ली के एक संपन्न परिवार की 20 वर्षीय महिला हूं और तीन भाई–बहनों में सबसे बड़ी हूं। पढाई में मेरी दिलचस्पी नहीं थीं। यही वजह थी कि 10वीं के बाद स्कूल छोड़ देने पर मेरे पेरेंट्स ने मुझ पर पढ़ाई जारी रखने के लिए दबाव नहीं डाला। लोग मेरे रंगरूप की तारीफ करते नहीं थकते थे। मेरे लिए शादी के प्रस्तावों की भी कमी नहीं थी। मेरे पेरंट्स ने दिल्ली सो दूर एक रूढ़िवादी और कम पढ़े–लिखे परिवार में मेरी शादी तय कर दी। हालांकि, मेरा होने वाला पति बहुत खूबसूरत था। यह प्रस्ताव एक रिश्तेदार के जरिए आया था, इसलिए मेरे माता–पिता ने हामी भर ली और मुझे भी किसी तरह राजी कर लिया। उनका मानना था कि बेटी एक सीधे–सादे और संपन्न परिवार में जाएगी तो बहुत खुश रहेगी। सुखद वैवाहिक जीवन का सपना संजोए मैं ससुराल पहुंच गई। मुझे वहां कुछ समय तक किसी किस्म की कोई तकलीफ नहीं हुई क्योंकि मेरे माता–पिता ने काफी दहेज दिया था। दूसरे, मैं खूबसूरत होने के साथ–साथ धरेलू कामकाज में भी निपुण थी। समय बीतने के साथ–साथ मैंने महसूस किया कि मेरी ससुराल वाले मेरे अनुमान से कहीं अधिक रूढ़िवादी थे। पड़ोसी परिवारों की भी वैसी ही हालत थी। औरतों का उत्पीड़न वहां आम बात थी। मैंने भगवान से प्रार्थना की कि मेरे साथ वैसा कुछ न हो जो दूसरे परिवारों की औरतों के साथ होता था, लेकिन मेरी ससुराल वालों ने किसी न किसी बहाने मुझे सताना शुरू कर दिया। वे मेरे हरेक काम में खामियां ढूंढने लगे और मेरे रहन–सहन को लेकर अंगुलियां उठाने लगे।

पति भी बहुत दकियानूस था। न तो वह मेरे साथ ढंग से बात करता और न ही कभी मेरी दिक्कतें समझने की कोशिश करता। उसका रवैया बद से बदतर हो गया। उसे मेरे साथ रात गुजारने के अलावा मेरी किसी परेशानी से कोई वास्ता न था। वह मेरे साथ जानवरों जैसा सलूक करता और सुबह मैं देर से सोकर उठती तो मेरी सास मुझे ताने देती। दूर–दराज के इलावेफ में शादी होने के

कारण मैं अपने माता–पिता को भी अपना दुख नहीं बता पाती। मेरे साथ हमदर्दी के दो बोल बोलने वाला भी कोई नहीं था।

कई बार मैंने अपने पति और सास–ससुर से बात करनी चाही, लेकिन वे उलटे मुझे ही (मेरी खूबसूरती के बहाने) घमंडी बता देते। एक दिन हालात इतने बदतर हो गए कि मैंने अपनी ससुराल वालों के खिलाफ थाने में शिकायत दर्ज करा दी। पुलिस वालों ने मेरी मदद करने के बजाय उलटे मुझे ही गृहस्थी का पाठ पढ़ाना शुरू कर दिया। वे कहते कि रूढ़िवादी परिवारों में औरतों को एडजस्ट तो करना ही पड़ता है। पुलिस ने नसीहत दी कि मुझे उस घर में रहना है तो थोड़ी–बहुत मारपीट सहनी ही होगी।

मैं कुछ समझ नहीं पा रही थी कि क्या करूं? मुझे लगा जैसे मेरी सारी जिंदगी चौपट हो गई थी। मेरे एक अंकल उसी इलाके में रहते थे। किसी तरह मैंने उनसे संपर्क किया। वे मुझे अपने साथ ले गए। हमारे जाने के बाद मेरी ससुराल वालों ने मेरी गुमशुदगी की रिपोर्ट लिखा दी। मुझे थाने में जाकर कहना पड़ा कि मैं अपनी मर्जी से उनके साथ गई थी।

अंकल को मेरी वजह से ज्यादा दिक्कत न हो, यही सोचकर मैं अपने माता–पिता के पास दिल्ली आ गई। अभी मेरी शादी को एक साल भी नहीं गुजरा था। सब मेरी हालत से बहुत परेशान थे। उनकी हालत सांप–छछुंदर सी हो गई। न तो वह मुझे ससुराल वापस जाने के लिए कहना चाहते थे और न ही कोई कानूनी कार्रवाई करना चाहते थे। तभी एक रिश्तेदार की सलाह पर हमने नवज्योति से संपर्क किया। नवज्योति की सलाहकार मेरे मामले को देख रही है। वह मेरे पति और बाकी ससुराल वालों से संपर्क करके उनके साथ बैठकर मामले की तह तक जाने की कोशिश कर रही है। मैं अब भी कन्फ्यूज हूं। काउंसलर ने अब तक मेरे सामने कई विकल्प रखे हैं जिनमें से किसी एक का चुनाव मुझे करना है।

हमदर्द बनकर दिया दर्द

30

मैं बिहार के एक गरीब परिवार की 30 वर्षीय महिला हूं। बहुत छोटी थी तभी मेरे माता–पिता की मृत्यु हो गई। मेरा कोई अन्य भाई–बहन नहीं था। मेरा पालन–पोषण दूर के एक रिश्तेदार ने किया। मैंने कभी भी स्कूल का मुंह नहीं देखा, 16वें साल में मेरी शादी कर दी गई।

शादी के बाद मैं अपने पति के साथ दिल्ली आ गई। वह एक पफैक्ट्री में काम करता था। शुरू से ही वह किसी न किसी बहाने दारू पी लेता और नशे में धुत होकर मेरी पिटाई करता। मेरे पास यातना सहने के अलावा कोई अन्य विकल्प नहीं था। अचानक उसने काम छोड़ दिया और सारा–सारा दिन शराब पीने लग गया। हमारी शादी के 10 साल बाद भी उसका उत्पीड़न जारी रहा क्योंकि मैं उसे कोई संतान नही दे सकी। मेरे बांझपन को वह दारू पीने और मुझे पीटने के बहाने के रूप में इस्तेमाल करने लगे। कई बार मेरे पड़ोसी मुझे बचाने के लिए आ जाते। उसी दौरान एक पड़ोसी मेरे काफी करीब आ गया। गाहे–बगाहे वह मेरे घर आता और जब मुझे जरूरत होती वह मेरी आर्थिक मदद भी करता। वक्त के साथ–साथ उसकी हमदर्दी बढ़ती गई और वह अक्सर मेरे घर आने लगा। उसके सहयोगी रवैये के कारण मैं भी उसे पसंद करने लगी।

एक दिन मेरे पति ने शराब के नशे में धुत होकर मेरी पिटाई कर दी। मैं रोती हुई अपने पड़ोसी के पास पहुंच गई। उसने मेरे सामने उसके साथ भाग जाने का प्रस्ताव रखा। उसने मुझे विश्वास दिलाया कि वह मेरा पूरा–पूरा ख्याल रखेगा। मैं भी बिना दोबारा सोचे उसके साथ भाग जाने के लिए राजी हो गई। अगले दिन मैं अपने जेवर–रुपये लेकर उसके साथ भाग गई। उसने दूसरी कालोनी में किराये पर एक कमरा ले लिया। हम दोनों वहां पति–पत्नी के रूप में रहने लगे। उसका छोटा भाई भी मुझसे मिलने आने लगा। मैं भी लोगों के घरों में चौका–बर्तन करने लगी। हम दोनों एक साल तक साथ रहे। शायद वह मेरी जिंदगी का सबसे सुखद वक्त था। वह मेरी खूब देखभाल करता था।

बहराल, एक साल बाद मैंने पाया कि गांव से लौटने के बाद मेरे प्रति उसका बर्ताव काफी बदल–सा गया। मेरे प्रति उसकी चाहत पहले जैसी न आई। मैंने सोचा कि उसे कोई घरेलू परेशानी होगी जो एक न एक दिन खत्म हो जाएगी और सब कुछ ठीक हो जाएगा। शायद मुझको लेकर उसके और उसके माता–पिता के बीच कुछ कहासुनी हो गई थी।

मैं अपने घर की एक दिन साज–संभाल कर रही थी, तभी मुझे पता चला कि मेरा सारा जेवर गायब था। मैंने अपने प्रेमी (संभावित पति) से पूछा। तो वह उलटे मुझ पर ही बरस पड़ा। उसके बदले रवैये को देखकर मैं हैरान थी। अचानक उसने मुझसे कहा कि वह गांव में दूसरी औरत के साथ शादी करेगा, अलबत्ता शहर में मुझे अपने साथ रखने को राजी था, क्योंकि उसकी नई बीवी गांव मे ही रहने वाली थी।

उसकी बात सुन कर मैं स्तब्ध रह गई। मुझे कुछ नहीं सूझ रहा था। मेरे पास उसकी बात मानने के अलावा कोई चारा भी न था। मेरी खामोशी को उसने मेरी मूक सहमति मान लिया। उसने अपने गांव जाकर शादी कर ली। मैं अपनी मजबूरी पर आंसू बहाती रही। उसने मेरा भरपूर इस्तेमाल किया और चूंकि उसका मकसद हल हो चुका था, इसलिए अब उसे मेरी कोई जरूरत नहीं रह गई थी। अगर मैं उसके साथ रहने को राजी हो जाती तो वह मेरा और भी अधिक अनुचित फायदा उठाता और अगर उससे अलग होने का फैसला करती तो उसे कुछ फर्क पड़ने वाला नहीं था।

अकेले रहने की अपेक्षा उसके साथ रहना मुझे ज्यादा सही लगा। मैं उसका इंतजार करती रही, लेकिन वह दोबारा लौट कर नहीं आया। मैंने उसके भाई से संपर्क करने की कोशिश की, लेकिन उसका भी कहीं कोई पता नहीं चला। मैं दोराहे पर खड़ी थी, तभी किसी ने मुझे कराला स्थित नव ज्योति फैमिली काउंसलिंग सेंटर से सहायता लेने का सुझाव दिया। अब मैं अपने पहले पति से तलाक चाहती हूं और प्रेमी द्वारा हड़पी गई जूलरी और पैसे वापस चाहती हूं।

गलती किसकी ?

- गरीब और बेसहारा औरत होना अभिशाप है।
- ऐसी औरतों की जिंदगी गुलामी में बीतती है।
- शरोसमी गैरसरकारी महिला समूह उनके एकमात्र मददगार हैं।

मां-बाप ने ही की बेटी की जिंदगी ताबह

31

मैं बिहार की रहने वाली एक गरीब परिवार की 20 वर्षीय महिला हूं। मेरे बचपन में ही मेरे माता–पिता दिल्ली आ गए। अपने तीन बहन–भाइयों में मैं सबसे बड़ी थी। मेरे पिता शराबी थे। मेरी मां ने लोगों के घरों में चौका–बर्तन करके हम तीनों को पाला। मां ने हम तीनों को थोड़ा–बहुत पढ़ाया। जब मैं छठी कक्षा में थी, तभी मेरी मां ने शादी का सुझाव दिया। मेरे पिता ने मेरे लिए अपने जैसा शराबी पति ढूंढा।

बहरहाल, मैं एक शरबी के साथ शादी न करने के अपने फैसले पर अड़ गई। वैसे भी उस वक्त मेरी उम्र सिपर्फ 16 साल थी। मेरे माता–पिता ने मेरे अड़ियल रवैये को देखते हुए एक तरकीब निकाली। उन्होंने मुझे शादी के बजाय सगाई करने के लिए राजी कर लिया। मुझे उनकी मंशा का पता तब चला जब सगाई के बहाने मेरी शादी कर दी गई। शादी के बाद मैंने महसूस किया कि मेरे पति को तो हिन्दी भी ठीक से बोलनी नहीं आती थी। उसका परिवार बहुत गरीब था और वह खुद भी कोई कामकाज नहीं करता था। जब मैं उन लोगों को परिवार की हालत सुधारने के लिए कोई सलाह देती तो वे लोग मुझे घमंडी कहते। मैं उस घर में एक दिन भी चैन से नहीं रह सकी। न तो ससुराल में कोई मुझे पसंद करता था और न ही मैं उन्हें अच्छा समझती थी।

एक दिन मेरा ननदोई मेरे घर आया। उस वक्त मेरा पति मुझ पर किसी बात को लेकर बरस रहा था। ननदोई ने मेरे साथ हमदर्दी दिखाई। उसने मेरे सामने कुछ वक्त बाहर गुजारने का प्रस्ताव रखा। मेरे पति ने मुझे इस उम्मीद में उसके साथ भेज दिया कि शायद वह ही मुझे कुछ समझाए। वह मुझे एक ऐतिहासिक इमारत में ले गया और एकांत में अश्लील हरकतें करने लगा। मैंने उसका विरोध किया और फौरन घर वापस आ गई। मैंने अपने पति और उसकी बहन (ननद) के पति और अपने ननदोई की हरकतों सारा किस्सा बयान कर दिया। मेरे पति और उसकी बहन ने ननदोई को बुरा–भला

कहने के बजाय उलटे मुझ पर ही चरित्रहीन होने का इल्जाम ठोंक दिया। उन लोगों ने मेरी जमकर पिटाई भी कर दी। इसके बाद मैंने मायके जाने का फैसला कर लिया। मैंने सोचा कि मां मेरी परेशानियों को समझेगी और कुछ उपाय करेगी। अगले दिन बिना किसी को बताए जब मैं मायके पहुंची तो मुझे देखती ही मेरी मां आगबबूला हो गई। उसने मुझे उलटे पांव ससुराल जाने के लिए कहा। मैने मां को बहुत समझाने की कोशिश की, फिर भी उसने मेरी एक न सुनी और मेरे पति को बुलाकर मुझे अपने साथ ले जाने के लिए कहा! पति ने मुझे स्वीकार करने और अपने साथ ले जाने से इनकार कर दिया। इस वजह से मेरे माता–पिता और भाई–बहनों ने मुझे खूब कोसा। मैंने एक रात आत्महत्या करने का फैसला कर लिया। जिस वक्त मैं रेलवे लाइन पर कूदने ही वाली थी कि किसी भले आदमी ने मुझे बचा लिया। उसने मेरी बात बड़े गौर से सुनी। उसने मुझे अपने एक परिचित के यहां ले जाकर खाना खिलाया। अगली सुबह वह मुझे लेकर कराला स्थित नव ज्योति परिवार परामर्श केंद्र गए। काउंसिलर ने वहां मेरे माता–पिता को बुलाकर मुझे अपने साथ ले जाने के लिए कहा। उसने उन्हें मेरे साथ ढंग से पेश आने की हिदायत भी दी। उसके बाद मेरे प्रति उनके रवैये में कुछ सुधार आया। काउंसिलर ने मेरे पति को समझाने की लाख कोशिश की, लेकिन उसने उसकी एक न सुनी। काफी समझाने–बुझाने के बावजूद जब वह मुझे स्वीकार करने के लिए तैयार न हुआ तो काउंसिलर ने तलाक लेने का सुझाव दिया। इसे देखते हुए मेरे पिता ने किसी और आदमी के साथ मेरी शादी करने का मन बना लिया। हालांकि काउंसिलर ने उन्हें मेरी दूसरी शादी से पहले तलाक लेने के लिए खूब समझाया, लेकिन पिता ने यह कहकर उसका सुझाव ठुकरा दिया कि उसकी बिरादरी में ऐसा होता ही रहता था। इसी दरम्यान मेरे पिता ने मेरी राय लिए बिना ही किसी अन्य आदमी के साथ मेरा रिश्ता पक्का कर दिया।

वह सब कुछ इतनी जल्दी हुआ कि मुझे काउंसिलर को अपनी मर्जी बताने का मौका भी नहीं मिला। इस बार शादी के बाद मैं बिल्कुल अलग–थलग पड़ गई। कुछ दिनों बाद मेरी मां ने मुझे बताया कि मेरे पहले पति ने मेरी दूसरी शादी को लेकर थाने में शिकायत दर्ज करा दी है, जिसे लेकर पुलिस वाले बहुत परेशान कर रहे हैं। स्थिति बड़ी कठिन हो गई। हालांकि काउंसिलर ने मुझे मुफ्त कानूनी सहायता हासिल करने के लिए भेज दिया, लेकिन मैं मानसिक रूप से बहुत परेशान हो गई। अगर मैं काउंसिलर की बात मान लेती तो मुझे ये दिन न देखने पड़ते।

रिश्तेदारों ने उठाया रिश्तों से भरोसा

32

मैं गाजियाबाद में जन्मी, पली–बढ़ी 28 वर्षीय महिला हूं। गरीब परिवार से होने की वजह से मैं पढ़ नहीं सकी। महज 18 साल की उम्र में मेरी शादी संयुक्त परिवार में हो गई। मेरे पति की छह बहनें और बूढ़ी मां थी। मेरे माता–पिता ने शादी में हैसियत से ज्यादा खर्च किया, फिर भी ससुराल वाले संतुष्ट नहीं हुए। वह कम दहेज को लेकर मुझे जली–कटी सुनाते रहते थे। मेरा पति एक छोटे कारखाने में स्पीकर बनाता था और बड़ी मुश्किल से 2 हजार रुपये कमा पाता था। उसी की कमाई से इतना बड़ा परिवार पलता था। उस घर में बस वही मेरा साथ देता था। मेरी सास मुझे बिल्कुल पसंद नहीं करती थी। उन्हें बस पैसा चाहिए था। तीन साल में मेरे दो बच्चे पैदा हो गए। खर्च बढ़ने से घर की हालत खस्ता होने लगी। इंतिहा तो तब हो गई, जब इन्हीं मुसीबतों के बीच दिल का दौरा पड़ने से मेरे पति की मृत्यु हो गई। इसके बाद मैं नौकरी करके गुजारा करना चाहती थी, लेकिन पढ़ी–लिखी न होने के कारण कोई अच्छी नौकरी नहीं मिली। मैंने लोगों के घरों में महरी के रूप में काम करना शुरू कर दिया। हालांकि मैं अपने बच्चों को ज्यादा से ज्यादा वक्त देने की कोशिश करती, फिर भी सास मुझे कोसती रहती। पति की मृत्यु के एक साल के भीतर मेरे ससुर का भी इंतकाल हो गया। मेरे पति ने मकान मेरे नाम कर दिया था। मैंने पहली मंजिल किराए पर दे दी और खुद नीचे रहने लगी। थोड़ा–सा किराया और मेरी मजदूरी मिलाकर किसी तरह हमारे परिवार का गुजारा होने लगा।

एक दिन ननद अपने पति के साथ मेरे घर आई। उसने कहा कि घर के ऊपर वाले हिस्से में वह रहेगी और जो किराया उसे दूसरा किराएदार देता है, वही वह भी दे देगी। मेरी गैरमौजूदगी में उसने मेरे बच्चों की देखभाल का भी भरोसा दिलाया। मैंने उसकी बात मान ली। वह अपने परिवार के साथ मेरे घर के ऊपर वाले हिस्से में रहने लगी। कुछ वक्त बीतने के बाद उसने दावा किया कि यह मकान मेरा है और इस पर मंजिल बनाऊंगी। उसके रवैये से मैं हैरान रह गई। मैंने मामले को हल करने की

कोशिश की लेकिन ननद ने मेरी एक न सुनी। वह मुझे परेशान करती रहती थी ताकि मैं तंग आकर घर छोड़कर चली जाऊं। उन लोगों ने मुहल्ले में अफवाह पफैला दी कि मैं बदचलन हूं। इतना ही नहीं, मेरा ननदोई भी मुझे बुरी नजर से देखता था। मैं हमेशा उससे बचने की कोशिश करती। उन लोगों की हरकतों से तंग आकर एक दिन मैंने खुदवुफशी की कोशिश की और ढेर सारी नींद की गोलियां खा लीं। ऐसा कोई नहीं था। जिस पर मैं भरोसा कर पाती। ऊहापोह के कारण मैं कोई ठोस कदम नहीं उठा पा रही थी। जिस घर में मैं काम करने जाती थी, उसकी मालकिन ने मुझे एक दिन नवज्योति से संपर्क करने का सुझाव दिया। मैंने उनसे फौरन संपर्क किया। मुझे जल्द इंसाफ की उम्मीद है।

गलती किसकी ?

- औरतों को पढ़े–लिखे न होने की भारी कीमत चुकानी पड़ती है।
- कई बार लोग भोलेपन का गलत फायदा उठा लेते हैं।
- करीबी रिश्तेदारों पर भी आंख मूंदकर भरोसा नहीं करना चाहिए।

जिसके लिए दिया घर को धोखा, उसी ने उसका भरोसा तोड़ा

33

मैं उत्तरांचल में पली–बढ़ी एक 27 वर्षीय महिला हूं। मेरा एक भाई और दो बहनें हैं। हम भाई–बहन बहुत छोटे थे, तभी पिताजी की मृत्यु हो गई और मां अक्सर बीमार रहती थीं। सबसे बड़े होने के बावजूद भाई ने शादी नहीं की, क्योंकि वह पहले हम तीनों बहनों की शादी करना चाहते थे। आमदनी का बड़ा हिस्सा मां के इलाज पर खर्च हो जाता था। स्कूल की पढ़ाई खत्म करने के बाद मैंने प्रोपफेशनल ट्रेनिंग ली और जल्द ही मुझे एक नौकरी भी मिल गई। हालांकि मेरी तनख्वाह कुछ खास नहीं था। फिर भी घरेलू खर्च तो चल ही जाता था। अपनी जिंदगी से मैं खुश थी। मुझे इस बात का संतोष था कि बहुत पढ़ी–लिखी न होने के बावजूद मैं अपने भाई का बोझ कुछ हल्का कर पा रही थी।

मेरे काम की भी अब तारीफ्फ होने लगी थी। एक आदमी कारोबार के सिलसिले में अक्सर हमारे ऑफिस आया करता था। चूंकि उस आदमी का ज्यादातर काम मुझसे पड़ता था, इसलिए न जाने कब हम एक–दूसरे के करीब आ गए। मैं कुछ वक्त तक मां के इलाज में हाथ बंटाना चाहती थी इसलिए मैंने उस पर शादी के लिए दबाव नहीं डाला। लगभग एक साल के संबंध के बाद मैं उससे शादी के लिए कहने लगी। वह किसी न किसी बहाने शादी के प्रस्ताव को टाल देता। ज्यादा जोर देने पर कहता कि वह अच्छी तरह सैटल हो जाने के बाद शादी करना चाहता है।

मैं महसूस करती थी कि हम दोनों की आमदनी काफी थी, इसलिए शादी के लिए मैं उसे हमेशा राजी करने की कोशिश करती रहती। एक दिन जब मैंने बहुत जोर दिया तो उसने मेरे सामने शर्त रखी कि या तो मैं एक साल तक इंतजार करूं या एक लाख रुपये का इंतजाम करूं। उसी दिन जब मैं घर पहुंची तो मैंने अपने भाई को अलमारी में एक लाख रुपये रखते देखा। मां के ब्रेन ट्यमर के इलाज के लिए भाई ने अपने दोस्त से पैसा उधर लिया था। जाने मुझे क्या सूझा, मैं एक लाख रुपये चुराकर

अपने दोस्त से शादी करने के लिए निकल गई। मैंने सोचा, एक बार शादी हो जाएगी तो भैया की जिम्मेदारी पूरी हो जाएगी।

एक मंदिर में हम दोनों ने बिना किसी सबूत और गवाह के शादी कर ली। जब मैं घर पहुंची तो मेरे घरवालों ने रिश्ता मंजूर नहीं किया और मुझे त्याग दिया। मेरा पति मुझे दिल्ली में एक किराए के मकान में ले गया। शादी के बाद एक महीने में ही मैं गर्भवती हो गई। जल्द मां बनने से मैं तो खुश थी, लेकिन पति को अभी बच्चा नहीं चाहिए था। उसने धोखे से मुझे दूध में मिलाकर कुछ गोलियां दी, जिससे मेरा गर्भपात हो गया। जब मुझे उसकी हरकत का पता चला तो खूब झगड़ा हुआ। मकान मालिक ने उसके फौरन बाद हमसे मकान खाली करा लिया। उसने मुझे एक हॉस्टल में ठहरा दिया और अपनी मां को भी दिल्ली ले आया। दो दिन वह मेरे पास रहता और दो दिन अपनी मां के पास। जब मैंने पति से मां को साथ रखने के लिए कहा तो उसने कहा कि मां इसके लिए राजी नहीं होंगी। मेरे पास हॉस्टल में ही रहने के सिवा कोई और चारा न था। उसी दौरान मैंने दोबारा गर्भ धारण किया, लेकिन पति ने धोखे से दवा खिलाकर फिर से गर्भपात करा दिया। इस बार मेरा यकीन उस पर से उठ गया। उसके प्रति मेरा सारा प्यार और सम्मान खत्म हो गया। मैं उस दिन को याद करके अपनी फूटी किस्मत को रोने लगी, जिस दिन मैंने शादी की थी। मेरा साथ देने वाला कोई न था। तभी मुझे किसी ने जहांगीरपुरी स्थित नवज्योति परिवार परामर्श केन्द्र के बारे में बताया। केन्द्र की सलाहकार लगातार मेरे पति को बुलाती रही लेकिन उसने पलट कर जवाब नहीं दिया। अब मैं निर्दयी पति के खिलाफ मुकदमा दर्ज कराने जा रही हूं। मैं जानती हूं कि मेरी लड़ाई बड़ी मुश्किल है, फिर भी मैं अपना हक हासिल करने के लिए मानसिक रूप से खुद को तैयार कर रही हूं।

गलती किसकी ?

- असुरक्षा की भावना के बीच शादी का फैसला सही नहीं।
- भावनात्मक असुरक्षा से हुई शादियां अक्सर कामयाब नहीं होती।
- किसी भी जुल्म के खिलाफ आवाज उठाना जरूरी है।

अपने पैरों पर खड़ा होना सबसे जरूरी

34

मेरी उम्र 18 साल है। हम तीन भाई बहन हैं। मैं यूपी की हूं। बचपन में मां गुजर गई और पिता ने दूसरी शादी कर ली। इस घटनाक्रम ने आगे चलकर मेरी जिंदगी को इतना प्रभवित किया कि उसका दंश मैं आज तक झेल रही हूं। पिता ने जिस औरत से शादी की, उसके पहले से ही तीन बच्चे थे। सौतेली मां ने हमारी ओर कभी कोई ध्यान नहीं दिया। हां, घर में छोटी–मोटी बातों पर कहासुनी और झगड़ा जरूर होने लगा। घरेलू माहौल और तनाव से निजात पाने के लिए पिता ने शराब का सहारा लिया और घर की तरफ से बेपरवाह होते चले गए। तंग आकर एक दिन घर से निकले और लौटकर नहीं आए। हमें तो यह भी नहीं मालूम कि अब वह जिंदा भी हैं या नहीं। स्कूल की पढ़ाई खत्म कर इज्जत से दो रोटी और शांति पाने के इरादे से एक दिन मैंने भी घर छोड़ दिया।

मैं दिल्ली आ गई। उत्तरी दिल्ली की एक छोटी–सी कॉलोनी में मुझे रहने की जगह मिली। एक कारखाने में मुझे नौकरी भी मिल गई। उस वक्त मेरी उम्र 17 साल थी। मैं अपनी नई स्थिति से खुश थी। मन में पैसे बचाकर कम्यूप्टर कोर्स करने की इच्छा भी थी।

एक दिन मेरे सीनियर ने मुझे अपने घर में किसी प्रोग्राम के बहाने साथ चलने का आग्रह किया। उसकी मदद करने की इच्छा से मैं उसके साथ चली गई। घर पहुंचकर उसने कमरे का दरवाजा बंद कर लिया। उसने अपनी मर्जी के मुताबिक मेरा इस्तेमाल किया। मैं कुछ भी न कर पाई। उसने मुझे आगाह किया कि अगर मैंने किसी के आगे जबान खोली तो नतीजे बहुत खतरनाक होंगे। मैं डरी, सहमी उसकी धमकियां सुनती रही। मुझे भी अपनी बदनामी का डर था, इसलिए खामोश रही। एक दिन मेरे सब्र का बांध टूट गया। मैं हिम्मत करके उसके आगे खड़ी हो गई और उससे फौरन शादी के लिए कहा। वह भी वक्त की नजाकत को फौरन समझ गया। उसने मुझे एक घर में ले जाकर मेरी

मांग में सिंदूर भरा और माला डाल दी। पड़ोसियों के सामने हुए विवाह से मैं संतुष्ट हो गई। हम दोनों पति–पत्नी की तरह रहने लगे।

कुछ दिनों बाद उसने मुझे बताया कि वह अपने विवाह की सूचना देने के लिए अपने गांव जा रहा है। एक महीने तक जब वह नहीं लौटा तो मुझे फिक्र हुई। मैंने मदद के लिए थाने में संपर्क किया। महीनों भटकने और थाने का चक्कर लगाने के बाद एक दिन मुझे उसे खोज निकालने में कामयाबी मिल गई। उसने मुझे अपने घर ले जाने का वादा किया। जब मैं उसके घर पहुंची तो यह देखकर सन्न रह गई कि वह तो शादीशुदा था और उसके दो बच्चे भी थे। उसकी मां ने खड़े–खड़े ही मुझे स्वीकार करने से इनकार कर दिया।

मेरे पास वापस लौटने के सिवाय कोई चारा न था। मैंने अपने कारखाने के मालिक से संपर्क किया। उसने मेरी मदद के बजाय मुझे नौकरी से ही निकाल दिया। उसने कहा कि चूंकि तुम्हारी उम्र 18 साल से कम है, इसलिए तुम्हें नौकरी पर नहीं रखा जा सकता। गृहस्थी बसाने का सपना देखते देखते मैं सड़क पर आ गई। मुझे कुछ समझ नहीं आ रहा था कि मैं क्या करूं? तभी किसी ने मुझे जहांगीरपुरी में नवज्योति परिवार परामर्श केंद्र से संपर्क करने की सलाह दी। मैं उस धोखेबाज को सबक सिखाने के इरादे से सलाह केंद्र पहुंची। सलाहकार ने वहां मुझे मुफ्त कानूनी सहायता दी। अब मैं उसके खिलाफ शारीरिक शोषण एवं मानसिक उत्पीड़न का केस दर्ज कराने जा रही हूं। नवज्योति वाले मुझे इंसाफ दिलाने और मेरे पुनर्वास में मेरी सहायता कर रहे हैं।

प्रताड़ना सहने से खुलते हैं तबाही के रास्ते

35

मैं यूपी की एक मिड्ल क्लास फैमिली की 30 साल की महिला हूं। मेरे पिता का निजी करोबार था चार भाई–बहन थे। परिवार में अकेली लड़की होने के वजह से परवरिश बड़े लाड–प्यार से हुई।

स्कूल की पढ़ाई खत्म करते ही 18 साल की उम्र में एक युवक के साथ मेरी शादी कर दी गई जो दुकानदार था। ससुराल में सब कुछ मेरी उम्मीदों के अनुकूल ही था। अगर वहां कोई अखरने वाली बात थी, तो यह कि मेरा पति रोजाना शराब पीता था। शुरू में मैंने उसकी शराबखोरी पर ज्यादा गौर नहीं किया क्योंकि वह पीने के बाद भी मेरे साथ ढंग से पेश आता था। लेकिन शादी के कुछ महीनों में ही उसकी नशाखोरी इतनी बढ़ गई कि वह सुबह नाश्ते के साथ ही शराब पीना शुरू करता और रात को सोने तक पीता रहता। नशे की हालत में वह मुझे शरीरिक और मानसिक यातनाएं भी देने लगा। मेरे सास–ससुर पति की बढ़ती दारूबाजी के लिए मुझे ही जिम्मेदार ठहराते और कहते कि अगर मैंने शुरू में ही उस पर अंकुश लगाया होता तो हालात ऐसे नहीं होते। इस बीच मैंने एक लड़के को जन्म दिया। एक दिन मेरी मां मुझसे मिलने आई। तब तक मैंने अपने माता–पिता को ससुराल वालों के बारे में कुछ नहीं बताया था। मेरी कमजोर सेहत देखकर मां ने मुझे कुछ दिनों के लिए अपने साथ ले जाने की इच्छा जताई। मैंने सास से इजाजत मांगी तो उन्होंने इनकार कर दिया। अलबत्ता मेरे जोर देने पर कहा कि तुम हमेशा के लिए यहां से जा सकती हो। उन्होंने मेरे बेटे को भी साथ ले जाने की इंजाजत नहीं दी।

सास के इस रूखे बर्ताव से मुझे बहुत दुख हुआ। मैंने रिश्ता तोड़ देने का फैसला लेते हुए ससुराल वालों के खिलाफ केस कर दिया। अदालत से मुझे तलाक मिल गया। मैं मायके में रहने लगी। साल भर बाद घरवालों ने मेरी दोबारा शादी के लिए वर की तलाश शुरू की। मैं भी खुद को एक और मौका देना चाहती थी। हमारे पड़ोसी ने एक लड़के की जानकरी दी। लड़के वाले इस शर्त पर शादी के लिए राजी हुए कि वे मेरे बेटे को स्वीकार नहीं करेंगे। मैंने शर्त का विरोध किया, लेकिन मेरे

भाइयों और माता–पिता ने मुझे भरोसा दिलाया कि वे मेरे बेटे की अच्छी देखभाल करेंगे। उनके आश्वासन के बाद मेरी शादी हो गई।

मेरा दूसरा पति एक प्राइवेट कंपनी में काम करता था। शादी के वक्त मैं बहुत कमजोर थी और बेटे की जुदाई का गम मुझे सता रहा था। मुझे नए पति के साथ नजदीकी बनाने में कुछ वक्त लगा। मेरी देखभाल करने और डिप्रेशन से बाहर आने में मदद करने की बजाय पति और सास ने मेरे चरित्र पर संदेह करना शुरू कर दिया। उन्हें शक था कि मैं शादी से खुश नहीं हूं, और मेरा किसी के साथ चक्कर चल रहा है। अपने इसी शक के बल पर उन्होंने मुझे ताना मारना शुरू कर दिया। ससुरालवालों के उस रवैये के बावजूद मैंने उन्हें हर हाल में खुश रखने की भरपूर कोशिश की। मैंने एक बेटी को जन्म दिया, लेकिन जन्म के पांच दिन बाद उसकी मृत्यु हो गई। डॉक्टरों ने बताया कि मेरी सेहत गर्भधारण के अनुवूफल नहीं थी। फिर भी सास ने डॉक्टर की बात पर यकीन नहीं किया। वे मेरे साथ बुरा बर्ताव करने लगे। मेरे चरित्र पर उनका संदेह दिन–ब–दिन बढ़ता जा रहा था। मैं फिर गर्भवती हुई। इस बार भी लड़की पैदा हुई, जो जन्म के चौथे दिन ही गुजर गई। अब तो मेरे ऊपर जैसे मुसीबतों का पहाड़ टूट पड़ा। मेरा पति मुझे जरा–जरा सी बात पर मारने–पीटने लगा। उसने मेरी शारीरिक और मानसिक स्थिति के बारे में जानने की कभी कोशिश नहीं की। कमजोरी के बावजूद मैं दो बार गर्भवती हुई लेकिन दोनों बार गर्भपात हो गया। चौथी बार गर्भपात होने के बाद मेरी सास ने मेरे माता–पिता को बुलाकर कहा कि वे या तो मुझे अपने साथ ले जाएं या मेरे इलाज का सारा खर्च उठाएं। मेरी मां मुझे उस हालत में नहीं देख सकी और मुझे अपने साथ घर ले आई। मेरी दूसरी शादी भी कामयाब नहीं रही। इसी दौरान किसी शुभचिंतक ने मुझे जहांगीरपुरी स्थित नवज्योति परिवार परामर्श केंद्र से सलाह लेने का सुझाव दिया। केंद्र से संपर्क करने पर सलाहकार ने सबसे पहले मुझे स्वस्थ होने और उसके बाद खुद को किसी फैसले के लिए मानसिक रूप से तैयार होने की सलाह दी। उसने मेरे पति और सास को बुलाकर उनका पक्ष जानने की कोशिश भी की। अब या तो मैं उनके खिलाफ मामला दर्ज कराऊंगी या बातचीत से मामले को सुलझाउंगी। मैंने वोकेशनल कोर्स करने का भी फैसला किया है, ताकि मैं कोई हुनर सीखकर आत्मनिर्भर बन सकूं। अब मैं जीवनयापन के लिए विवाह को विकल्प के रूप में अपनाने को तैयार नहीं हूं।

गलती किसकी ?

- कई औरतें गुलामों की तरह जिंदगी जीती हैं।
- उत्पीड़न सहन करना भी एक तरह की गुलामी है।
- शादी को जीवनयापन का जरिया न बनाएं महिलाएं।

सैयां झूठों का बड़ा सरताज निकला... 36

मेरा नाम सुन्नी देवी है। बिहार की रहनेवाली हूं। उम्र 40 वर्ष है। शादी महज 10 साल की उम्र में हो गई थी। 15 साल की उम्र में मेरा गौना हुआ और मैं पति के साथ रहने लगी। पहले बच्चे के जन्म के बाद पति गलत सोहबत में पड़ गए। इसके बाद उन्हें गांजा–भांग और शराब की लत लग गई। खेतिहर मजदूर के रूप में काम करते हुए हम दो जून की रोटी का जुगाड़ बड़ी मुश्किल से कर पाते थे। एक तो गरीबी और ऊपर से पति की नशाखोरी की लत। हमारी जिंदगी दिन–ब–दिन दुश्वार होने लगी। मेरे पति के एक मित्र ने हमारी दयनीय हालत का 'फायदा' उठाने के लिए हमदर्दी का हाथ बढ़ाया। उसने मेरे पति को अपने कारोबार में शामिल होने का न्योता दे डाला। उसके 'कारोबार' के बारे में हमें कोई जानकारी नहीं थी। अपनी हालत सुधारने के लिए मेरे पति ने हामी भर दी।

उस मित्र ने हमें कुछ पैसे दिए और दिल्ली जाने का 'हुक्म' दिया। हम स्टेशन पर पहुंचे तो उसने एक पैकिट दिया, जिसमें शायद कोई नशीली चीज थी। दिल्ली पहुंचकर हमने उसका सामान तो उसके बताए ठिकाने पर पंहुचा दिया, लेकिन इस बीच हमें उस तथाकथित 'दोस्त' के कारोबार का पता चल चुका था। नतीजतन, हमने उसके लिए काम करने के बजाय खुद का धंधा करना ज्यादा फायदेमंद समझा। दिल्ली की झुग्गी और पुनर्वास बस्तियों में हमने 'पुड़िया' (गांजा, भांग, चरस, स्मैक आदि) बेचना शुरू कर दिया। इस बात की खबर न मेरे मायकेवालों को थी और न ही ससुरालवालों को। एक दिन हमारी बस्ती में पुलिस का छापा पड़ा। मैंने पति से कहा कि वह मौके से फरार हो जाए। अगर हम सामान और परिवार के साथ भागने की कोशिश करेंगे तो कहीं न कहीं जरूर पकड़ लिए जाएंगे। मेरी बात मान कर वह तो भाग गए, लेकिन पुलिस ने मेरे दो साथियों के साथ मुझे पकड़ लिया। मेरे साथियों ने पुलिस को घूस देकर किसी तरह खुद को बचा लिया लेकिन मुझे जेल भेज दिया गया। साढ़े तीन साल तक मैं जेल में विचाराधीन कैदी के रूप मे मुकदमे का इंतजार करती रही।

इस दौरान मैंने बिहार में रहनेवाले अपने परिजनों को कई पत्र लिखे, लेकिन किसी ने सुध न ली। मेरे दोनों बच्चे भी मेरे साथ जेल में ही थे।

जेल में एक एनजीओ (इंडिया विजन फाउंडेशन) की नजर मेरे बच्चों पर पड़ी। एनजीओ वालों ने मेरे बड़े बेटे को दिल्ली के एक अच्छे स्कूल में दाखिला दिला दिया। साढ़े तीन साल तक जेल में रखने के बाद आखिरकार मुझे छोड़ दिया गया। रिहाई के फौरन बाद खुशखबरी देने मैं अपने गांव गई। मेरे मायकेवाले मुझे देखकर बहुत हैरान हुए और फूट–फूटकर रोने लगे। उन्होंने मुझसे एक लंबे अरसे तक संपर्क न करने का कारण पूछा। उनके सवाल से मैं भी चौंक पड़ी, क्योंकि जेल से मैंने उन्हें दर्जनों खत लिखे थे। मेरे मायकेवालों को मेरा कोई भी खत नहीं मिल पाया था। उन्होंने बताया कि मेरे पति ने गांव पहुंच कर मेरे किसी के साथ भाग जाने की अफवाह फैला दी थी। इतना ही नहीं, उस अहसानफरामोश ने मेरा इंतजार करने के बजाय दूसरी शादी कर ली और उनके साथ किसी दूसरे शहर में जाकर बस गया। तब मैं बेटे को लेकर ससुराल पहुंची।

सास–ससुर ने मेरी बात पर एतबार करने के बजाय बुरा–भला कहना शुरू कर दिया। मैंने उन्हें लाख समझाने की कोशिश की कि मैं किसी के साथ भागी नहीं थी, बल्कि उनके बेटे को बचाने के लिए खुद जेल चली गई थी। पर उन पर मेरी बात का कोई असर नहीं हुआ। मायके और ससुराल दोनों दरवाजे मेरे लिए बंद हो चुके थे। फिर भी मैंने हिम्मत नहीं हारी। अब मैंने अपने चार बच्चों का भरण–पोषण ईमानदारी और मेहनत से करने का बीड़ा उठाया है। इस मामले में मुझे एनजीओ इंडिया विजन फांउडेशन का भरपूर समर्थन मिल रहा है और मुझे पूरी उम्मीद है कि मेरा बेटा उनके सहयोग से पढ़ लिखकर एक दिन 'बड़ा आदमी' बन जाएगा।

गलती किसकी ?

- गरीबी इंसान के लिए सबसे बड़ा अभिशाप है।
- अशिक्षा इस अभिशाप को फलने–फूलने में मदद करती है।
- कम उम्र में लड़कियों की शादी का चलन बंद होना चाहिए।

आज भी सीरत नहीं, सूरत देखी जाती है

37

मैं 30 वर्षीय महिला हूं। मेरा जन्म एक साधारण परिवार में हुआ। अपने तीन भाइयों की मैं अकेली बहन थी। हालांकि हमारी माली हालत औसत दर्जे की ही थी, फिर भी मेरा पालन–पोषण बड़े लाड़–प्यार से हुआ। टीचर बनने की चाह में एमए पास करने के बाद मैंने बीएड भी कर लिया। पढ़ाई पूरी होने के साथ ही माता–पिता ने मेरे लिए वर की तलाश शुरू कर दी। हालांकि मैं पढ़ी–लिखी और योग्य लड़की थी, फिर भी शादी के कई प्रस्ताव मेरे सांवली होने के कारण ठुकरा दिए गए। जो भी आता वह मेरे गुण न देखकर मेरा रंग देखता और मुंह बिचकाता हुआ वापस चला जाता। मेरा सांवला रंग माता–पिता की चिंता का कारण बन गया। वह मेरे हाथ पीले करने के लिए बेचैन थे।

एक दिन कुछ लोग मुझे देखने आए और पहली ही नजर में नापसंद कर वापस चले गए। अगले दिन जब मुझे एक सीनियर सेकेंडरी स्कूल में नौकरी मिल गई और उसकी खबर उन्हें लगी तो अपने फैसले पर फिर से विचार करते हुए वे एक बार फिर हमारे घर आए और रिश्ता मंजूर होने की बात करने लगे। उनका बेटा भी टीचर था लेकिन परिवार के बाकी लोग ज्यादा पढ़े–लिखे नहीं थे। मुझे उनका रवैया पसंद नहीं आया, लेकिन अपने माता–पिता के दबाव के कारण मैं शादी के लिए राजी हो गई। शादी के बाद हमारे सामने कभी कोई दिक्कत नहीं आई क्योंकि हम दोनों की सैलरी हमारे लिए काफी थी। हम दोनों ने अपनी बचत से भविष्य के लिए कुछ संपत्ति भी बनाई।

समस्याओं की शुरुआत मेरी बेटी के जन्म से हुई। मेरे सास–ससुर और पति को बेटी होना कतई अच्छा न लगा। उन्होंने मेरे साथ बदसलूकी शूरू कर दी। आर्थिक रूप से आत्मनिर्भर होने के बावजूद मेरी स्थिति में खास अंतर नहीं पड़ा। बेटे की चाहत में मैं बहुत जल्द दोबारा गर्भवती हो गई लेकिन इस बार भी किस्मत ने मेरा साथ नहीं दिया। दूसरी लड़की के पैदा होते ही पति का रवैया मेरे प्रति और खराब हो गया। वह बहुत खिन्न और उदास रहने लगा।

तीसरी बार मैंने बेटे को जन्म दिया लेकिन मेरी मुसीबतों का अंत फिर भी नहीं हुआ। लड़का पैदा होने की खुशी में मेरे सास–ससुर ने समारोह आयोजित किया, जिसके खर्च का बोझ उन्होंने मेरे गरीब माता–पिता के कंधें पर डाल दिया। उन्होने गिफ्ट के नाम पर एक लंबी–चौड़ी लिस्ट उनके

हाथों में थमा दी, जिसे पूरा कर पाने में वे असमर्थ थे। जो मांगे मेरे माता–पिता पूरी नहीं कर सके, उनको लेकर मेरे साथ रोज कहासुनी होती और मुझे रोज प्रताड़ित और अपमानित किया जाने लगा।

आखिरकार मेरा धीरज जवाब दे गया। मैंने भी पलट कर जवाब देना शुरू कर दिया। कहासुनी और मारपीट मेरी रोजमर्रा की जिंदगी का हिस्सा बन गए। घर की शांति भंग हो चुकी थी। तीनों बच्चे मेरी बदहाली के गवाह थे। उस दयनीय स्थिति में भी मैंने कभी मन में पति से अलग होने का ख्याल नहीं आने दिया। मैं मुसीबतों का सामना करते हुए हालात सुधरने का इंतजार करने लगी। मेरी मंशा फलीभूत नहीं हुई। मेरी किस्मत में कुछ और ही लिखा था। एक दिन मेरा पति मुझसे अकारण उलझ गया और उसने मुझे थप्पड़ मारने की कोशिश की। मैंने विरोध करते हुए उसका हाथ पकड़ लिया, जिससे वह तिलमिला उठा। गुस्से में आकर उसने मुझे बाहर धकेल कर घर का दरवाजा बंद कर लिया।

दरवाजा खुलवाने के लिए मैं उससे घंटो मिन्नतें करती रही, लेकिन उस पर कोई असर नहीं हुआ। मजबूरन मुझे अपने मायके जाना पड़ा। मैं उसका इंतजार करती रही लेकिन वह मुझे लेने नहीं आया और न ही फोन किया। इसके बाद मैंने पहल करते हुए उससे बात करने की कोशिश की, किन्तु उसकी बेरुखी कायम रही। मेरे माता–पिता ने भी उन लोगों को समझाने की बहुत कोशिश की लेकिन वे लोग किसी भी हालत में मुझे अपनाने को तैयार नहीं हुए।

हमारी सभी कोशिशें बेकार चली गई। इतना ही नहीं, मेरे पति ने बच्चों का हक पाने के लिए मेरे खिलाफ मुकदमा भी दायर कर दिया। अदालत की कार्रवाइयां इतनी सुस्त है कि मुझे डर है कि कहीं एक दिन मेरे बच्चे मुझे पहचानने से ही इनकार ने कर दें। मामले के जल्द निपटारे के लिए मैंने कराला स्थित नवज्योति परिवार सलाह केंद्र से मदद की गुहार की। काउंसिलर ने कोर्ट में मेरे मामले की पैरवी की। उसने मेरे पति को भी समझाने की कोशिश की, लेकिन उसने एक न सुनी। लीगल एडवाइजर की सहायता से मुझे अदालत से तीन में से दो बच्चों को हासिल करने में सफलता मिल गई। अब मैं जायदाद मे अपने हिस्से के लिए लड़ रही हूं। काउंसिलर ने मुझे डिप्रेशन से निजात पाने में मदद की और अब मैं महसूस करती हूं कि मेरा भी कोई है जिसे मैं अपने दुख–दर्द सुना सकती हूं।

गलती किसकी ?

- घरेलू हिंसा का शुरू से ही मुंहतोड़ जवाब दिया जाना चाहिए।
- प्रताड़ना और बदलते हुए हालात सुधरने की उम्मीद करने से कभी समस्या हल नहीं होती।
- अदालती फैसले में देरी होने से तकलीफें बढ़ती जाती हैं।

कम उम्र में शादी से पैदा हुई मुश्किलें

38

मैं पिछले पांच सालों से नवज्योति परिवार परामर्श केंद्र में सलाहकार के रूप में कार्यरत हूं। इस दौरान मुझे शादियां टूटने से लेकर दहेज उत्पीड़न तक के मामलों से दो–चार होना पड़ा इनमें कुछ मामले जहां बेहद मामूली थे, वहीं कुछ पेचीदा थे। इनमें विवाहेतर रिश्तों, विवाह से पूर्व शारीरिक रिश्तों एवं बहुविवाह तक के मामले शामिल थे। कुछ मामलों में मैंने समझाने–बुझाने की नीति अपनाई, कुछ में परिस्थितियों को समझकर, उनका सम्मानजनक समाधान खोज और समुचित सलाह दी।

हाल में मेरे सामने ऐसा मामला आया जिसने मेरा दिमाग चकरा दिया। अब तक मुझे इसका कोई हल नहीं सूझा है। बहुविवाह का यह ऐसा मामला है जिसमें मेरे लिए यह तय करना मुश्किल है कि मैं किसका पक्ष लूं, किसका नहीं। यह समस्या बिहार के एक साधारण परिवार की 17 वर्षीय लड़की से संबंधित है। हालांकि उसका लालन–पालन दिल्ली में हुआ, लेकिन परिवार में छोटी उम्र में ही शादी का रिवाज था। उसकी बहन की शादी महज 14 साल की उम्र में हो गई थी। विवाह के बाद मां–बाप ने इसे कुछ समय के लिए अपनी बहन के साथ रहने दिल्ली भेज दिया। तब उसकी उम्र 12 साल थी। बहन का देवर साथ रहने के कारण उसे पसंद करने लगा। कुछ समय बाद जब लड़की के माता–पिता को इस विषय में जानकारी हुई तो उन्होंने एक ही घर में दूसरी लड़की की शादी करने से इनकार कर दिया। हालांकि लड़के की उम्र भी उस समय 15 साल ही थी। एक साल बाद उस लड़के की शादी किसी अन्य लड़की से हो गई।

शादी के बावजूद दुलहन की उम्र कम होने के कारण दोनों पति–पत्नी की तरह एक दिन भी साथ नहीं रहे। अगले दिन लड़की मायके चली गई। कुछ समय बाद जब ससुरालवाले उसे लेने पहुंचे तो उसने ससुराल जाने से इनकार कर दिया। दूल्हे और उसके घरवालों ने दुलहन को वापस लाने की कोशिशें कीं, लेकिन दुल्हन के घरवाले कोई न कोई बहाना बनाकर हर बार विदाई टालते रहे। इस दौरान कई बार दोनों पक्षों में तकरार हुई, लेकिन मामला नहीं सुलझ सका। मिन्नत व खुशामद और कहासुनी में तीन साल बीत गए।

जब पत्नी घर नहीं आई तो वह अपनी भाभी की बहन की ओर फिर आकर्षित हुआ। घरवालों ने भी ज्यादा गौर नहीं किया। अब वे दोनों साथ घूमने–फिरने लगे और एक दिन बिना किसी को बताए मंदिर में शादी कर ली। लड़का सोच रहा था कि तीन साल बीतने के बावजूद मेरी पहली पत्नी नहीं लौटी है तो भविष्य में भी उसके लौटने की संभावना बहुत कम है। दूसरी ओर लड़की ने यह सोचकर बहन के देवर से शादी कर ली थी कि पहली पत्नी का मामला सुलझ जाने के बाद बहन के घर वाले उनकी शादी को भी स्वीकार कर लेंगे। दोनों पति–पत्नी की तरह साथ रहने लगे। हालात तब बिगड़े जब बड़ी बहन के घर में रहने वाली बिन ब्याही लड़की गर्भवती हो गई। लड़की के माता–पिता इस खबर के बाद शादी के लिए राजी हो गए। यही स्थिति लड़के के पैरेंट्स की भी थी।

इस रिश्ते की जानकारी जब पहले वाली पत्नी के पिता को मिली तो उन्होंने 'दामाद' के खिलापफ बहुविवाह का केस दर्ज कर दिया। पुलिस के सामने लड़का बहुत नर्वस हुआ और उसने 'पहली' पत्नी को स्वीकार करने और उसके साथ रहने की हामी भर दी। दूसरी पत्नी को दूर की रिश्तेदार कहकर उसने पुलिस के सामने उससे सारे रिश्ते खत्म करने की घोषणा कर दी।

लड़की की मां को इस घटना की जानकारी मिलते ही परेशान हो उठी। उसने मदद के लिए मुझसे संपर्क किया। मैंने उस लड़के से बात की। बातचीत में लड़के ने इस लड़की से प्यार करने की बात मानी, साथ ही यह भी बताया कि पुलिस के डर और कानूनी दांवपेंच से बचने के लिए उसने मजबूरी में पहली पत्नी के साथ रहने की रजामंदी जाहिर की थी। विडंबना यह है कि दोनों लड़कियां तो नाबालिग हैं ही, लड़के की उम्र भी 20 साल है। पहली पत्नी के मायके वाले तर्क देते हैं कि उन्होंने लड़की को तीन साल तक ससुराल इसलिए नहीं भेजा क्योंकि वह बहुत छोटी थी। दूसरी ओर इस लड़की की विडंबना यह है कि यह चार महीने से प्रेगनेंट है। उसके पास अपने प्रेमी पति के साथ रहने के अलावा कोई चारा नहीं हैं। यह तो अपने पति की पहली पत्नी के होते हुए भी उसके साथ रहने को राजी है। दोनों लड़कियों के माता–पिता और अकेला दामाद, सब मिलकर इस समस्या का कोई समाधान नहीं ढूंढ पाए हैं। फिलहाल मैं दोनों लड़कियों की मंशा जानने की कोशिश कर रही हूं ताकि कोई हल निकाल सकूं।

गलती किसकी ?

- पुराने रिवाजों की जकड़न से अब भी नहीं छूट पाया है समाज।
- नाबालिग लड़की की शादी ऐसी ही मुसीबतों को जन्म देती है।
- कानूनी प्रावधानों पर आज भी भारी हैं पारंपरिक मान्यताएं।

बहू ही नहीं, बेटे पर भी तनती है दहेज की तलवार

39

मैं एक अधेड़ औरत हूं। मैं हरियाणा में रहती हूं। मेरी शादी हुए 15 साल हो चुके हैं। तब से आज तक मुझे दहेज के लिए सताया जा रहा है। मेरा यह उत्पीड़न मेरे पति नहीं, बल्कि मेरे सास–ससुर कर रहे हैं। दरअसल, मेरे साथ–साथ मेरे पति को भी इस उत्पीड़न का शिकार बनाया जा रहा है।

शादी के अगले दिन से ही मेरे ससुरालवालों ने कम दहेज लाने के लिए मुझे ताना देना शुरू कर दिया था। हालांकि उनके इस कृत्य में मेरे पति शामिल नहीं थे, लेकिन उन्होंने इस पर कभी ऐतराज भी नहीं जताया। पति की खामोशी के कारण उत्पीड़न में दिन–प्रतिदिन बढ़ोतरी होती रही। मेरे माता–पिता ने कई बार ससुरालवालों की मांगें पूरी भी कीं, किंतु लोभी ससुरालवालों की दहेज की मांग का कभी अंत नहीं हुआ।

मेरे पति ने हमेशा मुझे यही आश्वासन दिया कि वक्त के साथ सब कुछ ठीक हो जाएगा। कई बार अनेक कारणों से जब सास–ससुर ने मेरी पिटाई करनी चाही तो पति ने मेरा बचाव भी किया। उनके माता–पिता ने उन्हें भी 'गंभीर परिणाम' की धमकियां दीं। मेरे पति के भाई और भाभियां भी सास–ससुर के साथ मिले हुए थे।

इस बीच हमारे तीन बच्चे हुए। हमें अपना खाना अलग बनाने की इजाजत नहीं थी। दो वक्त की रोटी के लिए कई बार हमें दूसरों के आगे हाथ फैलाना पड़ता हमने पुलिस से शिकायत करने के बजाय मामले को घर में सुलझाने की कई कोशिशें की लेकिन सब बेकार रहीं। धीरे–धीरे झगड़े और तकरार का कारण दहेज के बजाय जमीन–जायदाद हो गया। मेरे पति के पास एक मोटरसाइकल और एक जीप थी। मेरे जेठ और देवरों ने मेरे पति पर दोनों चीज उनके नाम ट्रांसफर करने के लिए दबाव डालना शुरू किया। इस बीच एक दिन बाजार से लौटने वक्त कुछ लोगों ने हम पर हमला कर दिया।

मुझे और मेरे पति को गहरी चोटें आई। हमें अच्छी तरह पता था कि उस वारदात के पीछे हमारे 'अपने' ही थे, इसलिए मेरे पति ने अपने भाइयों के खिलाफ थाने में शिकायत दर्ज करा दी। हमारी शिकायत पर कई महीने कोई कार्रवाई नहीं हुई। इतना ही नहीं, मेरे सास–ससुर ने मेरे पति पर शिकायत वापस लेने के लिए दबाव डालना शुरू कर दिया। हमारे पास उनकी बात मानने के अलावा कोई दूसरा चारा नहीं था। बहरहाल, हमने किसी दूसरे शहर में चले जाने का मन बनाया और एक दिन बिना किसी को कुछ बताए हम चुपके से अपना सामान लेकर चले गए। वहां मेरे पति को छोटी–मोटी नौकरी मिल गई जिससे किसी तरह हमारा गुजारा होने लगा। हमारी जिंदगी में शांति के कुछ दिन ही बीत पाए थे कि मेरे ससुरालियों ने हमारे बारे में सुराग लगा लिया और हमारे घर आ धमके। उन्होंने एक बार फिर मोटरसाइकल और जीप अपने नाम ट्रांसफर करने के लिए दबाव और धमकी देना शुरू कर दिया। हमारे हिस्से की पैतृक जायदाद वे लोग पहले ही कानूनी रूप से हड़प चुके थे। हमें कुछ समझ नहीं आ रहा था कि हम इंसाफ पाने के लिए किसका दरवाजा खटखटाएं। एक बार फिर हमने पुलिस से मदद की गुहार की लेकिन वहां भी हमारी पुकार अनसुनी हो गई। इसी दौरान किसी ने हमें कराला स्थित नव ज्योति परिवार परामर्श केंद्र के बारे में बताया। आखिरी उम्मीद के तौर पर हमने वहां संपर्क किया। वहां पहुंचकर हमें महसूस हुआ कि हम लोगों को यहां बहुत पहले ही आ जाना चाहिए था। काउंसिलर ने न केवल थाने में हमारे मामले की पैरवी की बल्कि उसने हमारे ससुरालियों से भी बात की। नव ज्योति के हस्तक्षेप से ससुरालवाले रास्ते पर आ गए। तब से हमें किसी तरह की कोई धमकी नहीं मिली क्योंकि उन्हें पता चल चुका था कि अब हम अकेले और असहाय नहीं थे। हमारी मदद करने वाला भी कोई था।

गलती किसकी ?

- हिंसा और उत्पीड़न के खिलाफ सहनशीलता दिखाना कमजोरी है।
- घरेलू हिंसा की शिकायतों पर पुलिस की उदासीनता से बढ़ जाते हैं उत्पीड़कों के हौसले।

कारोबार में 'परिवार' को न भूलें

40

मेरा संबंध एक सिख परिवार से है। हमारा परिवार छोटा था और पिता व्यापारी थे। वह कारोबार में इतना बिजी रहते थे कि उनके पास घर के लिए वक्त नहीं था। मैं पढ़ाई में बहुत तेज था और बड़ा भाई अपने दोस्तों की महफिल में मशगूल रहता था। उसे मेरी या घर की तरफ देखने की फुरसत नहीं थी। मेरी ख्वाहिशों की कद्र करने वाला कोई नहीं था और न ही कोई यह देखने वाला था कि मैं क्या कर रहा हूं, कहां जा रहा हूं और कैसे जा रहा हूं। मेरा भाई स्कूल की पढ़ाई के वक्त से ही नशा करने लगा था और नशेड़ी दोस्तों की वजह से मैंने भी शराब पीना शुरू कर दिया। पैरेंट्स को हमारी हरकतों की जानकारी मिलने तक काफी देर हो चुकी थी।

नशे ने मेरे भाई की पढ़ाई छुड़ा दी। मैंने भी फर्स्ट ईयर पास करने के बाद कॉलेज जाना बंद कर दिया और डैडी के बिजनेस में हाथ बंटाना शुरू कर दिया। कुछ वक्त तक मैं नशे से दूर रहा। इसी दौरान बड़े भाई ने खुदकुशी कर ली। उसकी मौत के कुछ अरसे बाद एक दोस्त ने भी जान दे दी। इन हादसों से मैं डर गया और कभी भी ड्रग्स को हाथ न लगाने का फैसला कर लिया। पिता को जब मेरे नशा छोड़ देने का यकीन हो गया तो उन्होंने मुझे पड़ोसी राज्य में फिर से एडमिशन दिला दिया। बाहर और अकेला रहने की वजह से मैं 'आजाद' हो गया। वहीं पर मैंने कुछ लड़कों के साथ स्मैक का स्वाद चखा और फिर पलट कर नहीं देखा।

कुछ दिनों के बाद पढ़ाई छोड़ कर वापस अपने पिता के पास लौट आया और उनका कारोबार देखने लगा। किसी ने मुझे स्मैक छोड़ कर अफीम खाने की सलाह दी। मैंने वह नुस्खा भी आजमाया, लेकिन स्मैक के लिए मेरी बेताबी लगातार बढ़ती रही। एक बार मेरे मन में भी खुदकुशी का ख्याल आया, लेकिन हिम्मत नहीं पड़ी। पैरेंट्स ने नशा छुड़ाने के लिए सामाजिक विकल्पों का सहारा लिया। उन्होंने सोचा कि अगर वह शादी कर देंगे तो मुझ पर जिम्मेदारी आ जाएगी और मैं नशा छोड़ दूंगा।

मेरी शादी हो गई, लेकिन पैरेंट्स का सपना पूरा नहीं हुआ। हालांकि शादी के बाद मैं कुछ दिनों तक बिल्कुल 'शरीफ' बन गया, लेकिन नशे की लत जस की तस बनी रही। इसकी जानकारी पत्नी को हुई तो वह मेरा इलाज कराने के लिए मुझे लेकर मायके चली गई। वहां नशा छुड़ाने के कई तरीके आजमाए गए। मैं कुछ वक्त तो ठीक रहता, लेकिन बाद में फिर स्मैक पीने लगता। ससुराल में ही मेरी पत्नी ने मेरे बेटे को जन्म दिया।

नशा छोड़ने के लिए मैंने घर से बाहर निकलना और दोस्तों से मिलना तक छोड़ दिया, लेकिन उसका भी कुछ असर नहीं हुआ मैं तब तक अपनी जिंदगी के 17 कीमती साल बर्बाद कर चुका था। मैं नशा छोड़ने के लिए बेताब था, लेकिन कोई भी नुस्खा कारगर साबित नहीं हो रहा था। इसी दौरान मुझे किसी ने दिल्ली के नव ज्योति नशा मुक्ति एवं परामर्श केन्द्र की जानकारी दी। सराय रोहिल्ला थाने के अंदर चलने वाले इस सेंटर में मैंने अपना ओपीडी कार्ड बनवाया। मैंने वहां 22 दिनों तक रेग्युलर हाजिरी दी और छह महीने तक इलाज हुआ। वहां नशा छोड़ने के लिए मुझे मानसिक रूप से तैयार किया गया। विपश्यना ध्यान और आर्ट ऑफ लिविंग की क्लासेज ने मेरी खूब मदद की। मुझे ओशो साहित्य और अन्य आध्यामिक किताबें पढ़ने में भरपूर आनंद मिलता। नवभारत टाइम्स में छपने वाला स्तंभ 'एकदा' का मैं नियमित पाठक बन गया इन पुस्तकों एवं स्तंभों ने न सिर्फ मुझे नशा छोड़ने में मदद की बल्कि मुझे इनसे उत्तम जीवन जीने की प्रेरणा भी मिली।

इलाज के तीन साल बाद मुझे खालीपन का एहसास हुआ। मैंने इस बारे में अपने दोस्तों से बात की, लेकिन कोई हल न निकला। मैंने खुद ही अपनी रूटीन बदली और रोजाना सैर करना शुरू कर दिया। सैर से लौटने के बाद मैं खुद को तरोताजा महसूस करने लगता। नशा छोड़ने के बाद मुझे नौकरी मिल गई और मैं अपनी गृहस्थी को नए सिरे से बसाने में लग गया हूं। हालांकि मेरी जिंदगी की राह में कई दिक्कतें भी हैं, लेकिन मैं इस बात को अच्छी तरह जान गया हूं कि 'नो पेन नो गेन।'

गलती किसकी ?

- स्मैक को भूल कर भी नहीं चखना चाहिए।
- यह ऐसी लत है जिसका शुरू में ही गला घोंट देना चाहिए।
- देर होने पर इसका इलाज बहुत तकलीफदेह हो जाता है।

तकलीफों से भरे रिश्तों की अनसुलझी पहेली

41

मैं पिछले पांच सालों से नवज्योति परिवार परामर्श केन्द्र में सलाहकार हूं। इस दौरान मेरे सामने अलग–अलग किस्म के मामले आए, लेकिन कुछ महीने पहले एक जवान लड़की के माता–पिता हमारे कराला स्थित केन्द्र आए। वे बेहद थके–हारे लग रहे थे। बुजुर्ग पिता ने जो दास्तान सुनाई, वह दिल को हिला गई। उन्होंने बताया कि मेरी बेटी बहुत खूबसूरत थी। वह दिल्ली के एक कॉलेज में पढ़ती थी। वह बड़ी महत्त्वाकांक्षी और बुलंद इरादों वाली थी। हमें उस पर बड़ा गर्व था लेकिन जिस लड़की को लेकर हमारे मन में बड़े ही अरमान थे, उसके एक कदम ने हमें कहीं का नहीं छोड़ा। नसीब में कुछ और ही लिखा था।

उन्होंने बताया कि हमारा एक दूर का रिश्तेदार है, जो मेरी लड़की का फुफेरा भाई लगता है। उसका हमारे घर में आना–जाना था। सामाजिक दबाव में उसकी शादी ऐसी लड़की से हो गई, जिसे वह कतई पसंद नहीं करता था। शादी के बाद भी वह हमारे घर आता रहा और मेरे बच्चों के साथ उठता–बैठता रहा। रिश्तेदार होने के कारण हमने उसकी गतिविधियों को कभी संदेह की नजर से नहीं देखा। हमने कभी यह जानने की कोशिश नहीं की कि वह मेरे बच्चों (बेटी–बेटे) के साथ घंटों बैठकर क्या बातें करता था।

मेरी बेटी के साथ उसकी नजदीकी बढ़ने लगी। बेटी भी उसके साथ फोन पर घंटों बातें किया करती। एक बार हम लोगों ने उससे पूछा भी कि तुम इतनी देर तक क्या बातें करती हो। उसने हमें बताया कि दरअसल वह (कजन) अपनी शादीशुदा जिंदगी को लेकर काफी परेशान रहता है और डिप्रेशन का शिकार हो गया है। मैं उसे हौसले से काम लेने और सब कुछ ठीक हो जाने की सलाह देती हूं। कुछ अरसे बाद उसका (फुफेरे भाई का) एक बेटा भी हो गया।

लड़की के पिता ने बताया कि एक दिन मेरी बेटी कॉलेज से घर नहीं लौटी। हमने उसकी सहेलियों और अपने रिश्तेदारों से पूछताछ शुरू की। उसकी सहेली ने बताया कि वह दोपहर में अपने कजन के साथ कॉलेज से चली गई थी। हमने उसके घर पता किया तो बताया गया कि उस दिन वह घर आया ही नहीं। हमारी चिंता और बढ़ गई। हमारे लिए यह यकीन कर पाना मुश्किल था कि हमारी अपनी बेटी अपने शादी शुदा फुफेर भाई के साथ कहां जायेगी। हमारी समझ में कुछ नहीं आया। इधर, लड़की का कुछ पता नहीं चल रहा था, दूसरी तरफ लोकलाज और बदनामी के डर से हम पुलिस में उसकी गुमशुदगी की रिपोर्ट भी दर्ज नहीं करा पा रहे थे। कई दिनों तक बेटी का कुछ पता न चला। लड़के के परिवार वाले यहां तक कि उसकी पत्नी भी अनजान बने रहे।

एक दिन रिश्तेदार के जरिए मुझे पता चला कि मेरी बेटी और उसका फुफेरा भाई किसी दूसरे राज्य में पति–पत्नी के रूप में रह रहे हैं। मैंने उस रिश्तेदार को दोनों को घर लौटने की सलाह देने का अनुरोध किया। रिश्तेदार ने जब दोनों को समझाने की कोशिश की तो लड़के ने साफ कह दिया कि यह (लड़की) मेरे साथ अपनी मर्जी से आई है। चूंकि यह बालिग है, इसलिए कानूनी तौर पर भी इसका कोई कुछ बिगाड़ नहीं सकता। इतना ही नहीं, लड़की ने हमारे पास अदालती नोटिस भी भेज दिया। नोटिस में कहा गया कि चूंकि उस पर किसी किस्म का दबाव नहीं है और वह अपनी मर्जी से अपने दोस्त के साथ रह रही है इसलिए उसे किसी तरह से परेशान न किया जाए।

नोटिस मिलने के बाद लड़की के माता–पिता ने मुझसे संपर्क किया था। मामला बड़ा पेचीदा था। एक तरफ कोर्ट का नोटिस और दूसरी तरफ एक शादीशुदा आदमी का पहली पत्नी से बिना तलाक लिए दूसरी औरत के साथ रहना, ये दोनों बातें मुझे परेशान कर रही थीं। मैं पसोपेश में थी। फिर भी मैंने मामले को सुलझाने का मन बना लिया। सबसे पहले मैंने उस लड़के की पत्नी से मिलकर यह जानने की कोशिश की कि उसका इस मामले में क्या रुख है। उसके रवैये से मुझे बड़ी हैरानी हुई। उसने कहा कि मेरा पति ऐसा कोई काम कर ही नहीं सकता। वह तो काम के सिलसिले में 'बाहर' गया हुआ है। मामले की पेचीदगी को समझाने की मेरी सारी दलीलें उसके बहरे कानों से टकराकर लौट आईं। चूंकि हम लोगों (सलाहकारों) को खुद कोई फैसला न लेने की शिक्षा दी जाती है, इसलिए मैं लौट आई। मुझे लगा कि उसकी पत्नी शायद अपनी आर्थिक सुरक्षा और सामाजिक प्रतिष्ठा के मद्देनजर मेरे साथ ऐसा बर्ताव कर रही थी।

कुछ दिनों बाद मुझे उनकी दिल्ली में होने की सूचना मिली, लेकिन कोई निश्चित पता–ठिकाना न होने के कारण उन दोनों से संपर्क नहीं किया जा सका। लड़की के लाचार माता–पिता की कोई सहायता न कर पाने के कारण मैं खुद को बेबस पा रही थी। उधर,

माता–पिता अपनी बेटी से इस कदर प्यार करते थे कि वे उसे नवजात बच्चे के साथ भी स्वीकार करने को तैयार थे। दरअसल, उनका मानना था कि हो सकता है कि लड़की को अपनी गलती का अहसास हो गया हो और वह उसे सुधारने के लिए वापस आना चाहती हो। यह ऐसा अजीबोगरीब मामला था, जिसमें हरेक पक्ष तकलीफ में था लेकिन सामाजिक बदनामी के डर से कोई भी पहल करने की हालत में नहीं था।

गलती किसकी ?

- माता–पिता को बच्चों पर निगाह रखने के साथ उनसे दोस्ताना रिश्ता भी रखना चाहिए।
- बदनामी के डर से दुखद जिंदगी बिताना बेवकूफी है।
- पत्नी से तलाक लिए बिना दूसरी औरत के साथ रहना कानूनन गलत है।

काश! मैं पढ़ी-लिखी होती

42

मैं 30 वर्ष की हूं। मेरा जन्म दिल्ली के एक गरीब और टूटे हुए परिवार में हुआ। मुझे जिंदगी का कोई सुख नसीब नहीं हुआ। जबसे मैंने आंखें खोलीं, अपने माता–पिता को हमेशा छोटी–छोटी बातों पर आपस में लड़ते–झगड़ते और गाली–गलौज करते पाया। मेरे पिता शराबी थे। उन्होंने मेरी और मेरे तीन अन्य भाई–बहनों की कभी परवाह नहीं की। मेरी मां ने हमें बड़ी मशक्कत से पाला। हममें से किसी ने भी स्कूल की सूरत नहीं देखी। महज छह साल की उम्र में ही मैंने अपनी मां के कामकाज में हाथ बंटाना शुरू कर दिया, क्योंकि हमारी दो जून की रोटी का आसरा वही था। हर वक्त नशे में धुत रहनेवाले पिता को जब भी होश आता, वह मेरी मां को भला–बुरा कहते और उनकी पिटाई कर देते। यह उनका रोज का काम था। हम बीच में पड़ते तो वह हमें भी बुरी तरह पीटते।

मेरे पिता एक दिन अचानक घर छोड़कर चले गए और फिर कभी नहीं लौटे। हमारी मुश्किलें और बढ़ गईं। हालांकि, पिता के रहने से हम लोग हमेशा परेशान ही रहते थे और उनका हमसे कोई भावनात्मक लगाव भी नहीं था। फिर भी सामाजिक सुरक्षा के नाम पर हमारे सिर पर तथाकथित साया तो था ही। मेरे नाना–नानी भी यही सोचकर अपने मन को तसल्ली दे लेते थे कि ऐबी ही सही, उनकी बेटी का सुहाग तो मौजूद है। अब उन्हें भी हमारे भविष्य की फिक्र सताने लगी। वे सोचते थे कि किसी मर्द के बिना औरत का समाज में जिंदगी गुजार पाना बड़ा मुश्किल काम है। यह सोचकर उन्होंने मेरी मां की दूसरी शादी करने का फैसला कर लिया। मां से शादी के लिए जो आदमी तैयार हुआ, उनकी पत्नी की मृत्यु हो चुकी थी और दो बच्चे थे। वह शादी के लिए इस शर्त पर तैयार हुए कि वह अपने साथ हममें से केवल दो बच्चों को ही ले जाएगा। नतीजतन, मैं और मेरी छोटी बहन नानी के यहां रह गए।

उस समय मेरी उम्र करीब 12 साल थी, पर मैं इतनी तकलीफें झेल चुकी थी कि किसी भी नई मुसीबत का सामना करने के लिए खुद को तैयार पाती थी। तीन साल बाद मुझसे दोगुनी उम्र के आदमी के साथ मेरी सादी कर दी गई। मैं शादीशुदा जिंदगी के सुनहरे सपने देखने लगी। कुछ समय तक सब ठीकठाक चला। मेरे पति मुझे बड़े प्यार से रखते, जिस कारण मैं अपने बचपन की तकलीफें काफी हद तक भूल गईं। हम दोनों के साथ मेरे पति का एक कुंआरा भाई था। मैं अपने इस छोटे से परिवार को संतुष्ट रखने की हर मुमकिन कोशिश करती। पति एक निजी कंपनी में काम करते थे। उनकी तनख्वाह अच्छी थी, इसलिए घर का खर्च बड़े आराम से चल जाता था।

बहरहाल, मेरी यह खुशनसीबी ज्यादा दिनों तक कायम न रह सकी। मेरे पति अपने दोस्तों के साथ पिकनिक पार्टियों में जाने के आदी हो गए। देर से घर लौटने के साथ उन्हें शराब पीने की लत लग गई। जो कुछ मेरी मां के साथ गुजरा था, बिल्कुल वही कहानी मेरे साथ दोहराई जा रही थी। मैं भी अपनी मां जैसी हालत में पहुंच गई। वही झकझक, मारपीट और गाली गलौज मेरे साथ भी होने लगा। तब तक मेरे तीन बच्चे हो चुके थे। अनपढ़ होने के कारण मेरे पास अपने बच्चों का गुजर–बसर करने का कोई दूसरा जरिया भी नहीं था। मैं कहीं काम पर जाती तो पति मेरे चरित्र पर शक करते और किसी भी कारखाने में मुझको ज्यादा समय तक काम न करने देते। मैंने उनका इलाज कराने की कोशिश की, लेकिन इलाज के बाद वह फिर नशे में धुत रहने लगे।

मेरी आखों के सामने अंधेरा छा रहा था। उपर से मेरा देवर भी मेरी मदद करने के बजाय मुझे ही कुसूरवार ठहराता था। इसी दौरान मुझे कराला माजरी में नवज्योति फैमिली काउंसलिंग सेंटर की जानकारी मिली। काउंसिलर के सामने मैंने पति की पूरी दास्तान रख दी। काउंसिलर ने मेरे पति को काफी समझाया और मेरे साथ ठीक से बर्ताव करने की हिदायत दी। उन्होंने चेतावनी भी दी कि अगर वह नहीं सुधरे तो गंभीर नतीजे भुगतने होंगे। कुछ समय तक पति का बर्ताव मेरे साथ ठीक रहा, लेकिन बाद में उनकी पुरानी आदतें फिर उभर आईं। वह शराब पीने के बाद मेरे साथ बदसलूकी करता। मैंने उससे छुटकारा पाने के लिए उसके खिलाफ मुकदमा ठोंक दिया। नवज्योति की काउंसिलर की सहायता से मुझे अब इंसाफ मिलने की उम्मीद बंधी है।

मैंने अपनी मां और खुद अपनी जिंदगी से जो महत्वपूर्ण सबक सीखा, उसका लल्बोलुआब यह है कि अनपढ़ औरत के लिए अपना और अपने बच्चों का गुजारा करना बड़ा दुश्वार है। इसीलिए, सारी दिक्कतों के बावजूद मैं अपने तीनों बच्चों को रोजाना स्कूल भेजती हूं। मैं उन्हें पढ़ा–लिखा कर उनके पांवों पर खड़ा करना चाहती हूं ताकि उन पर मेरी जैसी मुसीबतें न आएं।

जारी है जीवनसाथी को राह पर लाने की जद्दोजहद

43

मैं दिल्ली के एक मध्यवर्गीय परिवार की 23 साल की युवती हूं। परिवार में अकेली लड़की होने के कारण मुझे मेरे माता–पिता और दो बड़े भाईयों से भरपूर प्यार–दुलार मिला। हालांकि हमारी आय कोई खास नहीं थी, फिर भी हम लोग इज्जत से सुकून के साथ जिंदगी गुजार रहे थे।

मेरी कॉलेज की पढ़ाई चल रही थी कि हमारे एक रिश्तेदार के जरिए मेरी शादी का रिश्ता आया। लड़का खूबसूरत, पढ़ा–लिखा और दिल्ली पुलिस में कार्यरत था। मेरे पैरेंट्स ने पहली नजर में रिश्ते को मंजूरी दे दी। सबसे बड़ी बात तो यह थी कि उन्होंने (लड़के वालों ने) मुझे पढ़ाई जारी रखने की इजाजत दी। मेरे घर में उनके उंचे विचारों से सब बहुत प्रभावित हुए।

बड़ी सादगी से मेरी शादी हो गई। शादी के बाद मैंने पाया कि वैसे तो उनके घर में सब लोग पढ़े–लिखे थे लेकिन उनका रहन–सहन काफी दकियानूसी था। मेरे पति ने मुझे पहले ही दिन साफ–साफ बता दिया था कि सबसे छोटी होने के नाते घर का सारा कामकाज मुझे ही करना होगा और अपने काम से उसके घर वालों का दिल जीतना होगा। मैंने पति की बात का बुरा नहीं माना और घरेलू कामकाज करने लगी। घर काफी बड़ा था। काम करते–करते कई बार मैं बहुत थक जाती लेकिन फिर भी काम में जुटी रहती।

मेरे लिए सबसे तकलीफदेह मेरे पति का तंगदिल होना था। वह मुझे बिना पर्दा किए घर से बाहर जाने की इजाजत नहीं देता था। वह मुझे दूसरे मर्दों यहां तक कि मेरे सगे भाईयों से भी बातचीत करने से रोकता था। मैं हमेशा उसे इस बात के लिए राजी करने की कोशिश करती कि वह मुझ पर भरोसा रखे, फिर भी उस पर कोई असर नहीं हुआ। उसका बूढ़ा बाप रिटायर होने के बाद सारा दिन घर में बैठा शराब पीता रहता था। पति ने भी पीना शुरू कर दिया। एक–दो पैग से शुरू हुई उसकी शराबखोरी धीरे–धीरे बढ़ने लगी। वह दारू पीकर ड्यूटी पर भी जाने लगा। ऑफिस में शराब पीकर

जाने पर मैंने ऐतराज जताया। घर के सारे लोग इसे लेकर मेरे खिलाफ हो गए। शादी के एक साल बाद मैंने एक लड़की को जन्म दिया, लेकिन घर वालों को खुशी नहीं हुई। मैंने सोचा कि वक्त की रोशनी से बुराई का अंधेरा एक दिन छंट जाएगा। मुझे अपनी सोच पर तब पछतावा हुआ, जब पति सुधरने की बजाय ज्यादा सताने लगा। हमारे रिश्ते में न प्यार था, न विश्वास और न ही अपनापन। हमारे बीच अगर कुछ था तो सिर्फ तकरार, तनाव और शक। बहरहाल, मैंने पढ़ाई जारी रखी। मैं जब भी कॉलेज के लिए निकलती, घर वालों की ओर से विरोध, फब्तियां और तानों का सामना करना पड़ता। फिर भी मैंने उनकी परवाह किए बिना एम.ए. पास कर लिया।

मेरी बेटी अब बड़ी होने लगी थी। मुझे उसके भविष्य की चिंता सताने लगी। घर के हालात जब मेरे काबू से बाहर होने लगे तो मैंने पुलिस के बजाय कराला स्थित 'नवज्योति' परिवार परामर्श केंद्र से संपर्क किया क्योंकि मैं न तो रिपोर्ट दर्ज कराकर परिवार वालों की बेइज्जती करना चाहती थी और न ही अपने पति से तलाक चाहती थी। काउंसिलर ने हमारे मामले को आपसी विचार–विमर्श से हल कराने की कोशिश की। समझौते में तय किया गया कि हम पति–पत्नी परिवार से अलग रहेंगे। कुछ महीनों तक सब कुछ ठीक–ठाक रहा, लेकिन उसके बाद वह ऑफिस से देर से घर आने लगा। कई दिनों तक घर ही न आता। पति न तो मुझे घर के खर्च के लिए पैसा देता और न ही मुझे नौकरी करने की इजाजत देता।

मैंने काउंसिलर से दोबारा संपर्क किया और मेरा मामला महिला अपराध शाखा को सौंप दिया गया। जहां हमारा आपसी समझौता हो गया। दबाव में आकर उसने माफी मांगी। वहां से लौटने के बाद वह मेरे साथ तनावग्रस्त आदमी की तरह अजीब बर्ताव करने लगा। वह डिप्रेशन के इलाज के लिए अस्पताल भी गया। एक दिन उसने ब्लेड से अपना चेहरा लहूलुहान कर लिया। इतना ही नहीं, उसने पुलिस बुलाकर शिकायत की कि उसकी यह हालत मैंने की है। पुलिस ने उसकी बात पर यकीन नहीं किया क्योंकि वह मजबूत कद काठी वाला कराटे एक्सपर्ट था। उन्होंने मेरे पति को समझाने की कोशिश की।

अपने पति को सही रास्ते पर लाने के लिए अब तक मैं सारी कोशिशें कर चुकी हूं। सब लोग मुझे उस आदमी का साथ छोड़ देने की सलाह दे रहे हैं, लेकिन फिर भी मैं उसे छोड़ना नहीं चाहती। अब मैं 'नवज्योति' के माध्यम से कानूनी सहायता हासिल करने की कोशिश कर रही हूं ताकि कम से कम मुझे मेंटनेंस तो मिल सके।

प्रॉपर्टी के लालच में अपने हुए बेगाने

44

मेरी उम्र 46 साल हैं। मेरे दो जवान बच्चे हैं। शादी के बाद से ही पति व सास–ससुर ने मुझे सताना शुरू कर दिया। मेरे मायके वालों ने भी मुझे कभी सपोर्ट नहीं किया। हम छह (3+3) भाई–बहन हैं। शादी के बाद से एक–एक कर मेरे सारे भाई–बहनों ने मुझसे रिश्ता तोड़ लिया। सबसे छोटी होने और बढ़ती उम्र के कारण मेरी मां भी मुझे बोझ मानने लगी थी। उसने मुझे कभी सहयोग नहीं दिया।

मेरे पिता की मृत्यु एवं बैंक से मेरे वीआरएस लेने के बाद तो दोनों परिवारों के संबंध मुझसे खराब हो गए। सारी जायदाद मेरे नाम पर है और पिता की जायदाद में भी मेरा हिस्सा है। मेरे भाई प्रॉपर्टी को लेकर परेशान करते थे, इसलिए पिता ने उनके खिलाफ पुलिस में शिकायत कर दी। इसके बाद मेरे भाईयों ने मुझसे रिश्ता खत्म कर लिया। वैसे मेरे सबसे बड़े भाई के यहां मेरा आना–जाना था, लेकिन वह भी अपने इस बड़प्पन के बदले हमेशा मुझे ब्लैकमेल करता है।

शादी के 20 साल बाद मेरे ससुर ने कहा कि उन्होंने शादी में जो जेवरात मुझे दिए थे, उन पर मेरा अधिकार नहीं है। उन्होंने तो यहां तक कह दिया कि मुझे उनकी प्रॉपर्टी में भी कोई हिस्सा नहीं मिलेगा। शादी के बाद एक साल तक वे लोग सारी कमाई डकारते रहे। पति का रवैया भी मेरे साथ कुछ अच्छा नहीं था। अलबत्ता वह अपने घर वालों की जरूरतें पूरी करने की हमेशा कोशिश करता, चाहे हम वह खर्चा उठा पाते थे या नहीं। सबसे ज्यादा मेरी ननद तंग करती। इलाके में रहने वाली एक औरत के साथ मेरे पति के नाजायज संबंध हैं। इस मामले में उसे रेजिडेंट्स वेलफेयर असोसिएशन के अध्यक्ष का समर्थन प्राप्त है।

पति ने पागल साबित करने की पूरी कोशिश की। उसने मेरी सहेलियों और पड़ोसियों तक से मुझे दूर कर दिया। मैं तनहा रहने के लिए मजबूर कर दी गई। अपना रुख साबित करने के लिए (कि

मैं पागल हूं) इन वर्षों के दौरान वह (पति) कहता है कि यह सब लंबे समय से जारी तनाव के कारण है। मैंने उसकी जेब में नशीली गोलियां और सफेद पाउडर का पाउच देखा। अप्रैल में बात बर्दाश्त से बाहर हो गई। मैंने उसे अलग रहने के लिए कह दिया।

अब उनका दावा है कि कोई उनका कुछ नहीं बिगाड़ सकता क्योंकि उनके 'हाथ बहुत लंबे' हैं। हालांकि मैंने पुलिस में शिकायत भी की है, लेकिन अभी तक कोई 'पॉजिटिव' एक्शन नहीं लिया गया। सामाजिक रूप से अलग–थलग कर दिए जाने के कारण अपनी लड़ाई में मैं अकेली पड़ गई हूं। मेरे पास अपनी बात को जायज ठहराने के लिए न तो कोई सबूत है और न ही कोई गवाह।

मैंने अपनी समस्या कुछ एनजीओ वालों को भी बताई लेकिन कोई नतीजा नहीं निकला। पति कोई भी बात सुनने के लिए तैयार नहीं है। मुझ पर सम्पत्ति बंटवारे का दबाव बढ़ता जा रहा है। मेरा धीरज अब जवाब दे रहा है।

जरूरी है औरतों का पढ़ा-लिखा होना

45

मैं 40 वर्षीय महिला हूं। मेरा जन्म और पालन–पोषण पंजाब के एक संभ्रांत परिवार में हुआ। बचपन में ही हमारा परिवार दिल्ली आ गया। मैं परिवार में सबसे छोटी होने के कारण बड़ी लाड़ली थी। पढ़ाई में खास दिलचस्पी नहीं थी। इसलिए ज्यादा नहीं पढ़ी। इस बाबत मेरे घरवालों ने कभी कोई ऐतराज नहीं किया। मैंने शौकिया तौर पर कुछ वोकेशनल कोर्स जरूर किए।

इसी दौरान मेरे भाई को अमेरिका में नौकरी मिल गई। उसके शिफ्ट हो जाने के बाद से मेरे पिता की तबीयत अक्सर खराब रहने लगी। गाड़ी न चला पाने के कारण उन्हें ऑफिस आने–जाने के लिए किसी आदमी को रखना पड़ा। एक दिन उस आदमी ने अपने ड्राइवर से परिचय कराया। वह मेरे पिता को ऑफिस ले जाने और वापस छोड़ने के लिए रोजाना हमारे घर आने लगा। धीरे–धीरे वह हमारे परिवार में घुल–मिल गया और सभी को कहीं न कहीं गाड़ी में बैठाकर ले जाने लगा। हम सब को उसके उपर पूरा भरोसा हो गया था।

इसी बीच उसके प्रति मेरे मन में कब आकर्षण पैदा हो गया, मुझे इसकी भनक तक न लगी। एक दिन मैं उसके साथ मार्केट गई। उसने रास्ते में अपनी बेवफा बीबी की दास्तान सुनाई और बताया कि किस प्रकार वह पैसे के लालच में उसे छोड़ कर चली गई। मुझे उससे हमदर्दी होने लगी। हम दोनों इतना करीब आ गए कि एक–दूसरे को अपने सारे कार्यक्रमों के बारे में बताने लगे। लगभग इसी समय मेरे मम्मी–पापा मेरे भाई से मिलने अमेरिका जाने का प्रोग्राम बना रहे थे। अपने वोकेशनल कोर्स के बहाने मैं उनके साथ नहीं गई। मम्मी–पापा को हवाई अड्डे पर छोड़ने के बाद मैं सीधा उसके घर चली गई। वहां मेरी मुलाकात उसकी बहन से हुई। उसके बाद मैं लगभग रोजाना उसके घर जाने लगी। एक दिन उसने मेरे साथ शादी करने की इच्छा जाहिर की। बिना माता–पिता को बताए और कुछ सोचे मैंने शादी करने के लिए हामी भर दी।

हम दोनों की शादी हो गई। मैं अपने पेरेंट्स को इसकी जानकारी देने की हिम्मत नहीं जुटा पाई, इसलिए अपने पड़ोसियों को इसकी खबर उन तक पहुंचाने का आग्रह किया। यह खबर पाते ही मेरे माता–पिता ने मुझसे सारे रिश्ते खत्म कर दिए। मैं अपने पति से इतना अधिक प्रभावित थी कि मां–बाप की परवाह नहीं की और पति के साथ खुश होकर रहने लगी।

बहरहाल, एक दिन मेरी मां ने आकर मुझे वह तमाम जूलरी दे दी जो उसने मेरे लिए पहले से बनवा रखी थी। मां से मिलकर मैं कुछ देर के लिए खुश हो गई। मेरा पति बहुत शक्की था और मुझे किसी आदमी से बात तक नहीं करने देता था। शुरू–शुरू में तो उसका अत्यधिक लगाव मुझे अच्छा लगा, लेकिन बाद में उसकी हरकतों से मुझे घुटन महसूस होने लगी। मैं उसे ज्यादा मेहनत करके आमदनी बढ़ाने को कहती क्योंकि उसकी आमदनी लगातार घटती जा रही थी और घर का खर्च चलना मुश्किल होने लगा था।

इस दौरान मेरी मां और भाई से मेरे रिश्ते सामान्य हो गए। उन्होंने भी मुझे आर्थिक मदद देनी शुरू कर दी। हालांकि उन्होंने मुझे हर बार पैसे देते समय उसे अपने लिए बचा कर रखने की सलाह दी, लेकिन मेरी मजबूरी यह थी कि मुझे उसे घरेलू जरूरतों को पूरा करने के लिए खर्च करना पड़ता था। यह सब देखकर मेरा पति और लापरवाह हो गया। इतना ही नहीं, उसने शराब पीकर मुझे भद्दी गालियां देनी भी शुरू कर दीं।

मैंने पति की हरकतों के बारे में अपने घरवालों को कभी कुछ नहीं बताया। उसकी सारी यातनाएं मैं यह सोचकर सहती रही कि आगे चलकर सब ठीक हो जाएगा। मुझे उस वक्त बहुत गहरा धक्का लगा जब मेरी ननद ने आकर कहा कि मैं उसके बच्चों को संभालूं। मैं तब तक यही समझती रही कि वे बच्चे ननद के ही थे, लेकिन एक दिन उसने राज खोला कि वे बच्चे मेरे पति की पहली पत्नी के थे।

शादी के पांच साल बाद मेरे पास उन बच्चों को स्वीकार करने के अलावा और कोई चारा न था। इसके अलावा तब तक मेरा अपना कोई बच्चा नहीं था। मैंने सोचा कि मैं उन्हें अपने बच्चों की तरह पालूंगी। इन परिस्थितियों में मुझे शिक्षा के महत्त्व का पता चला। मैंने सोचा कि अगर मैं पढ़ी–लिखी होती तो आत्मनिर्भर रहकर अपने पति को छोड़ सकती थी। मैं अपने मां–बाप की मदद लेती रही और पति के साथ रहती रही। एक दिन वह बहुत खूंखार हो गया। उसने मेरी बुरी तरह पिटाई कर दी। पिटाई का कारण सिर्फ इतना था कि मैंने अपने पड़ोसी से बात कर ली थी। मेरा धीरज जवाब दे गया। मेरे एक पड़ोसी ने मुझे नव ज्योति परिवार परामर्श केंद्र के बारे में बताया। सर्वेक्षण के लिए काउंसलर हमारी कॉलोनी में आई और मुझसे मिली। मैंने उसे अपनी पूरी कहानी सुनाई। मैंने उससे अनुरोध किया कि वह मामले को सौहार्दपूर्ण तरीके से सुलझा दे क्योंकि मैं पति से अलग नहीं होना चाहती।

उसने हम दानों को अपने केन्द्र में बुलाकर समझाया। हम दोनों को कुछ समय अलग रहकर सोचने और अपनी गलतियों का अहसास करने का सुझाव भी दिया। मैं एक महीना अपने पति से अलग रही। पंद्रह दिनों बाद मेरे पति ने काउंसिलर के पास जाकर अनुरोध किया कि वह मुझे उसके साथ रहने के लिए कहे। जब काउंसिलर को इस बात का यकीन हो गया कि उसे अपनी गलतियों का पछतावा हो रहा है तो उसने मुझे उसके साथ भेज दिया। पिछले 6 महीनों से हम दोनों साथ रह रहे हैं अभी तक सब ठीक है।

बच्चों को बिगाड़ सकता है बहुत ज्यादा लाड़-प्यार

46

मेरा नाम (बदला हुआ) शुभम है। मैं अंबाला शहर के एक मध्यवर्गीय परिवार से हूं। अपने परिवार में अकेला लड़का और दो बहनों के बीच अकेला भाई होने के कारण मुझे बहुत लाड़–प्यार से पाला गया। घरवाले मेरी हर जायज–नाजायज इच्छाएं पूरी करते थे। परिवार में मिलने वाले अतिशय प्यार के कारण मेरे मन में काबिलियत और बड़प्पन का भ्रम पैदा होना स्वाभाविक ही था। मेरा अति–आत्मविश्वास मुझे बर्बादी की ओर ले जाने वाला पहला कदम साबित हुआ।

चौदह साल की उम्र में ही मुझे सिगरेट पीने का शौक लग गया। कुछ दिनों बाद यह शौक और आगे बढ़ा। फिर मैंने सिगरेट में चरस भरकर पीना शुरू कर दिया। चरस की लत ने मेरे स्वभाव और व्यवहार पर काफी असर डाला। मैंने अपने परिवार को नजरअंदाज करते हुए उन लोगों के साथ उठना–बैठना शुरू कर दिया, जो नशेड़ी थे और किसी हद तक मेरा नशा पूरा करने में सहायक भी थे। नशे की लत बढ़ते–बढ़ते स्मैक के सेवन तक जा पहुंची और धीरे–धीरे मैं नशे की गर्त में समाता चला गया।

नशा बढ़ते जाने के बावजूद मुझे हमेशा यह भ्रम बना रहा कि मुझ पर नशे का कोई असर नहीं होता मैं अपने परिवारवालों से छुपकर नशा करने का अपना शौक पूरा कर लेता था। एक दिन मुझे नशीली चीजें सप्लाई करने वाला एक लोकल पुड़ियावाला गिरफ्तार हो गया। जब स्मैक मिलने का कोई और जरिया मुझे नजर नहीं आया, तो मैंने इंजेक्शन और नींद की गोलियों की ओर रुख किया। पांच सालों तक तो यह नशाखोरी जारी रही। गाहे–बगाहे अगर कभी स्मैक मिल जाती, तो मैं उसका सेवन भी कर लेता था।

फिर मेरी सेहत बिगड़ने लगी। नशा न मिलने पर मैं बैचेन हो उठता और मेरी हालत बिगड़ने लगती। नशे के चक्कर में अपने करोबार के साथ–साथ मैंने अपने परिवार को भी तबाह कर दिया था। ईश्वर ने मेरे नसीब में जितनी खुशियां और सुख लिखे थे, उन सभी को मैं एक–एक करके खोता चला

गया। मेरी हालत इतनी ज्यादा खराब हो गई कि नशे के बगैर अपने पैरों पर खड़े होना और चलना–फिरना भी मेरे लिए दुश्वार हो गया। एक–एक करके मेरे सारे दोस्तों ने भी मुझसे किनारा कर लिया और मैं अकेला लावारिस जैसा इधर–उधर भटकने लगा।

मेरी बहन से मेरी हालत देखी न गई और उसने 'नवज्योति नशा मुक्ति केंद्र' में मेरे इलाज का इंतजाम किया। जिस परिवार को मैंने नशे के चक्कर में ठोकर मार दी थी, मुसीबत के समय आखिरकार वही परिवार मेरे काम आया। मैंने घरवालों के सामने उनकी हर बात मानने का भरोसा जताया और इसके बाद पूरी लगन से अपना इलाज कराने में जुट गया।

उधर, नवज्योति में इलाज के दौरान इलाज करने वालों से सबसे पहले मेरे व्यावहारिक तौर–तरीकों को बदलने पर ध्यान दिया, क्योंकि ये तौर–तरीके ही मेरे अंदर पनपी सारी बुराइयों की असली जड़ थे।

इस बीच, केंद्र में अपने इलाज के दौरान ही, मैंने सीखा कि घर–परिवार, रिश्तों और ईश्वर के प्रति मेरा क्या कर्त्तव्य हैं और मैं अभी तक कितनी गलत राह पर चल रहा था। इलाज के कारण ही मुझे चोरी, झूठ, लोभ, अति–आत्मविश्वास जैसी अपनी बुराइयों के बारे में पता चल सका। इन दोषों का पता चलने के बाद ही मैंने खुद ही इन्हें दूर करने की ठान ली। अपनी इच्छाशक्ति को मजबूत किया और फिर एक–एक करके इन बुराइयों पर नियंत्रण करना सीखा। केंद्र में छह महीने तक इलाज कराने के बाद मैं अपने आपको पहले की अपेक्षा काफी ज्यादा संयमित और अच्छा इंसान महसूस करने लगा। मुझे लगता है कि अगर मेरा इलाज कहीं और हुआ होता, तो मुमकिन था कि मेरा नशा तो छूट जाता, लेकिन मेरे अंदर इंसानी जज्बा कभी पैदा नहीं हो पाता।

आज इस बात को लगभग दो साल बीत चुके हैं और अब मैं नशे से पूरी तरह मुक्त हो चुका हूं। नव ज्योति केंद्र ने मुझे नई जिंदगी दी और मेरे अंदर नई रोशनी का संचार किया। इतना ही नहीं, अब मुझे नव ज्योति में रोजगार भी मिल गया है, जिसके जरिए मैं अन्य नशेड़ियों के साथ अपना अनुभव बांटता हूं और लोगों को नशा न करने की सलाह देता हूं। नव ज्योति के माध्यम से अब मैंने अपने पैरों पर खड़ा होना सीख लिया है और अब दूसरे लोगों को अपने पैरों पर खड़ा होने में मदद करता हूं।

गलती किसकी ?

- ज्यादा लाड़–प्यार बच्चों के लिए घातक हो सकता है। पेरेंट्स को इस बात का ख्याल रखना चाहिए।
- नशे के चक्कर में हम अपने परिवार से जुदा हो जाते हैं, लेकिन ध्यान रहे कि खून का रंग पानी के मुकाबले ज्यादा गाढ़ा होता है।

दहेज लोभियों ने बहुत सताया

47

मैं 26 वर्षीय महिला हूं। मेरा जन्म एवं लालन–पालन दिल्ली के एक मध्यवर्गीय परिवार में हुआ। तीन बहनों में मैं सबसे छोटी थी। मेरे पिता ने बड़े लाड़–प्यार से हम सबको पाला था। सबसे छोटी होने के कारण मैं जरा उद्दंड थी। मेरी दो बहनों की शादी तभी हो गई थी जब मैं स्कूल मे पढ़–लिख रही थी। पढ़ने–लिखने में मैं बहुत तेज नहीं थी। इसलिए दसवीं कक्षा की पढ़ाई बीच मे ही छोड़ कर मैंने सिलाई कोर्स में दाखिला ले लिया। परिवार वालों ने मेरे इस फैसले पर कोई ऐतराज नहीं किया।

मेरे पिता जी ने मेरे लिए योग्य वर की तलाश शुरू कर दी। उन्हें दिल्ली में रहने वाले एक परिवार के बारे में जानकारी मिली। लड़के वालों ने मुझे देखा और वे शादी के लिए राजी हो गए। अगले ही दिन उन्होंने मेरे पिता जी के पास दहेज में सोना और नकदी की मांग रख दी। मेरे जीजा ने उस घर में शादी नहीं करने का सुझाव दिया, लेकिन पिता जी वह रिश्ता जोड़ने के बहुत इच्छुक थे उन्होंने दहेज का किसी तरह इंतजाम कर लिया। जब वह दहेज लेकर लड़के वालों के पास गए, तो उन्होंने और नकदी की मांग कर दी। पिताजी ने लड़के वालों की मांग फिर मान ली और अतिरिक्त धन का जुगाड़ किया।

आखिरकार मेरी शादी हो गई। ससुराल पहुंचते ही सास ने मेरा स्वागत कम दहेज और घटिया सामान लाने का ताना मानकर किया। मैं मायके जाकर रो पड़ी। मेरे पिता जी ने महसूस किया कि उन्होंने भूल की हैं, लेकिन तब तक काफी देर हो चुकी थी। वह मुझे धीरज रखने और अपने व्यवहार से पति तथा सास–ससुर का दिल जीतने की नसीहत देते।

मेरा पति मुझे फिर ससुराल ले गया। मेरी सास मुझसे एक दिन भी ठीक से नहीं बोली। मेरे लिए संतोष की बात सिर्फ यही थी कि पति ने कभी मुझसे बेरूखी नहीं दिखाई और न ही कोई मांग की यह बात दीगर थी कि जब उनके माता–पिता मेरे साथ अभद्र व्यवहार करते तो वह खामोश रह जाते थे। शादी के कुछ महीनों बाद मेरे पिता जी मुझसे मिलने आए। मुझे उस वक्त बड़ी हैरानी हुई जब मेरे

ससुर ने पिता जी से मेरे पति के बिजनेस में पैसा लगाने को कहा। उस समय मेरा पति वहां मौजूद नहीं था। उनके पास मुझे पैसा देने के अलावा और कोई चारा नहीं था।

उसी दौरान मैं गर्भवती हो गई। अच्छी देखभाल होने के नाम पर मेरे पति ने मुझे मायके भेज दिया। एक लड़के को जन्म देकर मैं वापस ससुराल पहुंची। वहां फिर वही सिलसिला शुरू हो गया। मुझे पर्याप्त खुराक और आराम नहीं मिल पाता था। नतीजतन मैं बहुत कमजोर हो गई और मुझे अस्पताल में दाखिल कराना पड़ा। इलाज का सारा खर्च मेरे पिता जी ने उठाया। मेरे पति ने अंततः अलग रहने का फैसला किया और हम एक किराये के मकान में रहने लगे।

नई गृहस्थी बसाने में थोड़ा समय तो लगा, लेकिन किसी हद तक हम उसमें कामयाब भी रहे। मेरे सास–ससुर का हमारे घर आना–जाना बहुत कम था। हम भी उनके यहां कभी–कभार ही जाते थे। समय को जैसे पंख लग गए। एक दिन मेरे ससुर मुझे देखने मेरे घर आए। उन्होंने सलाह दी कि किराये में पैसा बर्बाद करने के बजाय हमें अपना मकान बनवा लेना चाहिए। चूंकि हमारा नया घर अलग मंजिल पर होगा इसलिए किसी किस्म की कोई दखलंदाजी नहीं होगी।

मेरे पति राजी हो गए। मैं दोबारा अपनी ससुराल चली गई। हांलाकि मेरे पति घर खर्च के लिए पैसे देते थे, उसके बावजूद जरा–जरा सी बात पर क्लेश फिर होने लगा। हमने सोचा कि मकान बन जाने के बाद हम फिर आत्मनिर्भर हो जाएंगे, लेकिन हमारा सोचना गलत था। मेरे ससुर ने मुझसे कहा कि मैं अपने पिता जी से उनकी सम्पत्ति में अपना हिस्सा मांग लूं, तभी वह मेरे पति को घर में उसका हिस्सा देंगे। इसी कहासुनी के दौरान मैं गिर कर घायल हो गई। मुझे अस्पताल ले जाया गया लेकिन मेरे सास–ससुर ने कोई ध्यान नहीं दिया।

पिछले छह महीनों से मैं अपने मायके में रह रही हूं। ससुराल वाले इस बात पर अड़े हुए हैं कि मैं अपने पिता से अपना हिस्सा लिए बगैर उनके घर जाने की बात न सोचूं। हम दोनों (पति–पत्नी) खुद को बहुत मजबूर महसूस कर रहे हैं। हमारे एक पड़ोसी ने इस मामले में मदद के लिए कराला स्थित नव ज्योति केंद्र का पता बताया। हमने काउंसिलर से सम्पर्क किया। उन्होंने हमें कानूनी सहायता उपलब्ध करवाई। वह हमसे मामले को अदालत से बाहर सुलझवाने की भी कोशिश कर रहीं हैं।

गलती किसकी ?

- समाज में बदनामी से बचने के लिए लड़की के माता–पिता लड़के वालों के आगे झुक जाते हैं।
- मांगें एक बार पूरी होने के बाद बढ़ती ही जाती है।

नशाखोड़ी से इज्जत नीलाम हो जाती है

48

मैं एक अधेड़ आदमी हूं और दिल्ली के एक संभ्रांत परिवार से हूं। खुशकिस्मती से मेरा जन्म एक अच्छे खानदान में हुआ। मैं पढ़ने–लिखने में बहुत तेज था और मेरी पर्सनैलिटी भी बहुत अच्छी थी। मैंने सपने में भी नहीं सोचा था कि मेरी जिन्दगी में कभी बुरे दिन आएंगे। मैं अपनी मर्जी के मुताबिक अपने सपने साकार करने की हालत में था। एक दिन कौतूहलवश मैंने एक सीरप पी ली। मैं देखना चाहता था कि इसका मुझ पर क्या असर होता है। उसी दिन से मेरी बदकिस्तमी की शुरूआत हो गई।

दरअसल मेरे पिता के एक मित्र का लड़का पढ़ाई के लिए दिल्ली आया। कुछ समय तक वह हॉस्टल में रहा, लेकिन वहां का माहौल पंसद न आने के कारण वह हमारे साथ रहने लगा। वह हमेशा अपने आप में मस्त रहता और किसी से ज्यादा बात–व्यवहार नहीं करता। मैंने देखा कि उसके पास हमेशा एक कफ सीरप रहता था, जिसे वह नियमित पीता था। मैंने आखिरकार एक दिन उससे पूछ लिया कि वह सीरप नियमित रूप से क्यों पीता था? जवाब में उसने मुझे सीरप चखने के लिए कहा। मैंने यह सोच कर सीरप पी ली कि मैं उसका आदी थोड़े ही हो जाउंगा, लेकिन हुआ इसका उलटा।

एक शीशी से शुरू करके मैं एक दिन में चार–पांच शीशियां तक पीने लगा था। सीरप खरीदने के लिए मैंने घर से पैसे चुराना भी शुरू कर दिया था। इस बीच मुझे एक अच्छी नौकरी भी मिल गई थी। मेरी आदत की भनक मेरे एक साथी को लग गई। उसने मुझे शराब पीने का सुझाव दिया। दो साल बाद मुझे नौकरी से निकाल दिया गया। पिता जी ने मुझे बिजनेस करा दिया। मैंने शराब छोड़ कर फिर से पढ़ाई पर ध्यान देने का फैसला किया। मुझे दिल्ली से बाहर एक सरकारी नौकरी मिल गई। मैं अपने काम पर चला गया। इसी दौरान मेरी शादी भी हो गई।

जब आमदनी नियमित होने लगी तो मेरी शराबखोरी फिर शुरू हो गई। मैं ऑफिस भी नशे की हालत में जाने लगा। एक दिन उसी हालत में मेरे डायरेक्टर से मेरी कहासुनी हो गई। मुझे एक बार फिर नौकरी से हाथ धोना पड़ा। घर खर्च चलाने के लिए मैंने ट्यूशन पढ़ाना शुरू कर दिया। नशाखोरी की मेरी लत बढ़ती ही जा रही थी। मैं पूरी तरह शराब पर निर्भर रहने लगा। मैंने इलाज कराने का

मन बनाया और दिल्ली के एक अस्पताल में मनोचिकित्सक से परामर्श किया। उसने नशामुक्ति कोर्स करने की सलाह दी और मुझे मनोरोग वार्ड में भर्ती कर दिया गया। क्रेविंग से छुटकारा पाने के लिए डॉक्टर ने मुझे दर्द–निवारक गोलियां दीं। मेरी हालत सुधरने लगी। दस दिन बाद मुझे अस्पताल से छुट्टी दे दी गई।

कुछ अरसे तक सब कुछ ठीक रहा। एक दिन मैंने बहुत अधिक व्यग्रता और डिप्रेशन महसूस किया। मेरी हालत बिगड़ने लगी। ट्रैंक्विलाइजर लेने से मुझे कुछ राहत मिली। अगले दिन मेरी हालत फिर वैसी ही हो गई। मुझे सांस लेने में तकलीफ हो रही थी। मैंने दुबारा मनोचिकित्सक से संपर्क किया, जिसने मुझे कई तरह की दर्द निवारक गोलियाँ लिख दी। उन गोलियों का मुझ पर कोई असर नहीं हुआ। एक सेडेटिव से मुझे आराम मिला और मैंने दिन भर में बीस गोलियां तक लेना शुरू कर दिया। उस दवा का साइड इफेक्ट हुआ। उस दवा से जान छुड़ाने के लिए मैंने फिर से शराब पीना शुरू कर दिया, लेकिन मेरी सांस की तकलीफ दूर न हुई और डिप्रेशन भी होने लगा। उसके बाद मैंने शराब में गोलियां डाल कर पीना शुरू किया जिससे कुछ राहत मिली। कुछ दिनों तक तो घर वालों को मेरी हरकतों का पता नहीं चला, लेकिन एक दिन वे सब कुछ जान गए। जो भी आदमी मुझे सुधरने की सलाह देता वह मुझे दुश्मन की तरह नजर आता। आए दिन घर वालों से मेरा झगड़ा होने लगा। उसके बावजूद मैंने शराब पीना और गोलियां लेना जारी रखा। मेरी आदत इतनी अधिक बिगड़ गई कि मैंने अपनी मां और पत्नी को भी भद्दी गालियां देनी शुरू कर दी थी। कई बार तो मैंने पत्नी की बुरी तरह पिटाई भी कर दी।

एक बार फिर मेरा मेडिकल टेस्ट कराया गया। मुझे हाई ब्लडप्रेशर, डायबिटीज, कोलस्ट्रॉल, थायरायड, अल्सर और लीवर बढ़ने जैसी कई बीमारी होने का पता चला। मैंने पिता जी से किसी अच्छे नशा–मुक्ति केंद्र में इलाज कराने का अनुरोध किया। वह मुझे नव ज्योति नशामुक्ति केंद्र ले गए। वहां मेरा छह महीने तक इलाज हुआ। नव ज्योति में मैंने महसूस किया कि नशाखोरी एक सामाजिक, मानसिक और शारीरिक रोग है। इलाज के दौरान मुझे नशे की कोई गोली नही दी गई। वहां सिर्फ होम्योपैथिक दवाइयां दी जाती थीं। इलाज से नशे पर मेरी निर्भरता पूरी तरह खत्म हो गई। परिवार सहायता कार्यक्रम से भी मुझे बहुत लाभ हुआ। अब मेरे घर वालों के साथ मेरे संबंध बहुत मधुर हो गए हैं।

गलती किसकी ?

- ड्रग की पहली खुराक नशाखोरी की राह पर ले जाती है।
- नशा चाहे किसी भी किस्म का क्यों न हो, आदमी उसका आदी हो ही जाता है।
- एडिक्शन को बीमारी मानकर नशाखोरी का इलाज किया जाना चाहिए।

मकान के मोह में जिल्लत सह रही मां 49

मैं एक अधेड़ आदमी हूं। मुझे ऐसी महान मां ने पैदा किया जिसने अपने दम पर पांच बच्चों (तीन बेटियां, दो बेटे) के पालन–पोषण में जिन्दगी के अनेक कीमती साल कुर्बान कर दिए। आज पांच बच्चों के शादीशुदा होने के बाद भी उनकी जिंदगी में मुसीबतों का सिलसिला थमा नहीं है। उनकी जिंदगी में दुर्दिन की शुरूआत उनकी शादी के साथ ही हो गई। मेरी दो बहनों के जन्म के बाद मैं पैदा हुआ। मेरी उम्र करीब पांच साल रही होगी। तब मेरे पिता द्वारा बेल्ट से मेरी मां की पिटाई आज भी मेरी आंखों में घूमती हैं।

मेरी मां अपने बच्चों के भरण–पोषण के लिए हाड़–तोड़ मेहनत करतीं और खुराक के नाम पर सिर्फ सूखी रोटियां, पानी और लाल मिर्च नसीब होती थी। मेरा बाप, जिसे मैं सबसे ज्यादा नफरत करता हूं, सालों तक लगातार घर–परिवार से दूर रहता था। वह जब कभी घर लौटता भी था, तो उनकी जेब बिल्कुल खाली रहती थी।

वह परिवार पर बोझ था। एक दिन वह जो घर से गया, फिर कभी पलट कर नहीं आया। हम लोगों ने भी उसकी कोई खोज–खबर नहीं ली। हमने सोचा कि शायद परिवार और मां की मुसीबतें खत्म हो जाएंगी, लेकिन हुआ ठीक उलटा। मेरे पिता की जगह मेरे छोटे भाई ने ले ली। वह भी पिता की तरह घर वालों को बहुत सताता था। हमने यह सोच कर उसकी शादी करा दी कि वह अपने परिवार के साथ अलग रहने लगेगा तो सब कुछ ठीक हो जाएगा, लेकिन वह वहीं जमा रहा। मैंने मां से कई बार कहा कि वह उस मकान को छोड़ कर मेरे साथ आराम से रहें, लेकिन वह उस मकान और उससे जुड़ी यादों से अलग होने को तैयार नहीं हैं। उस मकान में रह कर अपमानित होने के बजाय अपनी पुश्तैनी जायदाद को कानूनी तरीके से हासिल करने के लिए मैंने अपनी मां से कई बार चर्चा की, लेकिन वह राजी नहीं हुई। एक बार

तो मैंने मां के सामने मुझे या मकान में से किसी एक को चुनने की शर्त भी रख दी, लेकिन वह टस से मस न हुई।

मैंने अपनी बहनों से भी हस्तक्षेप करने और मां को समझाने के लिए कहा है। मेरा भाई और उसकी बीवी मां को बहुत परेशान कर रहे हैं। वे दोनों चाहते हैं कि बुढ़िया किसी तरह घर से चली जाए तो उनका पीछा छूटे। इतनी जिल्लतों–मुसीबतों के बावजूद मां उस मकान को छोड़ने का मोह नहीं त्याग पा रहीं। मुझे कुछ समझ नहीं आ रहा कि मैं उनकी मदद कैसे करूं?

गलती किसकी ?

- स्त्रियों को पति की बुरी आदतों का विरोध करना चाहिए।
- लापरवाह पतियों को संतान पैदा करने से रोकना चाहिए।
- नशेड़ियों को सबक सिखाने के लिए समाज को भी आगे आना चाहिए।

सहपाठियों ने दिखाई नशे की राह

50

मेरा नाम उदंत है। मैं दिल्ली के एक मध्यवर्गीय परिवार से हूं। 14 साल की उम्र में जब मैं स्कूल में था तो मुझे क्लास का सबसे बड़बोला स्टूडेंट माना जाता था। मेरे क्लास टीचर मुझे शांत रहने के लिए अक्सर धमकाया करते थे। उसी दौरान मेरे एक सहपाठी ने मुझे एक कफ सीरप दिया और कहा कि इसको पीने से मैं शांत रहूंगा। उसे पीकर मैं हैरान रह गया। मैं शांत तो हो गया, लेकिन मुझे बड़ी बेचैनी महसूस होने लगी। फिर मैंने वह सीरप तीन–चार दिनों तक लगातार पीया। मुझे मजा आने लगा और मैं वह दवाई कई महीनों तक पीता रहा। वह दवाई पीने वालों का अब हमारी क्लास में एक ग्रुप बन गया था।

स्कूल प्रशासन को जब हमारी हरकतों की जानकारी मिली तो हममें से चार लड़कों को स्कूल से निकाल दिया गया। तीन लड़कों को तो दूसरे स्कूल में दाखिला मिल गया, लेकिन मैंने अपने घर वालों से कोई काम करने की इच्छा जताई।

पढ़ाई छोड़ने के बाद मैंने कोई काम–धंधा तो नहीं किया, अलबत्ता अपनी नशे की लत पूरी करने के लिए घर के सामान चुरा कर बेचने लगा। कुछ समय बाद मैंने एक मैगजीन में कार चुराने का नुस्खा पढ़ा। मुझे उसे आजमाने का शौक चढ़ा और मैंने कारें चुरानी शुरू कर दीं। चुराई गई कार के पुर्जे बेचकर मैं नशाखोरी की लत पूरी करने लगा। गलत तरीके से की गई मेरी कमाई एक दिन मेरे पैरेंट्स की निगाह में आ गई। उनके पूछने पर मैंने झूठ बोल दिया और कहा कि मैं चोरी–छिपे शराब बेचता हूं। उन्होंने मेरे उपर फिर पढ़ाई शुरू करने का दबाव डाला। मैंने उत्तर प्रदेश के गन्नौर जाकर नौवीं में दाखिला ले लिया। वहां भी मैं अपने रिश्तेदारों से ड्रग्स के लिए पैसे ऐंठने में कामयाब रहा।

एक बार मैं अपने परिवार वालों से मिलने दिल्ली आया। जब मेरी जेब में गांजे की पुड़िया थी। मेरे घर वालों को इस बात का पता चल गया कि मैंने नशा करना जारी रखा है। उसके बाद उन्होंने मुझे मेरे हाल पर छोड़ दिया। मैंने अपने नशेड़ी साथियों के साथ समय बिताना और रात को देर से घर आना शुरू कर दिया। एक बार मेरे घर वालों ने मेरी जमकर धुनाई कर दी। उस दिन तो हमेशा मेरा साथ देने वाली मेरी छोटी बहन ने भी घर वालों का साथ दिया और उसने भी मुझे पीटा। अगले दिन पड़ोसियों की मौजूदगी में मेरे पिता ने मुझे बेदखल कर दिया और कानूनी कागजात पर मुझसे दस्तखत कराकर एक दैनिक अखबार में सूचना भी छपा दिया।

तभी मेरे पिता जी को किसी ने सलाह दी कि मुझे जेल भिजवा दिया जाए। कुछ समय जेल की हवा खाने के बाद मेरी आदतों में सुधार आ जाएगा। पिता जी ने मुझे जेल भिजवाने के लिए एक एसीपी से मदद भी मांगी। उस एसीपी ने मेरे पिता जी से कहा कि वह उसे जेल भिजवाने के बजाय नव ज्योति नशा मुक्ति केंद्र ले जाएं। तब पिताजी ने मुझे कहा कि वह मुझे आखिरी मौका दे रहे हैं। अगर मैं नहीं सुधरा तो फिर सड़कों पर आवारा भटकने के अलावा मेरे सामने और कोई चारा न रहेगा। मैंने उनका प्रस्ताव मान लिया।

मुझे नव ज्योति नशा मुक्ति केन्द्र ले जाया गया जहां छह महीने तक मेरा इलाज हुआ। यह बात दीगर है कि मैं अपने मन में वहां से भाग जाने की बात एक महीने बाद ही सोचने लगा था। वहां मैंने अपनी जैसी सोच वाले कई ड्रग एडिक्ट्स को देखा जो पहले भाग गए थे लेकिन खुद ही दोबारा लौट कर आ रहे थे।

मैंने महसूस किया कि मेरा परिवार मुझे कितना प्यार करता था। मेरी बुरी आदतों के बावजूद घर वाले मुझे बहुत चाहते थे। इलाज के दौरान मेरे घर वाले महीने में एक बार जब मुझसे मिलने आते तो मुझे बहुत खुशी होती। मैं दौड़कर उनका स्वागत करता। मैं अपनी सुधरती हालत से बहुत खुश था। मुझे धीरे–धीरे यह बात समझ में आने लगी थी कि मैं गलत रास्ते पर चल पड़ा था। कई बार तो ड्रग्स न लेने–देने के लिए मैं अपने घर वालों को कोसता भी था।

छह महीने के इलाज के बाद मैंने 4 महीने तक एसीजी (आफ़्टर फेयर ग्रुप) में भाग लिया। उसके बाद मुझे एक फर्म में वेल्डर की नौकरी मिली। घर वालों ने मुझसे नौकरी करने के बजाय नव ज्योति नशा मुक्ति केन्द्र में स्वयं सेवक बन जाने की सलाह दी। नशा छोड़ देने के बाद जिन लोगों ने मुझे ड्रग्स के लिए पैसे दिए थे, उन्होंने मेरे पिता जी से तकाजा करना शुरू कर दिया। मेरे घर वालों ने धीरे–धीरे उनके पैसे चुका दिए। स्थानीय पुलिस को भी जब पता

चला कि मैं नशा मुक्त जीवन जीने लग गया हूं तो वह भी सही रास्ते पर चलने के लिए मेरी मदद करने लगी।

नव ज्योति के लोग मेरी सेवा भावना की बहुत कद्र करते हैं। मैं भी उनके प्रति तहे दिल से शुक्रगुजार हूं। मैं नव ज्योति में एक नशेड़ी के रूप में दाखिल हुआ था। आज मैं खुद अपनी मिसाल हूं। अब मैं लोगों से न केवल नशा छोड़ने का आग्रह करता हूं बल्कि एक स्वयं सेवक के रूप में उनकी सहायता भी करता हूं। मुझे रोशनी की एक नई किरण मिली है।

गलती किसकी ?

- स्कूल में शिक्षकों को पढ़ाई के अलावा अपने विद्यार्थियों के चरित्र पर भी नजर रखनी चाहिए।
- माता–पिता सिर्फ फीस देकर अपने कर्तव्य की इतिश्री न समझें। उन्हें बच्चों से लगातार बातचीत करते रहना चाहिए।
- गलत सोहबत में आकर बहक जाने वाले बच्चों को दुत्कारने के बजाय उन्हें प्यार से समझा–बुझा कर सही रास्ते पर लाना चाहिए।

बचपन से जवानी तक बदहाली का साया

51

मैं उत्तरांचल के सुदूर गांव की रहने वाली 24 वर्षीय महिला हूं। बचपन में ही मेरे सिर से पिता का साया उठ गया। मेरी मां भी हमेशा बीमार रहती थीं। मेरा बचपन ऐसे घर में बीता जहां दो वक्त की रोटी का जुगाड़ भी मुश्किल से हो पाता था। गांव वाले भोजन का इंतजाम करने में हमारी बड़ी मदद करते थे। मेरी मां अधिक दिनों तक जिंदा नहीं रह सकी। जब उनका देहांत हुआ तब मेरी उम्र 16 साल थी।

मुझे पड़ोसियों और दूर के रिश्तेदारों के रहमोकरम पर रहना पड़ा। मेरे एक रिश्तेदार ने एक दिहाड़ी मजदूर के साथ मेरी शादी करा दी। मेरा पति दिल्ली में अपने परिवार के साथ रहता था। मेरा पति और सास–ससुर मेरे साथ बहुत बुरा व्यवहार करते थे। हालात लगातार खराब होते गए। इसी बीच पता चला कि मेरे ससुर मेरे पति की दूसरी शादी कराने की फिराक में थे क्योंकि दूसरी जगह से काफी दहेज मिलने की उम्मीद थी। इसके बावजूद मैं उनके घर में यातनाएं सहते हुए भी बनी रही। मेरा एक बेटा भी पैदा हुआ।

एक दिन मैं रसोई में गई तो गैस का सिलेंडर खुला था। मैं यह तय नहीं कर सकी कि सिलेंडर भूल से खुला रह गया था या मुझे मारने की साजिश के तहत जान–बूझ कर खोला गया था। कुछ दिनों बाद मेरे सास–ससुर का मेरे साथ किसी बात को लेकर विवाद हो गया। गुस्से में आकर उन्होंने मेरे उपर मिट्टी का तेल छिड़क दिया। पड़ोसियों ने मेरी चीख–पुकार सुनकर मुझे बचाया।

मैं बहुत डर गई। जिस रिश्तेदार ने मेरी शादी कराई थी, मैं उसके पास गई। उसने ससुराल वालों के साथ मेरा समझौता करा दिया। कुछ समय तक तो उनका रवैया ठीक रहा, लेकिन उसके बाद उन्होंने फिर मुझे सताना और ताने देना शुरू कर दिया। हिम्मत जुटा कर मैंने भी उनका प्रतिवाद करना शुरू किया। एक दिन कहासुनी के दौरान उन्होंने मुझे रस्सी पर लटका कर मारने की दोबारा

कोशिश की। मैं किसी तरह उनके चंगुल से बच निकली। मैंने थाने में मामला दर्ज करा दिया। महिला अपराध शाखा में मेरे मामले की कई बार सुनवाई हुई। आखिरकार उन्होंने लिखित माफीनामा दिया और यह भी तय हुआ कि मेरा पति मेरे साथ अलग रहेगा।

हमने अपने पति के कारखाने के पास एक कमरा किराये पर ले लिया। हालात सुधरने लगे। इसी बीच एक दिन मेरे पति ने मुझे सूचना दी कि उसके (पति के) माता–पिता ने उसे अपनी संपत्ति से बेदखल कर दिया है। पति ने इसका सारा दोष मेरे सिर मढ़ दिया। कुछ दिनों बाद वह काम पर गया, लेकिन फिर कभी नहीं लौटा। उसे ढूंढने के लिए मैं दर–दर भटकी, लेकिन कोई सुराग नहीं मिला। उधर मेरे सास–ससुर ने मुझ पर मेरे पति का अपहरण करने का मुकदमा दर्ज करा दिया। इसी दौरान मुझे मालूम हुआ कि मैं गर्भवती हो गई थी। ससुराल वालों ने मुझे पनाह देने से साफ इनकार कर दिया। एक महीने बाद मकान मालिक ने मुझे घर से बाहर निकाल दिया। तभी किसी ने मुझे जहांगीरपुरी स्थित नव ज्योति काउंसलिंग सेंटर का पता बताया। मदद के लिए मैंने उनसे सम्पर्क किया। काउंसिलर ने सबसे पहले मुझे रहने का आसरा दिया। मैं एक हफ्ते तक वहां रही। इसी बीच उसने स्थानीय पुलिस की मदद से मेरे ससुरालियों पर दबाव डाला कि वे लोग मुझे अपने पास रखें। ससुराल वाले मान गए। काउंसिलर ने मेरा हाल–चाल जानने और ससुरालियों पर दबाव बनाए रखने के लिए मेरे घर आना जारी रखा।

मुझे ऑपरेशन के जरिए दूसरा बेटा पैदा हुआ। मेरे पास दो बेटों का भरण–पोषण कर पाने की सामर्थ्य नहीं है। इसलिए मैंने एक बेटे को गोद देने का फैसला किया है। स्वस्थ होने के बाद मैं वोकेशनल ट्रेनिंग कोर्स करूंगी ताकि आत्मनिर्भर हो सकूं।

गलती किसकी ?

- कभी–कभी तकदीर बड़ी निर्दई बन जाती है।
- ज्यादातर लोग हालात से समझौता कर लेते हैं।
- अनाथ लड़कियां बड़ी आसानी से प्रताड़ित की जा सकती हैं।

स्मैक का नशा भविष्य को चौपट कर देता है

52

मैं दिल्ली के एक मध्यवर्गीय परिवार में पला–बढ़ा 35 वर्षीय युवक हूं। मेरा परिवार बहुत छोटा था। माता–पिता के अलावा मेरी एक बहन थी। वह मुझे बहुत प्यार करती थी। यही वजह थी कि मैं माता–पिता की बनिस्बत उसके बहुत करीब था। मुझे जब भी अपने मां–बाप से कुछ कहना होता, तो मैं अपनी बहन के माध्यम से ही कहता था। जब भी मुझसे कोई गलती हो जाती थी, तो वह हमेशा मेरा बचाव करती थी। मेरी महत्त्वाकांक्षाएं भी सीमित थीं। मेरे माता–पिता जब मुझसे मेरे करियर के बारे में बात करते, तो मेरी बहन उन्हें यह कह कर तसल्ली दिला देती थी कि समय आने पर सब ठीक हो जाएगा।

मेरी बहन की शादी होने तक सब ठीक चलता रहा। उसकी शादी के बाद मुझे न जाने क्या हो गया। मैं खुद को अकेला और लाचार महसूस करने लगा। मुझे अपने पैरेंट्स से किसी चीज के लिए बात करने में बड़ी झिझक होती थी। मेरे ज्यादा दोस्त भी नहीं थे। मेरी बहन मेरे लिए मां, बाप और गाइड की तरह थी।

मैं बारहवीं कक्षा में अच्छे अंक नहीं ला सका, इसलिए पत्राचार के माध्यम से बी.ए. की पढ़ाई कर रहा था। अपनी तनहाई दूर करने के लिए मैं सुबह–शाम घर के पास एक पार्क में चला जाता था। वहां मेरी उम्र के और भी लड़के आते थे। वे सब एक–दूसरे से मजाक करते, सिगरेट पीते और मौज–मस्ती करते रहते थे। वे सब अच्छे परिवारों से थे। एक दिन उन्होंने मुझे भी अपनी महफिल में शामिल होने की दावत दी। उनके साथ सिगरेट का कश लगाना मुझे अच्छा लगा। धीरे–धीरे उनकी सोहबत में मैं ड्रग्स लेना भी सीख गया। नशे की लत ने मुझे उनका मोहताज बना दिया। ड्रग्स का इंतजाम करने के लिए मुझे चोरी तक करनी पड़ी। मैं अपनी शख्सियत भूल गया।

नशे की लत बढ़ने के साथ–साथ माता–पिता के साथ मेरी तकरार भी बढ़ने लगी। उन्हें कुछ समझ नहीं आता था कि आखिर मैं उनसे किस काम के लिए बार–बार पैसे मांगता था। बहरहाल, जब मुझे उनसे पैसे न मिलते, तो मैं अपने परिचितों और रिश्तेदारों से पैसे मांग कर अपना नशा पूरा करता था। मेरे मां–बाप की सारी उम्मीदों पर पानी फिर गया। उन्होंने भी सारी उम्मीदें छोड़कर मुझे मेरे हाल पर छोड़ दिया। मैं महीनों घर से बाहर रहने लगा। मैं गलियों में भीख मांगता, चोरी करता और कुछ दिनों बाद फिर घर लौट आता। मैंने बसों और ट्रेनों में भी चोरियां की।

एक बार घर लौटने पर माता–पिता ने ड्रग्स छोड़ कर कुछ काम–धंधा करने के लिए मुझे खूब समझाया। मुझे उनकी बात बहुत नागवार लगी। कहासुनी में मेरे पिता जी ने मुझे ईंट मार कर घायल कर दिया। मैं ड्रग्स के नशे में था, इसलिए उस समय मुझे चोट का अहसास नहीं हुआ, लेकिन नशा उतरने के बाद दर्द के मारे मेरी हालत खराब हो गई।

मैं घर छोड़ कर एक झुग्गी बस्ती में रहने लगा। वहां मैं लगातार 27 दिनों तक बिना कुछ खाए–पिए स्मैक लेता रहा। इस दौरान मेरे जख्म में कीड़े पड़ गए। मेरे पैरेंट्स को मरी हालत की जानकारी मिली, तो वे मुझे अपने साथ ले गए।

प्राथमिक उपचार के बाद जब मेरी हालत कुछ ठीक हुई, तो उन्होंने नव ज्योति नशा मुक्ति केंद्र में इलाज कराने का मुझ पर दबाव बनाया। मुझे इलाज कराने में कोई रूचि नहीं थी। बहन के समझाने पर मैं इलाज के लिए तो राजी हो गया, लेकिन मैंने उनके सामने एक शर्त भी रखी कि पहले मैं वहां जाकर देखूंगा, अगर मुझे ठीक लगा, तो मैं इलाज कराऊंगा वरना वापस लौट आऊंगा।

कराला माजरी स्थित नशा मुक्ति केन्द्र की ओपीडी का माहौल मुझे अच्छा लगा। वहां का कठोर अनुशासन मुझे पहले तो रास नहीं आया, लेकिन अपनी सेहत में सुधार देखकर मैं पूरा इलाज कराने के लिए वहां दाखिल हो गया। छह महीने के इलाज के बाद मैं पूरी तरह ठीक हो गया। उसके बाद मैंने विचारों को नियंत्रित करने के प्रोग्राम में हिस्सा लिया। इलाज के बाद मैंने तीन महीने तक 'आफ्टर केयर' प्रोग्राम भी अटेंड किया।

एक वर्ष बीत गया है और मैं पूरी तरह ठीक हो चुका हूं। हालांकि इलाज बहुत कष्टदायक था, लेकिन फिर भी मैं इलाज के दौरान गुजारे हरेक को याद रखना चाहता हूं। मेरे परिचितों और रिश्तेदारों को अभी भी इस बात का यकीन नहीं है कि मैं ड्रग्स पूरी तरह छोड़ चुका हूं, लेकिन मेरा यकीन कीजिए, अब मैं अपने मन को समझाने में पूरी तरह सफल हो चुका हूं। अब मैं अपने माता–पिता के साथ घंटों बैठ कर पारिवारिक मामलों पर चर्चा करता हूं। मैंने अपने पैरेंट्स के दिल को बहुत चोट पहुंचाई है और इसके लिए मैं खुद को जिम्मेदार भी मानता हूं, इसलिए अब यह मेरा फर्ज बनता है कि मैं ऐसा कोई काम न करूं, जिससे उन्हें तकलीफ हो।

गलती किसकी ?

- मां–बाप को अपने बच्चों की हरकतों पर निगाह रखनी चाहिए।
- गलत सोसायटी में शामिल होने से पहले ही बच्चों पर अंकुश लगा देना चाहिए।
- बच्चों को प्रताड़ित करने के बजाय उनका सुधार करने पर जोर देना चाहिए।

लालच अपनों को बेगाना बना देती है 53

मैं 23 वर्षीय लड़की हूं। मेरा जन्म उत्तर प्रदेश के एक मध्यवर्गीय परिवार में हुआ। मैंने अपने पिता को कभी नहीं देखा, क्योंकि मेरे जन्म के कुछ समय बाद ही उनकी मृत्यु हो गई थी। कहने को तो मेरी मां थीं, लेकिन मैं उनके प्यार से हमेशा वंचित ही रही क्योंकि पिता जी की मौत के बाद उनकी मानसिक स्थिति खराब हो गई थी। पिता के दुनिया से चले जाने पर मेरे दादा ने हमें (मां–बेटी को) अपने घर में नहीं रहने दिया। उस स्थिति में मेरे नाना जी हमें साथ ले आए। दो जवान बेटियों की जिम्मेदारी कंधों पर होने के बावजूद उन्होंने हमारा पूरा ध्यान रखा और हमें कभी महसूस नहीं होने दिया कि हम उन पर बोझ हैं। बचपन में मेरी मौसियां मेरी खूब देखभाल करतीं, लेकिन जल्दी ही उनकी शादी हो गई।

तब तक मैं 10वीं कक्षा में पहुंच गई थी। सब कुछ ठीक चल रहा था। 11वीं कक्षा में मुझे जिस स्कूल में जाना था, वह बहुत दूर था और मेरे नाना भी बूढ़े हो चले थे, इसलिए मेरी मौसी ने उन्हें सलाह दी कि वह उनके (मौसी के) घर के नजदीक मकान खरीद लें, ताकि मेरी पढ़ाई और उनकी देखभाल अच्छी तरह हो सके। नाना जी ने अपनी जिंदगी की सारी कमाई मौसी के पड़ोस में मकान खरीदने में लगा दी। हम नए घर में चले गए। दुर्भाग्यवश कुछ ही समय बाद मेरी नानी गुजर गई।

एक दिन मैं स्कूल से लौटी, तो मौसा को अपने कमरे में बैठा पाया। मेरे नाना बाहर गए हुए थे। उनके बाद जो कुछ हुआ, उसकी मैंने सपने में भी कल्पना नहीं की थी। मौसा ने मुझे 'खराब' करने की कोशिश की, लेकिन मैं किसी तरह उनके चंगुल से बच निकली। यह सारा दृश्य देखने के लिए मेरे नाना लौट चुके थे। मेरी मौसी ने उनसे कहा कि फौरन मेरी शादी कर देनी चाहिए। उन्होंने एक लड़के का नाम भी सुझाया। अगले ही हफ्ते मेरी शादी की तारीख तय कर दी गई। मैं कुछ भी न बोल पाई। हालांकि नाना जी मेरी शादी को लेकर बहुत उत्साहित नहीं थे, फिर भी अपनी बढ़ती उम्र को

देखकर वह राजी हो गए। उन्होंने मुझे समझाया कि उनकी मौत के बाद इस दुनिया में मेरी सुरक्षा का यही एक तरीका था। आखिरकार, मुझे भी अपनी रजामंदी जाहिर करनी पड़ी।

अगले ही दिन अनहोनी हो गई। हालात के सदमे से नाना जी की मौत हो गई। फिर भी एक सादे समारोह में हाथ पीले कर दिए गए। यह मेरी बर्बादी की शुरुआत थी। हर दिन मेरी ससुराल वाले दहेज न लाने के लिए मुझे ताने देते। मेरी सास कहती कि मेरी मौसी ने दहेज देने का वादा किया था, लेकिन वह पलट गई। ससुरालियों ने मेरे मौसा से भी बात करने की कोशिश की, लेकिन उन्होंने ऐसा बर्ताव किया, जैसे उनका मुझसे कोई लेना–देना ही न हो। मेरी मां की देखभाल के बहाने मौसा–मौसी मेरे नाना के घर शिफ्ट हो गए।

इधर, मेरे पास सास–ससुर के ताने सुनने और जुल्म सहने के अलावा कोई चारा नहीं था। जब उन्होंने देखा कि मेरी प्रताड़ना का मौसा–मौसी पर असर नहीं हो रहा है, तो वे लोग उनके घर जाकर खतरनाक नतीजे की धमकी दे आए। मौसा ने स्थिति की गंभीरता को देखते हुए तलाक का मुकदमा दायर कर दिया। न तो शादी से पहले मुझसे राय ली गई थी और न मुकदमे से पहले।

तलाक के बाद मैं मौसी के घर आ गई। वहां भी मुझे सुकून नहीं था। एक लड़का हमारे यहां तभी से आता जाता था, जबसे हम मौसी के पड़ोस में रहने आए थे। उसने मुझसे कहा कि मेरे मौसा–मौसी मुझे चैन से नहीं रहने देंगे। अगर मैं चाहूं तो वह मुझे अपने शहर में कोई नौकरी दिलवा देगा।

मैंने उसके साथ जाने और आत्मनिर्भर होने का फैसला किया। इसके लिए मैंने मौसी से कुछ पैसे मांगे, लेकिन वह धमकाते हुए बोली, 'किसी प्रोपर्टी पर तेरा कोई हक नहीं हैं।' मैंने उनसे अपने जेवर ही वापस मांगे, तो मौसी ने कहा कि वह जेवर मेरी शादी के वक्त उन्होंने ही खरीदे थे। बहरहाल, मैं जेवर के बगैर ही उस लड़के के साथ चली गई। उसने मुझे एक टेलीफोन बूथ पर काम दिला दिया। कुछ दिन सब ठीक चला, लेकिन एक दिन मैंने उस लड़के को अपनी मौसी से फोन पर बात करते हुए सुना। बातचीत सुनकर मुझे सदमा लगा। दरअसल, मुझे जान से मारने के लिए मौसी ने ही उस लड़के को मेरे पास भेजा था। मौसी मेरे नाना जी की सारी जायदाद और मेरे नाम से खरीदा गया मकान हड़पना चाहती थीं।

मैं डर गई और भाग खड़ी हुई, लकिन उस लड़के को भी मेरे ठिकाने की भनक लग गई और उसने मेरे पीछे कुछ गुंडे भेज दिए। वे मुझे पकड़ने ही वाले थे कि तभी कहीं से कोई लड़का वहां आ पहुंचा और उसने मुझे बचा लिया। वह मुझे अपने घर ले गया। मैंने उस पर भरोसा करते हुए उसे अपनी सारी दास्तान सुना दी। कुछ दिनों तक मैं उसके ही घर पर रही। उसका काफी बड़ा और प्रतिष्ठित परिवार था। उसने मेरे सामने शादी का प्रस्ताव रखा। मैं भी उसे चाहती थी, लेकिन उसके घर वाले इस शादी के लिए राजी नहीं थे। उसने मेरे लिए अपना परिवार छोड़ दिया और मंदिर में मुझसे शादी कर ली। वह मेरे साथ अपने गांव के पास ही एक छोटे से घर में रहने लगा, लेकिन कभी भी

अपने परिवार में वापस नहीं गया। उसे नौकरी भी मिल गई। हम वहां कुछ महीने रहे, लेकिन मैं अपनी मां के बारे में हमेशा चिंतित रहती।

एक दिन हिम्मत करके मैं अपनी मौसी के घर पहुंच गई। वह बहुत शर्मसार नजर आई और मेरे सामने गिड़गिड़ाने लगीं कि मैं वापस आ जाऊं। मेरे पति भी साथ थे। मैंने उनसे बात की और हम वहां रूक गए। मेरी मौसी ने मुझे घर में ठहराने के बजाय गेस्ट हाउस में ठहराया। मैं इसकी वजह नहीं समझ पाई। कुछ दिनों बाद मैंने देखा कि कुछ असामाजिक तत्व गेस्ट हाउस के इर्द–गिर्द चक्कर काटने लगे हैं। हमें कुछ संदेह हुआ, तो हमने वह जगह छोड़ने का फैसला किया। मैं मां और पति के साथ वहां से चल पड़ी। हम स्टेशन पहुंचने ही वाले थे कि कुछ लड़कों ने हम पर हमला कर दिया। उन्होंने मेरे पति को बुरी तरह पीटा और हमारे पास जो कुछ था, सब लूट लिया। हम किसी तरह ट्रेन में बैठे और दिल्ली आ गए। दिल्ली आने पर हमारे पास एक पाई भी नहीं रह गई थी। हमें जहांगीरपुरी स्थित नव ज्योति परिवार परामर्श केंद्र से संपर्क करने की सलाह दी गई। काउंसिलर ने मेरी मां के लिए रैन बसेरे में रहने का इंतजाम किया और मेरे पति को नौकरी मिलने के कुछ संभावित ठिकाने भी बताए।

मैंने जिस पर भी भरोसा किया, उसी ने मेरे साथ छल किया। मैं जीवन में लगभग निराश हो चली थी, लेकिन तभी मुझे कुछ ऐसे लोग मिले, जो सचमुच मेरी मदद करने की कोशिश करते नजर आए। मुझे जिंदगी पर एक बार फिर भरोसा होने लगा है। हो सकता है कि इसी में मेरी भलाई हो।

गलती किसकी ?

- निर्बलों को हमेशा सताया जाता है।
- आपराधिक प्रवृत्ति के पुरुष हमेशा महिलाओं की कमजोरी का अनुचित लाभ उठाते हैं।
- कमजोर लोगें के उत्पीड़न को जंगलराज ही कहा जाएगा।

नशाखोरी परिवार पर मुसीबत लाती है

54

मैं एक 35 वर्षीय महिला हूं। पिछले 20 वर्षों से मैं दिल्ली की एक झुग्गी बस्ती में रह रही हूं। 13 साल की उम्र में ही मेरी शादी एक दिहाड़ी मजदूर के साथ हो गई थी। शादी के शुरुआती सालों में मैंने तीन बच्चों को जन्म दिया।

मेरे पति को शराब पीने की आदत थी। धीरे–धीरे उसकी शराबखोरी बढ़ती गई और वह पक्का शराबी बन गया। उसकी इस लत ने उसकी दिहाड़ी पर भी असर डाला। अपने बच्चों को भूख से बचाने के लिए मैं अनेक घरों में महरी के रूप में काम करने लगी। मैं तड़के ही काम पर चली जाती और देर रात वापस आती। मुझे यह देखने की भी फुर्सत नहीं मिलती थी कि मेरे बच्चे स्कूल जा रहे हैं या नही। हालांकि, मेरी जिंदगी का मकसद हर हाल में अपने बच्चों को पालना था।

मेरे पति को तो शराब पीने से फुर्सत नहीं थी। वह बच्चों की पढ़ाई पर कोई तवज्जो नहीं देता था। नतीजतन, उनकी पढ़ाई छूट गई। मैं जो कुछ भी कमाती थी, उनमें से आधा पैसा मेरा शराबी शौहर झटक लेता था। मुझे खाने–पीने की चीजें पड़ोस की एक परचून की दुकान से उधार लेनी पड़ती थीं। दुकानदार भी इसलिए उधार देता था, क्योंकि वह जानता था कि मैं कमाती हूं और उसके पैसे लौटा सकती हूं।

हालात बिगड़ते गए। मेरे पति की नशाखोरी बहुत अधिक बढ़ गई। मेरी हाड़–तोड़ मेहनत के बावजूद आमदनी जस की तस रहती। हमारे ऊपर कर्ज बढ़ता गया। हम दुकानदार का उधार नहीं चुका पा रहे थे। तकाजा करने के बहाने दुकानदार मेरे घर अक्सर आने लगा। आखिरकार उसने अपनी कीमत अपने तरीके से वसूल ली। एक दिन जब मैं काम से लौटी, तो मेरे दरवाजे पर भीड़ नजर आई। मुझे पता चला कि दुकानदार ने मेरी 13 साल की बेटी से बलात्कार किया था। पति समेत मेरे सारे पड़ोसी मुझ पर ही खफा थे। मेरी समझ में नहीं आया। मेरी हैरानी उस वक्त और बढ़ गई, जब

मुझे बताया गया कि दुकानदार ने एक बयान दिया है, जिसमें उनसे कहा है कि कर्ज चुकाने के एवज में मैंने अपनी बेटी को उसके हाथों बेच दिया।

उसके आरोप के आधार पर मुझे गिरफ्तार कर लिया गया। मैं दो महीने जेल में रही। कोई सबूत न मिलने के कारण मुझे रिहा कर दिया गया। इन दो महीनों में मेरा सब कुछ (मेरे बच्चे) बर्बाद हो गया। मेरी नामौजूदगी में मेरे शराबी शौहर ने मेरी मासूम बेटी को दिल्ली से बाहर रहने वाले एक अधेड़ उम्र के आदमी के हाथों बेच दिया। अब मुझे इस बात की जानकारी कोई भी नहीं देता कि आखिर वह आजकल है कहां? मैं उसे खोज रही हूं, लेकिन अभी तक उसका कुछ पता नहीं चला। मेरा पति भी नहीं जानता कि वह कहां है?

मेरे बेटे को मेरे मायके (बिहार) भेज दिया गया। वह अब वहां से लौटने से इनकार करता है। मेरा सबसे छोटा बेटा बुरी सोहबत में पड़ गया है। इस बीच लगभग दो साल जेल में रहने के बाद दुकानदार को बरी कर दिया गया। मुहल्ले वाले इससे बहुत गुस्सा हुए। उसके वापस आते ही उस पर इलाका छोड़कर जाने का दबाव डाला गया। मुझे भी छह महीने के लिए बिरादरी से बाहर कर दिया गया। मैं वापस लौटी, तो मेरी दोनों झुग्गियों पर कब्जा हो चुका था। मैं उन्हें वापस नहीं पा सकी। एक झुग्गी पर तो उसी दुकानदार ने कब्जा कर लिया है। मेरी मदद के लिए कोई भी आगे नहीं आया।

अब मैं बेसहारा और मजबूर हूं। किसी भी मौके पर समाज ने मेरी कोई मदद नहीं की। मेरी सहेली ने मुझे नवज्योति फैमिली सेंटर से सहायता लेने की सलाह दी। मुझे नहीं मालूम कि मेरी बाकी जिन्दगी कैसे गुजरेगी। मैं जीने के लिए सहायता चाहती हूं। बेटी को लेकर भी मुझे काफी चिंता है।

गलती किसकी ?

- वहशी बाप किसी जानवर से कम नहीं होते।
- समाज और पुलिस कमजोर तबके के लोगों की जिंदगी में मुसीबतें बढ़ाने वाले भी होते हैं।

लापरवाह मां-बाप के बच्चे कहां जाएं

55

मैं उत्तर प्रदेश के एक निम्न मध्यवर्गीय परिवार की 23 वर्षीय लड़की हूं। मेरा पालन–पोषण मेरे नाना–नानी ने किया। मेरे माता–पिता बेटी नहीं चाहते थे। लिहाजा मेरे जन्म के तुरंत बाद ही उन्होंने मुझे छोड़ दिया था। मेरे दादा–दादी भी मुझे मेरे माता–पिता के पास नहीं रहने देना चाहते थे। शुक्र इतना है कि इसका कारण मेरा लड़की होना नहीं था। दरअसल, मेरे मां–बाप दोनों ही गलत गतिविधियों में लिप्त थे।

ननिहाल में मुझे इतना प्यार मिला कि माता–पिता की कभी याद भी नहीं आई। नाना का परिवार काफी बड़ा था, फिर भी उन्होंने अपने सामर्थ्य के अनुसार मुझे अच्छी तरह पढ़ाया–लिखाया। मेरे माता–पिता ने कभी मेरी खैर–खबर नहीं ली। मेरे तीन छोटे भाई भी हुए, लेकिन उन्हें मेरे बारे में बताया तक नहीं गया। इधर, मैं अपनी छोटी–सी दुनिया में खुश थीं और बड़ी होकर नाना–नानी की खूब सेवा करना चाहती थी। मैंने 12वीं पास की और अपने खर्च को पूरे करने के लिए ट्यूशन पढ़ाने लगी। इसी दौरान हालात बिल्कुल बदल गए। मेरे माता–पिता ननिहाल आ धमके और मुझे अपने साथ ले जाने की जिद करने लगे। बूढ़े नाना–नानी की उनके आगे एक नहीं चली। मैं समझ नहीं पा रही थी कि मेरे माता–पिता क्या सोचकर इतने सालों बाद मुझे अपने घर लेने आए। मुझे नाना–नानी की बहुत याद आती थी, इसलिए मैं कभी–कभार उनसे मिलने चली जाती थी। एक दिन जब मैं ननिहाल से लौटी, तो मेरी मां मुझ पर बहुत नाराज हुई। उन्होंने मुझे पढ़ाई छोड़ने और घर के कामकाज में हाथ बटाने की हिदायत दी। अचानक यह सुनकर मुझे धक्का लगा। तब मैं ग्रेजुएशन कर रही थी। मैं पढ़ाई के लिए माता–पिता से कोई मदद भी नहीं मांगती थी और पढ़ाई का सारा खर्च ट्यूशन से मिले पैसों से पूरा करती थी। इसके बावजूद मां के इस रवैसे से मुझे काफी तकलीफ हुई।

बहरहाल, मैंने घरेलू कामकाज में मां का हाथ बंटाना शुरू कर दिया। मुझे उस दिन तक भी यह नहीं पता था कि मेरे पिता जी क्या काम करते थे, लेकिन वह ज्यादातर घर से बाहर ही रहते थे। धीरे–धीरे मुझे पता चला कि मरे माता–पिता कई बार जेल जा चुके हैं। मेरे भाई भी निठल्ले घूमते थे। मैं वहां खुश

नहीं थी। मैंने पार्ट–टाइम नौकरी की तलाश शुरू कर दी। भाग्यवश, मुझे नौकरी मिल गई। उस दिन मैं बड़े उत्साह से घर लौटी, लेकिन मेरे पिता ने घर पहुंचते ही थप्पड़ रसीद कर दिया। उन्होंने कहा कि नौकरी ढूंढने से पहले उनसे पूछा क्यों नहीं? मां ने भी पापा का साथ दिया। दोनों ने कहा कि वे जल्दी ही मेरी शादी कर देंगे। मुझे कुछ समझ नहीं आ रहा था कि क्या करूं? मैंने नाना–नानी से बात की। वे मेरी मदद करने से डर रहे थे। फिर भी उन्होंने मुझे नौकरी करते रहने की सलाह दी। मेरी पिटाई रोजमर्रा का काम हो गया था। मेरे छोटे भाई भी मुझे पीटने और धमकाने का कोई मौका नहीं चूकते थे। वे तीनों खूंखार थे। मैंने नौकरी और पढ़ाई जारी रखीं। बीए के बाद मुझे फुल टाइम नौकरी मिल गई। अब मेरे माता–पिता ने मेरी तन्ख्वाह मांगनी शुरू कर दी। मैंने कुछ पैसा उन्हें भी दिया। उन्होंने और अधिक पैसे मांगे। मैं उन्हें अपना आधा वेतन देने लगी, लेकिन वे संतुष्ट नहीं थे।

थक–हारकर मैंने अपने अधिकारों के लिए कड़ा रुख अपनाया। मैंने अपने माता–पिता से साफ कह दिया कि मैं उन्हें सिर्फ आधी तन्ख्वाह ही दे सकती हूं। कुछ महीने शांत रहे, लेकिन तब मुझे पता चला कि वे मेरे लिए कोई ऐसा लड़का देख रहे थे, जिसने शादी के बाद उनकी आर्थिक मदद करने का वादा किया था। मैंने घर से भागने की बात सोची, लेकिन फिर कुछ इंतजार करने का फैसला किया। एक दिन मैंने उस लड़के के साथ बाहर जाने से मना किया, तो सबने मेरी पिटाई की। मैंने पुलिस बुला ली। मेरी डॉक्टरी जांच कराई गई। पुलिस ने उन्हें बंद कर दिया। मैंने सोचा कि पुलिस वाले उनकी अच्छी 'सेवा' करेंगे, लेकिन हुआ बिल्कुल उल्टा। थाने में मुझे समझौते के लिए बुलाया गया। मैंने पुलिस वालों को समझाने की कोशिश की कि मैं अपने घर में सुरक्षित नहीं हूं, लेकिन उन्होंने मेरी एक नहीं सुनी। पुलिस ने कहा कि मेरे माता–पिता बुरे नहीं हैं। मेरे माता–पिता ने मुझ पर रात को देर से घर आने और गैर–जिम्मेदाराना व्यवहार करने का आरोप लगाया। हालांकि पुलिस ने मेरे माता–पिता से लिखवा लिया कि वे मुझे तकलीफ नहीं देंगे, लेकिन मेरा संदेह बना रहा। इस संबंध में मैंने अपने एक मित्र से बात की, जिसने मुझे कराला माजरी स्थित नवज्योति फैमिली काउंसिलिंग सेंटर से संपर्क करने की राय दी। कांउसलर ने थाने में पैरवी की और शेल्टर होम में जगह दिलाने में मेरी मदद भी की।

गलती किसकी ?

- अगर किसी बच्चे के मां–बाप गैरजिम्मेदार हों, तो ऐसे में वह बच्चा कहां जाए?
- समाज आसानी से इस बात को नहीं मानता कि माता–पिता उत्पीड़क हो सकते हैं।
- अब शिक्षकों को सलाहकार की अतिरिक्त भूमिका निभाने की भी जरूरत है।

इंसानियत के नाम पर कलंक हैं ऐसे लोभी लोग

56

मेरा नाम मीना कुमारी है। मैं एक सरकारी कर्मचारी हूं। कुछ महीनों पहले मेरी सगाई हुई थी। सगाई के बाद मेरे घरवालों ने शादी की जरूरी चीजों का इंतजाम शुरु कर दिया। मेहमानों को आमंत्रित करने के लिए शादी के कार्ड भी छप कर आ गए। घर में बड़ी चहल–पहल का माहौल था। मैं भी अपने नए घर को लेकर बहुत उत्साहित थी।

सगाई के कुछ दिनों बाद मुझे मेरे मंगेतर का फोन मिला। उसने फोन पर कुछ शर्तें रखीं और कहा कि ये शर्तें शादी के पहले या शादी के बाद हर हालत में पूरी हो जानी चाहिए, वरना हमारे बीच कोई रिश्ता न रहेगा। उसने फोन पर मेरे सामने जो मांगें रखीं वे इस प्रकार थीं:

– सगाई किसी बैंक्वेट हॉल में होनी चाहिए।
– शादी खुले मैदान में टैंट के बजाए किसी होटल या बैंक्वेट हॉल में होनी चाहिए।
– मेरे चाचा का अमुक जिगरी दोस्त हमारे घर या शादी के समारोह में कहीं नजर नहीं आना चाहिए।
– शादी के बाद मुझे बी.बी.ए. कोर्स पूरा करना होगा, जबकि उस समय मैं बी.एड. कर रही थी।
– बी.बी.ए. पूरा होने से पहले मुझे बाहर (घूमने–फिरने) जाने की इजाजत नहीं होगी और जरूरी तौर पर घर में ही रहना होगा।
– मैं अपनी पसंद के कपड़े नहीं पहनूंगी।
– मुझे घर में उसके निर्देशानुसार काम करना होगा।
– शादी के एक हफ्ते बाद ही मैं अपने पिता के घर पहले फेरे के लिए जा सकूंगी और मायके से 60 हजार रुपए लेकर लौटना होगा।

- मेरी सहेलियां मेरे घर कभी नहीं आएंगी और न ही मैं कभी उनसे मिलने जाऊंगी।
- रक्षा–बंधन के त्यौहार पर मुझे मायके जाने की इजाजत नहीं होगी। इसकी बजाए मेरे भाई को राखी बंधवाने आना पड़ेगा।
- मुझे अपने पिता से कार देने के लिए कहना होगा।
- मुझे साल में एक बार सिर्फ दीवाली पर मायके जाने की अनुमति दी जाएगी।

मेरे मंगेतर की शर्तों को मैं और मेरा परिवार मानने की स्थिति में नहीं थे। उसकी इस हरकत से मेरे पूरे परिवार को काफी परेशानी हुई।

मेरे पिताजी ने मंगेतर की मांगों के मामले में उसके परिवार वालों से चर्चा करने का फैसला किया। उन लोगों ने मेरे पिताजी का खूब अपमान किया। हम कहीं के न रहे। उनकी करतूतों से हमारे परिवार को जबरदस्त धक्का लगा। मेरी वजह से मेरे परिवार वालों की जिस तरह बदनामी हुई है उसके लिए मैं खुद सचमुच बहुत शर्मसार हूं।

नवज्योति फैमिली काउंसिलिंग सेंटर ने हमें इस मामले की पुलिस में रिपोर्ट करने की सलाह दी है। बाकी इस मामले में अभी मेरे घरवालों को फैसला करना है।

गलती किसकी ?

- कई नौजवान अभी भी बाबा आदम के जमाने (पुराने समय) में जी रहे हैं, जहां औरतों को जानवर की तरह देखा जाता था।
- मुकदमे और जल्दी सजा के ये बिल्कुल वाजिब मामले हैं।
- लालच की कोई सीमा नहीं होती।

लड़कपन के लाड़ ने बिगाड़ा

57

मैं दिल्ली के एक संपन्न परिवार का युवक हूं। परिवार मे बड़ा होने के कारण मुझे परिवार के सभी सदस्यों, खासतौर से मेरी दादी का भरपूर प्यार मिला। इसी प्यार के चलते मैं कभी पढ़ाई के प्रति गंभीर नहीं रहा। स्कूल में आवारा लड़कों की संगत में रहने से मुझे धीरे–धीरे शराब की लत लग गई। मेरे माता–पिता यह नहीं समझ पाए कि वे मुझे काबू में कैसे करें। उन्होंने मुझे डराया–धमकाया और मेरे बाहर जाने पर भी रोक लगा दी, लेकिन उनकी पाबंदियों का मुझ पर कोई असर नहीं हुआ। यह सोच कर कि वक्त के साथ सब ठीक हो जाएगा, उन्होंने मुझे कुछ कहना ही छोड़ दिया।

अपनी दादी की मौत के बाद मैंने पढ़ाई बंद कर दी और दोस्तों के साथ मिलकर मौज–मस्ती के लिए औरतों के पास जाना शुरु कर दिया। इस बीच मुझे अफीम का चस्का भी लग गया, जिसके लिए मैं हर वक्त घर से पैसे ऐंठता रहता। जब घरवालों ने मुझे पैसे देना बंद कर दिया, तो मैं बाहर से उधार मांगकर अपना गुजारा चलाने लगा। लेकिन यह सिलसिला भी ज्यादा दिनों तक नहीं चल पाया। पैसों की कमी के कारण मैंने खांसी की दवाओं (कफ सिरप) और कैप्सूल जैसे सस्ते नशे का सहारा लेना शुरु कर दिया, लेकिन कुछ समय बाद यह तंगी फिर मेरे नशे के आड़े आ गई। अपने इन हालातों से परेशान होकर मैंने ड्रग्स छोड़ देने का फैसला किया।

लगभग एक साल तक मैं घर से बाहर नहीं निकला और बिना नशे के रहा। अब तक मेरे घरवालों ने भी मुझ पर भरोसा करना शुरु कर दिया था।

लेकिन एक दिन नशा छोड़ देने की खुशी में मैंने शराब पी ली, जिसके बाद मेरी आदत पहले से भी ज्यादा खराब हो गई। मैंने अब वह ड्रग्स भी लेना शुरु कर दिया, जिनके बारे में पहले कभी सोचा भी नहीं था।

पैसों का जुगाड़ करने के लिए मैंने चोरी करना और लोगों को ठगना शुरु कर दिया। मेरी इन आदतों से तंग आकर मेरे पिता ने मुझे परिवार से ही अलग कर दिया। इस दौरान मेरी सेहत भी, बहुत खराब हो गई। मैं कई दिनों तक घर से बाहर रहता और मुझे खाना भी नहीं मिलता था। मैं नशा छोड़ना चाहता था, लेकिन असहाय था।

इसी दौरान मुझे नवज्योति नशा मुक्ति केन्द्र की जानकारी मिली। मैं वहां दाखिल हो गया और रिकवरी बनाए रखने के गुर सीखे। नशा छोड़ने के लिए मैंने 'जस्ट फॉर टुडे' का सिद्धांत अपना लिया, जिसकी बदौलत पिछले एक साल से मैं हर तरह के नशे से मुक्त होकर अपने परिवार के साथ रह रहा हूं।

गलती किसकी ?

- बिना अनुशासन के पालन–पोषण महंगा पड़ता है।
- जीवन–निर्माण के दिनों में अंधा प्यार बच्चों को बिगाड़ देता है।
- ड्रग्स की लत एक ऐसा रोग है, जिससे दूर रहना चाहिए वरना यह जिंदगी को निगल जाता है।

यारों ने धकेला नशे की गर्त में

58

मैं पंजाब के एक संभ्रांत परिवार का 44 वर्षीय व्यक्ति हूं। मेरे माता–पिता दोनों नौकरीपेशा थे। मुझे अच्छी पढ़ाई के लिए एक मशहूर स्कूल में और उसके बाद इंजीनियरिंग के लिए प्रतिष्ठित कॉलेज में भेजा गया गया। मेरे कई अच्छे दोस्त थे और जिंदगी में एक सफल व्यक्ति बनने के लिए अच्छा वातावरण था। दुर्भाग्यवश एक लम्हे ने न केवल मेरी जिंदगी तबाह कर दी, बल्कि पूरे परिवार की इज्जत और शांति खाक में मिल गई।

त्यौहारों के दिनों में एक खास दोस्त ने मुझे सिगरेट ऑफर की। मैंने सोचा कि एक कश पी लेने से मैं इसका आदी थोड़े ही हो जाऊंगा। मैंने उसकी दावत कबूल कर ली। मेरे ऊपर उस सिगरेट का कोई असर नहीं हुआ और जवानी का अनुभव समझकर उस घटना को मैं भूल गया। उस समय मेरी उम्र महज 18 साल थी। कुछ दिनों बाद हमारे यारों की महफिल फिर जमी और मुझे एक बार फिर सिगरेट की पेशकश की गई। इस बार मुझे अपने शरीर में कुछ हरकत–सी महसूस हुई और खूब मजा आया। उसके बाद मैंने पलटकर नहीं देखा। सिगरेट के धुएं में मैं भटक गया। उसके बाद मैंने शराब भी पीना शुरु कर दिया। मेरे माता–पिता को मेरी हरकतों की कोई जानकारी नहीं थी, क्योंकि अपनी नशाखोरी के लिए मैंने उनसे कभी पैसे नही मांगे। सिगरेट और शराब के लिए मैं ट्यूशन पढ़ाकर धन का प्रबंध कर लेता था। बहरहाल, किसी तरह मैंने अपनी डिग्री हासिल कर ली।

चूंकि मेरी नशे की लत आम नहीं हो पाई थी, इसलिए मुझे एक नौकरी मिल गई। शुरु में तो सब ठीक ही रहा, लेकिन धीरे–धीरे मैं बिना बताए नौकरी से गैर हाजिर रहने लगा। माता–पिता को मेरी समस्या का पता चल गया। उन्होंने फौरन मुझे इलाज के लिए एक अस्पताल में दाखिल करा दिया।

वहां कुछ दिनों तक मेरा नशा छुड़ाने का उपचार कराया गया, दवाओं के प्रभाव से कुछ समय तक मैं ठीक–ठाक रहा।

मेरे माता–पिता ने सोचा कि मैं पूरी तरह ठीक हो गया हूं। उन्होंने एक महीने के अंदर ही मेरी शादी करा दी। धीरे–धीरे मैंने शादी–पार्टियों में थोड़ी–थोड़ी शराब पीनी फिर शुरु कर दी। थोड़े ही समय में नशाखोरी मुझ पर फिर हावी हो गई। मेरी पत्नी को मेरी नशाखोरी की समस्या का पता चल गया और शादी के आठ महीने बाद ही वह मुझे छोड़कर मायके चली गई। मुझे लेकर मेरे परिवार और ससुराल के बीच खींचतान शुरु हो गई। मेरी ससुराल वाले चाहते थे कि मैं उनके साथ रहूं, ताकि वे मुझ पर कंट्रोल कर सकें, लेकिन मेरे घरवालों को यह शर्त मंजूर नहीं थी। मेरी जरूरतों की परवाह किसी ने नहीं की।

मेरे सामने लाचारी थी। मैं समझ चुका था कि दृढ़ इच्छा शक्ति के बावजूद मैं नशा नहीं छोड़ सकता। हालांकि मैंने नशा मुक्ति के लिए इलाज कराया, लेकिन अपने ऊपर काबू नहीं रख सका। इस बार मेरे एक दोस्त ने मुझे विकल्प के रूप में गांजा पेश किया। मेरी जिंदगी मेरे हाथों से फिसलती जा रही थी। मैंने दिल्ली समेत कई जगह अपना इलाज कराया। कुछ दिनों तक तो मैं ठीक रहता, लेकिन किसी न किसी बहाने दोबारा नशा करना शुरु कर देता। मैंने नौकरियां बदलीं, अपना माहौल बदलने के लिए अन्य राज्यों में भी रहा, लेकिन मेरी तमाम कोशिशें बेकार गईं।

जब मैं दूसरे राज्य में नौकरी करने लगा तो मेरी पत्नी ने सोचा कि शायद मैं सुधर गया हूं। वह मुझसे मिलने आने लगी। वह मुझसे दो बार मिली, लेकिन कुछ समय मेरे पास रहने के बाद वह वापस चली गई। दस साल बीत गए। न तो मैं किसी नौकरी में सेटल हो पाया और न ही परिवार बसा पाया। मेरा सारा समय शराबखोरी में बीतता रहा। मेरे लिए यह समस्या बन चुकी थी।

इस बीच मेरे दो बच्चे भी हो चुके थे। बच्चों को लेकर मेरी परेशानी और बढ़ गई थी। एक दिन मैंने फैसला किया कि चाहे जो हो जाए, अब मैं नशा नहीं करूंगा और अपना इलाज कराऊंगा। मैं अस्पताल में चार दिनों तक दाखिल रहा। वहां किसी ने मेरी मां को नवज्योति नशा मुक्ति केन्द्र के बारे में बताया। मैंने नवज्योति के सराय रोहिल्ला स्थित केन्द्र के बारे में पहले भी सुन रखा था, लेकिन वहां जाने की हिम्मत कभी नहीं जुटा पाया था। जब मुझे उस केन्द्र के कराला स्थानांतरित हो जाने की जानकारी मिली, तो मैं वहां फौरन दाखिल हो गया।

आखिरकार मुझे इस बात का पता चल गया कि पचास बार इलाज कराने के बावजूद मैं असफल क्यों हो जाता था। नवज्योति के काउंसिलरों ने मुझे बताया कि नशाखोरी एक व्यावहारिक समस्या है, इसलिए मुझे अपने दिलोदिमाग और व्यवहार पर ध्यान देना चाहिए। मैंने वहां

सफलतापूर्वक इलाज कराया और अब भी मैं उपचार के बाद देखभाल समूह के सदस्य के रूप में उससे जुड़ा हुआ हूं।

अब मैंने भविष्य की ओर देखना शुरु कर दिया है। मैं अपने परिवार को नए सिरे से बसाने और अपने बच्चों को ऐसे माहौल में पालने की योजना बना रहा हूं, जहां वे किसी भी समस्या और उसके समाधान के अंतर को समझ सकें और किसी भी दबाव से निपट सकें।

गलती किसकी ?

- जिज्ञासा और अज्ञानता दोनों ही नशाखोरी के बड़े कारण हैं।
- ड्रग्स के इस्तेमाल पर काबू रखने का अध्कि आत्मविश्वास नशाखोरी और गुलामी की ओर ले जाता है।
- नशाखोरों की शादियां उनकी नशाखोरी की समस्या में केवल वृद्धि ही करती हैं।

दर्द के शिवा कुछ न मिला शादी से

59

उन दिनों मैं नौवीं कक्षा में पढ़ रही थी। हमारे पड़ोस में रहने वाले एक परिवार के जरिए मेरी बड़ी बहन की शादी का पैगाम आया। ऐसा तय हुआ कि दुल्हन की दोनों बहनों की शादी एक साथ ही कर दी जाए, क्योंकि दूल्हे के दो चचेरे भाई भी शादी लायक हैं। दुर्भाग्यवश अपनी बहनों में मैं सबसे छोटी थी, मेरी भी बारी आ गई। उस वक्त शादी के लिहाज से मैं बहुत छोटी थी। शादी के तीन महीने बाद जब मेरे इम्तिहान खत्म हो गए, तो मुझे ससुराल भेज दिया गया। चूंकि मेरा पति मुझसे 10 साल बड़ा था, इसलिए मैं उससे बहुत डरी हुई थी।

मैं इतनी भोली थी कि मुझे कुछ समझ नहीं आया कि मेरे साथ रात भर क्या होता रहा। हां, जो कुछ मैं समझ सकी वह यह कि दूसरे दिन मेरा सारा बदन बुरी तरह टूट रहा था। मेरे मन को इस बात की थोड़ी तसल्ली थी कि उस दिन मुझे अपनी मां से मिलने जाना था।

मैंने मां से अपनी सारी तकलीफें बताईं और उनसे मिन्नत की कि वह मुझे वहां न भेजे, लेकिन मां ने कहा कि धीरे–धीरे तुम एडजस्ट कर लोगी। मैं इतनी छोटी थी कि अपने पति की हिंसक शारीरिक जरूरतों को पूरा कर पाने में खुद को असमर्थ पा रही थी, जबकि उसकी 'भूख' दिन–ब–दिन बढ़ती ही जा रही थी। सारा–सारा दिन मैं घर के काम–काज सीखती और सारी–सारी रात मैं उसकी वासना भरी यातना सहने के लिए खुद को तैयार करती।

मैं सारा दिन रोती रहती। जब कभी मेरा पति मुझे रोते हुए देख लेता, वह मुझे बुरी तरह पीटता। एक बार उसने मुझे इतना तेज मारा कि मेरे हाथ से मांस का टुकड़ा बाहर आ गया, जिसे उसने अपने दांतों से काट कर अलग किया। उसकी क्रूरता का प्रमाण देने के लिए मेरे हाथ में जख्म का यह निशान आज भी मौजूद है।

शादी के छह महीने के बाद मुझे 'मासिक' शुरु हुआ। अगले कुछ दिनों तक मुझे महावारी नहीं हुई, लेकिन मैं उसका कारण नहीं समझ पाई। उस समय मैं अपनी मां के घर थी। अचानक मेरे पेट

में बहुत तेज दर्द हुआ और मैंने राहत पाने के लिए अपने पेट को कस कर दबा लिया। पेट दबाने से रक्तस्राव शुरु हो गया। मुझे असप्ताल ले जाया गया, जहां पता चला कि मेरे पेट में निर्जीव भ्रूण था। पंद्रह दिनों तक मैं मायके में रही। उसके बाद मेरा पति आया और मुझे अपने साथ ले गया। उसे इस बात से कोई मतलब नहीं था कि मुझे कितनी तकलीफ थी। वह तो बस अपनी शारीरिक भूख मिटाना चाहता था। नतीजा यह हुआ कि मैं अगले ही महीने गर्भवती हो गई। मैंने एक बेटी को जन्म दिया। उसके एक साल बाद एक बेटा और फिर एक साल बाद एक और बेटी पैदा हुई।

सिर्फ उन्नीस साल की उम्र में तीन–तीन बच्चों का बोझ मेरे कंधों पर आ गया था। उस वक्त तक वह अपने भाई से झगड़ा करके अपना काम भी गंवा बैठा था। उसकी आय अनियमित हो चुकी थी। मैं अपने बच्चों का पेट पालने के लिए इधर–उधर कोई छोटा–मोटा काम तलाशने लगी और भाग्यवश मुझे काम मिल भी गया। मेरी जिंदगी बढ़ती जिम्मेदारियों के बोझ तले दबती जा रही थी। मुझे अपने पति से किसी किस्म का कोई सहारा नहीं मिलता था। मैं यह समझने में नाकाम रही कि जब सब कुछ मुझे ही करना है, तो आखिर मैं उस आदमी के साथ क्यों रह रही हूं, जिसे मेरी कोई परवाह नहीं है।

साहस करके मैंने उसके उत्पीड़न का विरोध करना शुरु किया। कई बार जब वह मुझे मारने के लिए हाथ उठाता, तो मैं सख्ती से उसका हाथ पकड़ लेती, क्योंकि मैं अपने सयाने होते बच्चों के सामने जलील नहीं होना चाहती थी। इसके बावजूद मेरे अंदर उसे छोड़ देने की हिम्मत नहीं थी। एक दिन तो हद ही हो गई। एक दिन वह एक लड़की के साथ आया और बोला कि वह उसकी दूसरी बीवी है।

हालांकि परिवारवालों के दबाव के बाद वह एक महीने के अंदर ही चली गई, लेकिन तब तक मेरी आंख खुल चुकी थी। मैंने नव ज्योति परिवार परामर्श केन्द्र के बारे में काफी सुन रखा था। मैंने उनसे संपर्क किया और प्रार्थना की कि मुझे तलाक दिलाया जाए।

आज जब मैं पीछे मुड़कर देखती हूं, तो सोचती हूं कि मैंने उस आदमी को सुधरने के लिए पंद्रह साल का वक्त दिया, फिर भी नहीं सुधरा। इन पंद्रह सालों में उसने अपने बच्चों के लिए कुछ भी नहीं किया। वह कभी भी किसी के लिए कुछ नहीं कर सकता।

गलती किसकी ?

- हम कैसे बच्चों को पैदा करते, पढ़ाते और दूल्हा बनाते हैं?
- आखिर क्यों हम कुर्बानी की बकरियों या मेमनों जैसी लड़कियां पैदा करते हैं?
- माता–पिता के रूप में हम अपने बेटे–बेटियों की शादी के लिए अच्छी तरह तैयार नहीं करते।

मेरी नासमझी का जमकर फायदा उठाया उसने

60

मैं 21 वर्षीय महिला हूं। पिछले 20 साल से दिल्ली में रह रही हूं। उत्तरी दिल्ली में मेरे पिता की छोटी–सी फैक्ट्री है, जबकि मां गृहिणी हैं। तीन भाई–बहनों में मैं सबसे बड़ी हूं।

बात उन दिनों की है जब मैं दसवीं में थी। मेरा स्कूल मेरे घर से आधे घंटे की दूरी पर था और मुझे स्कूल बस लेने आती थी। बस का कंडक्टर मुझसे खूब बातें करता। धीरे–धीरे उससे मेरी दोस्ती हो गई, हालांकि वह उम्र में मुझसे दस साल बड़ा था। वह गाहे–बगाहे मेरी खूबसूरती की तारीफ किया करता था, जिससे मुझे बड़ा संतोष मिलता। कई बार तो उसने खुलकर कहा कि वह मुझे पसंद करता है। कुछ अर्से बाद उसने नौकरी छोड़ दी। मुझे पता चला कि उसने कोई दूसरी नौकरी कर ली थी।

मेरी प्री–बोर्ड परीक्षाएं चल रही थीं। एक दिन मैंने देखा कि वह अपने कुछ दोस्तों के साथ एक बस स्टॉप पर खड़ा था। उस दिन मैं अकेली ही स्कूल गई थी। वह मेरे पास आया और बोला कि मुझसे कुछ बातें करना चाहता है। अपने दोस्तों के साथ वह मुझे अपने घर ले गया। घर पहुंचकर उसने मुझ पर शादी करने के लिए दबाव डाला। मुझे कुछ समझ नहीं आया कि क्या करूं? उसने जोर देकर कहा कि वह मुझे तब तक वापस नहीं जाने देगा, जब तक मैं शादी के लिए हां नहीं कहती। इसके बाद वह मुझे अपने भाई के घर ले गया और परिवार वालों से मेरा परिचय कराया। जब उन सभी ने मुझे शादी करने के लिए कहा, तो उसने सिंदूर लाकर मेरी मांग भर दी। मैं बहुत डरी हुई थी, लेकिन मेरे पास उसके साथ रहने के सिवाए कोई चारा भी नहीं था। उस वाकये के बाद मैंने अपने घर न जाकर उसी के साथ एक किराए के मकान में रहना शुरु कर दिया। शादी की बात अपने माता–पिता को बताने की मेरी हिम्मत नहीं थी। कुछ महीनों बाद मेरे घर वालों ने मेरा ठिकाना ढूंढ़ लिया।

शुरुआती विरोध के बाद मेरे परिवार वालों ने भी हमारे रिश्ते को कबूल कर लिया। मैंने अपने पति से कई बार कहा कि वह शादी का रजिस्ट्रेशन करा ले, लेकिन वह हर बार यह कहकर मेरी गुहार

ठुकरा देता कि अभी तुम्हारी उम्र शादी लायक नहीं है। जब तुम 18 साल की हो जाओगी, तो रजिस्ट्रेशन करा लूंगा। मैं उसके साथ लगभग एक साल तक रही। खर्चे के लिए वह मुझे रोजाना 100–200 रुपए देता था। जरूरत पड़ने पर मैं अपनी मां से भी मदद ले लेती थी। बहरहाल, एक दिन घर लौटकर उसने मुझे बताया कि बॉस से कहासुनी हो जाने के कारण उसने नौकरी छोड़ दी है।

उसके बाद उसने सिगरेट और शराब पीनी भी शुरु कर दी। धीरे–धीरे वह उसकी आदत बन गई और हमारे पारिवारिक संबंधों को प्रभावित करने लगी। इस दौरान मैं गर्भवती हो गई। उसने डिलीवरी के लिए मुझे मायके भेज दिया। वहां मुझे एक लड़का पैदा हुआ, जो 16 दिनों बाद डायरिया से मर गया।

बच्चे की मौत की खबर सुनते ही वह मेरे मायके आया। उसने मुझसे कहा कि मेरे पास दोबारा कभी मत आना। मैंने मां के पास रहकर नौकरी करनी शुरु कर दी। दो साल बाद भी उसने मेरी सुध नहीं ली।

एक दिन अचानक वह मुझे बस स्टॉप पर मिल गया। उसने मेरे सामने रोना शुरु कर दिया और अपनी गलतियों के लिए माफी मांगने लगा। मैं पिघल गई और उसके साथ जाने को तैयार हो गई।

कुछ दिनों तक उसने मुझे अच्छी तरह रखा। एक दिन हम दोनों सिनेमा देख रहे थे। उसने मुझसे पूछा कि क्या मेरी डांसर के रूप में काम करने की इच्छा है। मैंने नाराजगी दिखाई, तो उसने कहा कि वह तो मजाक कर रहा था। मुझे पड़ोसियों से पता चला कि मेरी गैर मौजूदगी में वह घर पर लड़कियां लाता था। वह या तो मुझे बेचने की योजना बना रहा था या फिर मुझसे 'धंधा' कराना चाहता था। मैं मायके चली गई और उसके पास कभी न जाने का फैसला किया।

अभी मैं अपनी जिंदगी को नए सिरे से व्यवस्थित कर ही रही थी कि उसकी तरफ से धमकी भरे फोन आने लगे। मैंने नव ज्योति परिवार परामर्श केन्द्र में सहायता की अपील की। केन्द्र के सलाहकार ने पुलिस में केस दर्ज कराने के साथ–साथ मुझे कानूनी सहायता के लिए भी भेजा।

गलती किसकी ?

- मनचलों की कोइ कमी नहीं है, इसलिए नाबालिग लड़कियों को उससे सावधान रहने की जरूरत है।
- इस बारे में स्कूलों में भी विद्यार्थियों को जानकारी देनी चाहिए।
- खुद को सुरक्षित रखने के कौशलों को शिक्षा में शामिल किया जाना चाहिए।

शिक्षित पति भी दुर्व्यवहार करता रहा

61

मैं 43 वर्षीय महिला हूं। मेरा लालन–पालन श्रीनगर के एक संभ्रांत व्यवसायी परिवार में हुआ। वकालत पास करने के बाद मेरा विवाह जम्मू में रहने वाले एक परिवार में हो गया। यह परिवार भी शिक्षित और प्रभावशाली था। मेरा पति इंजीनियर था। मुझे भी एक सरकारी नौकरी मिल गई थी। चूंकि हमारा परिवार संयुक्त था, इसलिए मेरा पति अपना सरा वेतन अपनी मां को दे देता था।

मेरी सास ही घरेलू मामलों की देख–रेख करती थी। चूंकि मेरी आय मेरे रोजमर्रा के खर्चे के लिए पर्याप्त थी, इसलिए मैंने पति के वेतन के बारे में कभी कोई ऐतराज नहीं किया। समय बीतने के साथ–साथ मेरी सास के मन में असुरक्षा की भावना पैदा हो गई। उसके दिमाग में यह बात घर कर गई कि धीरे–धीरे मैं अपने पति की आय पर पूरा नियंत्राण कर लूंगी। उसके बाद वह मुझे ताने देती और कहती कि मैंने घरेलू मामलों में अपने पति को बहुत अधिक प्रभावित करना शुरु कर दिया है।

मेरा पति मेरा हिमायती था। अतः मैंने सास की बातों पर कभी ध्यान नहीं दिया। कुछ समय बाद मेरे प्रति मेरे पति के व्यवहार में तब्दीली शुरु हो गई। उसने घर का खयाल न रखने के लिए मुझे कोसना शुरु कर दिया। एक दिन उसने मुझे थप्पड़ भी मार दिया। पति के हिंसक व्यवहार की चर्चा मैंने अपनी मां से की। मां ने मुझे धीरज बंधाया और कहा कि ऐसा सभी घरों में होता है और इसे महिलाओं को ही सहन करना पड़ता है।

इस तरह लगभग चार वर्ष बीत गए। इसी दौरान मेरे मायके वाले बढ़ते आतंकवाद के कारण श्रीनगर छोड़कर दिल्ली में जा बसे। उन्होंने अपना सारा कारोबार बंद कर दिया। मैंने भी उन्हें अपनी परेशानी बताना बंद कर दिया, क्योंकि वे खुद ही संघर्ष कर रहे थे।

मेरी ससुराल वाले इस तथ्य से भी चिंतित थे कि मैं उनके परिवार को कोई बच्चा नहीं दे पाई थी। मैंने पति के साथ मिलकर कुछ इलाज भी कराया, लेकिन विफल रही। उसके लिए

भी मुझे ही दोषी ठहराया गया। एक दिन मेरे देवर ने मेरे साथ दुर्व्यवहार किया। मैंने विरोध किया, तो मेरे पति ने मुझे तमाचा मारा। कई बार मैंने घर छोड़ने के बारे में सोचा, लेकिन मेरी हिम्मत नहीं हुई।

खुशकिस्मती से मेरे पति का किसी दूसरी जगह तबादला हो गया। हम दोनों ने वहीं पर एक घर खरीदकर बसने की योजना बनाई। इसी बीच एक दिन वह किसी काम से चंडीगढ़ गया। वहां उसे किसी ज्योतिषी ने बताया कि यदि वह मेरे साथ रहता रहेगा, तो कभी भी पिता नहीं बन पाएगा। वह फिर अपने पुराने ढर्रे पर लौट आया। वह बेवजह मेरी पिटाई करने लगा। पिटाई का एकमात्र कारण यह होता था कि जब वह घर आता, तो मैं उसे घर में नहीं मिलती थी। उसने अपना तबादला वापस जम्मू करा लिया। एक दिन जब अत्याचार हद से बाहर हो गया, तो कुछ महीनों की छुट्‌टटी लेकर मैं अपने माता–पिता के पास दिल्ली चली गई।

कुछ दिनों बाद मैं वापस जम्मू गई और किराए पर एक मकान लेकर रहने लगी। अकेले रहने के बावजूद मेरे मन में अपने पति को छोड़ने का खयाल कभी नहीं आया। मैं सोचती थी कि एक दिन उसे अपनी भूल का एहसास होगा और वह मुझे वापस बुला लेगा। एक दिन उसने मेरे ऑफिस के पते पर तलाक के कागजात भेज दिए। दफ्तर में मेरी बड़ी तौहीन हुई।

वकील ने मुझे बताया कि जिस आधार पर उन्होंने तलाक का नोटिस भेजा है, वह बहुत कमजोर है और कुछ ही सुनवाइयों में केस निरस्त हो जाएगा, लेकिन एक साल बीत जाने के बाद भी कुछ खास नहीं हुआ। मैं अपना बचाव करती रही, क्योंकि मैं उसे तलाक नहीं देना चाहती थी। मेरे ऑफिस में सभी लोग मेरे बारे में चर्चा करने लगे। इससे ऊबकर मैंने तबादले की अर्जी दी और मेरा ट्रांसफर दिल्ली हो गया। केस के सिलसिले में बार–बार जम्मू आने–जाने के कारण मेरा यात्रा खर्च बढ़ता जा रहा था। केस निपटने में नहीं आ रहा था, क्योंकि मेरे पास पति की क्रूरता का कोई सबूत नहीं था।

अचानक मुझे याद आया कि मेरा पति जब भी मुझे थप्पड़ मारता, तो मुझे मनाने के लिए लिखित माफी मांगता था। शायद वह ऐसा मेरे पुलिस में शिकायत करने के डर से करता था। हालांकि माफी मांगने के बाद वह उस माफीनामे को फाड़कर फेंक देता था, लेकिन संयोगवश एक माफीनामा मैंने सहेज कर रख लिया था। मैंने उसे सबूत के तौर पर अदालत में पेश किया, लेकिन लिखावट की पुष्टि का साक्ष्य न होने के कारण मेरा पति वह माफीनामा लिखने से ही मुकर गया। अदालत ने मेरा सबूत खारिज कर दिया।

लगभग चार साल बीत गए, लेकिन केस का कोई नतीजा नहीं निकला। मैंने यह भी सुना है कि मेरे पति ने दूसरी शादी कर ली है। मैं जम्मू लौटकर लोगों का सामना नहीं कर सकती थी, क्योंकि मेरी इज्जत खाक में मिल चुकी थी। मैंने अपने मुकदमे को दिल्ली स्थानांतरित कराने

के लिए सुप्रीम कोर्ट से भी गुहार की, लेकिन कोर्ट ने पहली ही सुनवाई में मेरी अपील रद्द कर दी, क्योंकि मामला जम्मू में था।

मैंने महिला अपराध प्रकोष्ठ से भी संपर्क किया, लेकिन उसने भी मामला जम्मू में होने के कारण लाचारी जाहिर कर दी। राष्ट्रीय महिला आयोग में भी मेरी गुहार नहीं सुनी गई, क्योंकि मामला जम्मू में था। जम्मू मेरे लिए जिंदगी का सबसे बड़ा अभिशाप बन गया था।

अब मैंने 'नवज्योति' परिवार परामर्श केन्द्र कराला स्थित कार्यालय से संपर्क किया है। लेकिन अब मैं मुकदमा जीत भी जाऊं, तो क्या फर्क पड़ता है। मेरी सारी इज्जत और शांति तो नष्ट हो ही चुकी है।

गलती किसकी ?

- स्त्री कई बार दूसरी स्त्री की सबसे बड़ी दुश्मन बन जाती है।
- असुरक्षित सास अपने पुत्रों की जिंदगी में दरार डाल देती हैं।
- घरेलू हिंसा पर यदि पहले वाकये में ही अंकुश न लगे, तो वह बढ़ती जाती है।

अपने ही बेटे ने किया उम्र भर परेशान

62

मैं 57 वर्षीय महिला हूं। महज सात साल की उम्र में मेरे पिता ने मेरी शादी एक 45 साल के व्यक्ति से कर दी थी, जो दिल्ली में 1600 रुपए मासिक वेतन पाने वाला सरकारी नौकर था। मैंने एक पुत्र और तीन पुत्रियों को जन्म दिया।

जब मेरा बेटा बड़ा हुआ तो उसने मेरे पति और मेरी जीवन शैली पर एतराज करना शुरु कर दिया। मेरी बेटियों को कुछ भी देना उसे कतई अच्छा नहीं लगता था। वह चाहता था कि हम अपनी थोड़ी–सी जमीन और पेंशन से होने वाली सारी आय उसे दे दें। हमारे साथ तकरार और गाली–गलौज से शुरु हुई उसकी हरकत हाथापाई तक पहुंच गई। बेटे के उत्पीड़न को मैं तो सह जाती, लेकिन मेरे पति अधिक वृद्ध होने के कारण बर्दाश्त नहीं कर पाते। एक दिन मेरे बेटे ने उन्हें ऐसी चोट पहुंचाई कि उन्होंने दम तोड़ दिया।

मेरी उम्मीदों के विपरीत, मेरे पति को मौत के बाद मेरा बेटा और अधिक निर्दयी हो गया और मुझे मिलने वाली पेंशन की सारी रकम हथियाने की फिराक में रहने लगा। सारे रिश्तेदार और पड़ोसी मेरी मुसीबत से वाकिफ थे, लेकिन किसी ने हस्तक्षेप नहीं किया। यदि मैं उसका कोई काम करने से इनकार करती, तो वह मुझे शारीरिक यातना देता। एक दिन उसने मुझसे किसी शादी में शामिल होने के लिए कहा। मेरी तबीयत ठीक नहीं थी। जब मैंने शादी में न जाने की मजबूरी जताई, तो उसने मुझे जमीन पर इतने जोर से पटका कि मेरा पैर टूट गया।

मेरे कुछ पड़ोसियों ने मुझे अस्पताल पहुंचाया और पुलिस बुलाकर उसके खिलाफ मामला दर्ज कराया। अपने बेटे को जेल भेजने की मैं कल्पना भी नहीं कर सकती थी, इसलिए मैंने झूठ बोल दिया कि मेरा पैर एक्सीडेंट की वजह से टूटा है। मेरे पड़ोसियों को मेरी हरकत पर बहुत गुस्सा आया और उन्होंने तय कर लिया कि वे दोबारा कभी मेरी मदद नहीं करेंगे। उस घटना के बाद मैंने सोचा कि शायद मेरे बेटे के स्वभाव में कुछ परिवर्तन आएगा, लेकिन वह वैसा ही रहा।

हारकर मैंने पंचायत से संपर्क किया। पंचायत ने मुझे मेरे देवर के पास भेजने का फैसला किया, लेकिन मेरे बेटे ने मुझे वहां भी चैन से नहीं रहने दिया। अब उसने मुझ पर देवर के साथ नाजायज संबंधों का आरोप लगाया। मैंने मदद के लिए अपने भाइयों से गुहार की। जब मेरे छोटे भाई ने मुझे

अपने साथ ले जाने की बात की, तो मेरे बेटे ने उससे माफी मांगी और भरोसा दिलाया कि अब वह मेरा खयाल रखेगा। उसने मुझे महीने के शुरु में ही पूरे महीने का राशन देने का वादा किया और मेरे अलग खाना पकाने की बात भी उसने मान ली।

कुछ दिनों तक सब कुछ ठीक रहा, लेकिन उसके बाद मेरे बेटे और बहू ने मुझे मिलने वाले राशन की क्वालिटी को लेकर बवाल खड़ा कर दिया। एक बार वे दोनों कहीं बाहर चले गए और मैं तीन दिनों तक भूखी रही। मेरे पास पकाने के लिए कुछ भी न था। जब मैं भूख बर्दाश्त न कर सकी, तो अपने छोटे भाई के घर चली गई। इस बार उसने भी मेरी मदद करने से मना कर दिया।

भाई के घर से निराश होकर मैं अपने एक रिश्तेदार के यहां गई और वहां कुछ महीने रही। उसके बाद मैंने एक अन्य रिश्तेदार के घर कुछ महीने गुजारे। वहां से मैं अपनी बेटी के घर चली गई। मेरे दामाद ने मेरी अच्छी देखभाल की, लेकिन मैं उसके घर रहकर अपनी बेटी पर बोझ नहीं बनना चाहती थी। मैं जहां भी जाती, मेरा बेटा भी पीछे–पीछे पहुंच जाता और मेरी मदद करने वाले रिश्तेदारों को भी भला–बुरा कहता। इस दौरान मैंने अपनी पेंशन भी नहीं ली थी।

अंततः दिल्ली आकर मैं एक झुग्गी–बस्ती में रहने लगी। मैंने दिहाड़ी पर काम करके 20–30 रुपए रोजाना कमाना शुरु कर दिया। मेरे बेटे ने मुझे वहां भी खोज लिया, क्योंकि मेरे दस्तखत के बगैर वह पेंशन प्राप्त नहीं कर सकता था। उसने मुझे एक कमरे में कैद कर दिया, जहां मैं लगभग दो साल रही। अब तक मैंने जीवन से समझौता कर लिया था।

एक दिन मुझे वहां से निकल भागने का मौका मिल गया। मैं सीधे अपनी बेटी के घर गई। मैंने उससे कहा कि वे मुझे किसी ऐसी जगह भेद दें, जहां मैं किसी रिश्तेदार को कोई तकलीफ दिए बिना रह सकूं। मेरी बेटी मुझे गुड़गांव के पास नया गांव स्थित 'नवज्योति' परिवार परामर्श केंद्र में ले गई।

मेरे साथ जो कुछ भी हुआ, वह वापस नहीं लौट सकता। मेरे पड़ोसी, रिश्तेदार और पूरा गांव मेरी मुसीबतों से परिचित हैं, लेकिन किसी ने भी इस नाइंसापफी के खिलाफ आवाज उठाने की हिम्मत नहीं की। मेरी केवल यही इच्छा है कि 'नवज्योति' ऐसा कदम उठाए जिससे मेरी तरह कोई अन्य महिला दुखी न हो।

गलती किसकी ?

- मां–बाप अक्सर बच्चों की हरकतों की अनदेखी करते रहते हैं, जिससे आगे चलकर बच्चे शैतान बन जाते हैं।
- बच्चों की बेरुखी को अक्सर माता–पिता यह सोचकर दरकिनार कर देते हैं कि समय के साथ सब ठीक हो जाएगा।
- मां स्वाभाविक रूप से अपने बेटे की गलतियों को पुलिस की निगाह से बचाती हैं और उसे सुरक्षा प्रदान करती हैं।

मेरा अतीत मेरा पीछा नहीं छोड़ रहा

63

मैं एक 30 वर्षीय शिक्षित और संपन्न महिला हूं। मेरे परिवार में एक बेहद प्यार करने वाला पति और एक बेटा है। मेरे पास किसी चीज की कमी नहीं है। इस सबके बावजूद मैं खुश नहीं हूं, क्योंकि मेरा अतीत मेरा पीछा नहीं छोड़ रहा है।

मैं दिल्ली के एक सम्मानित परिवार में जन्मी और पली–बढ़ी। बारहवीं कक्षा पास करने के बाद मैंने स्पीच थेरेपी में ग्रेजुएशन किया। उसके बाद पोस्टग्रेजुएशन के लिए मैंने मैसूर में दाखिला लिया, लेकिन वहां के माहौल में अपने आप को पूरी तरह ढाल न पाने के कारण कोर्स बीच में ही छोड़कर मैं वापस आ गई।

अभी मैं कुछ करने की उधेड़बुन में ही थी कि मुझे उस विभाग से इंटरव्यू का बुलावा आया, जहां से मैंने ग्रेजुएशन किया था। उस बुलावे से मैं हैरान थी, क्योंकि न तो मेरा एकेडमिक रेकॉर्ड बहुत अच्छा था और न ही मुझे कोई अनुभव था। बहरहाल, मैंने स्पीच थेरेपिस्ट के रूप में जॉइन कर लिया। मैंने पाया कि मेरे साथियों का व्यवहार काफी बदला हुआ था। वे लोग बहुत अच्छे नहीं थे।

मेरे विभाग में इक्का–दुक्का महिलाओं को छोड़कर ज्यादातर कर्मी पुरुष थे। उनमें से तीन लोगों को मैंने शिक्षित और अच्छे स्वभाव का सोचकर, बिना यह समझे–बूझे कि मैं बहुत बड़ी गलती करने जा रही हूं, दोस्ती कर ली। एक बार हमारे विभाग में एक पार्टी हुई। मैं पार्टी से निकलने को ही थी कि मेरे साथियों में से एक ने मुझसे कुछ देर और ठहरने का आग्रह किया और कहा कि वह मुझे मेरे घर छोड़ देगा। चूंकि मुझे भी पार्टी में मजा आ रहा था, इसलिए मैं ठहर गई। रात लगभग 1 बजे मैंने उससे मुझे घर छोड़ने का अनुरोध किया। उसने कहा कि वह काफी नशे में है और वाहन चलाना ठीक नहीं है, इसलिए मैं उसके कमरे में ही ठहर जाऊं। वह अपने दोस्त के कमरे में सो जाएगा। उसके सुझाव को सही समझते हुए मैं ठहर गई। सिरदर्द के कारण मैं काफी

देर तक सो नहीं सकी। करीब तीन बजे मुझे नींद आई, लेकिन कमरे में खट–खट की आवाज से खलल पड़ने के कारण मैं जाग गई। मैंने देखा कि मेरा मित्र किताबों की अलमारी से कुछ निकाल रहा था। उसका कमरे में आना मुझे अच्छा नहीं लगा। मैंने उससे कहा कि मुझे सिरदर्द है, इसलिए वह कमरे से फौरन चला जाए। उसने कमरे से बाहर जाने की बजाए एक बाम की शीशी लाकर मेरे माथे पर लगाना शुरु कर दिया। उसके व्यवहार में अचानक आए बदलाव से मैं चौंक उठी। मैं वहां से निकलने लगी, तो उसने मुझे एक अश्लील किताब दिखाई और कहा कि मैं भी किताब के मुताबिक आचरण करूं। उसके मुंह पर जोरदार तमाचा लगाकर मैं वहां से निकल आई। उस घटना से मैं बहुत सहम गई, लेकिन मैंने किसी से उसका जिक्र नहीं किया।

अचानक मैंने पाया कि विभाग में सभी का बर्ताव मेरे प्रति बदल रहा था। मैंने उसके साथ दोबारा बात नहीं की, लेकिन अन्य दोनों लड़कों ने भी अजीब प्रतिक्रिया करनी शुरु कर दी। मैंने महसूस करना शुरु किया कि विभाग में लोग ज्यादातर समय मेरे बारे में चर्चा करते। कई बार मैंने अपना नाम लिफ्ट में लिखा पाया। विभाग के लोग मेरी मेज पर अश्लील पत्र छोड़ने लगे। मेरे घर पर भी ऊटपटांग फोन आने लगे। मुझे कुछ समझ नहीं आ रहा था कि क्या करूं, क्योंकि किसी को अपनी दास्तान सुनाने की हिम्मत मैं नहीं जुटा पा रही थी। मैंने सब कुछ सहते हुए नौकरी जारी रखी।

एक दिन किसी अन्य विभाग से एक शख्स मेरे पास आया। उसकी भतीजी को बोलने में कुछ तकलीफ थी। मैंने उसे सलाह दी। उसके बाद वह मेरे पास अक्सर आने लगा और कुछ ही समय में हम दोनों की दोस्ती हो गई। उसके बारे में मैंने अपने घरवालों को भी बताया। चूंकि वह शिक्षित एवं सुस्थापित था, इसलिए मेरे घरवालों ने भी उसे स्वीकार कर लिया। एक दिन वह मुझे अपने कमरे में ले गया। हालांकि मैं डरी हुई थी, फिर भी उसके साथ चली गई। जब मैंने देखा कि उसकी दिलचस्पी सिर्फ बातचीत में ही है तो मुझे काफी राहत मिली। घंटों बातचीत करने के बाद उसने मुझे मेरे घर छोड़ दिया। अब मुझे भरोसा हो चला था कि वह मुझसे सचमुच प्यार करता है। दूसरे दिन मिलने पर उसने मुझे गले से लगा लिया। मैंने उससे कहा कि मुझे शारीरिक निकटता पसंद नहीं इसलिए वह मुझसे थोड़ा दूर रहा करे।

धीरे–धीरे उसके व्यवहार में बदलाव आने लगा। मैंने देखा कि जिस आदमी से मैंने प्यार किया था, वह काफी बदल चुका था। उसने मेरे साथ अपनी शारीरिक जरूरतों की चर्चा शुरु कर दी, जिससे मुझे बड़ी उलझन हुई। वह इस हद तक चला गया कि उसने मुझसे साफ कह दिया कि मैं उसकी काम वासना शांत कर पाने में सक्षम नहीं हूं। इसके बाद उसने मेरे सामने ही हस्तमैथुन शुरु दिया। उसकी वह हरकत मुझे बहुत नागवार गुजरी और मैंने उसे नजरअंदाज करना शुरु कर दिया। मेरी जिंदगी काफी जटिल होती जा रही थी। न तो मेरी कामकाजी जिंदगी

में शांति थी और न ही मेरी व्यक्तिगत जिंदगी में। जब मानसिक तनाव असहनीय हो गया, तो मैंने अपनी मां को सारी दास्तान सुनाई। मैंने उससे कहा कि वह पिता जी और भाई से इस मामले में कुछ करने के लिए कहे। इस मामले में उनका रवैया भी कुछ उत्साहजनक नही दिखाई पड़ा। जो कुछ मेरे साथ हो रहा था, उसकी उन्हें कोई परवाह नहीं थी।

तनाव के उसी माहौल के दौरान मेरे घर अक्सर आने वाले एक पड़ोसी के साथ मेरी घनिष्ठता हो गई। उसने मेरी समस्या जानकर मेरे साथ मिलना–जुलना शुरु कर दिया। हम दोनों घर से ऑफिस और ऑफिस से घर एक साथ आने–जाने लगे। मैंने महसूस किया कि आखिर कोई तो ऐसा है, जिसे मैं अपनी आपबीती सुना सकती थी। उसके साथ रहकर मैं बहुत राहत महसूस करती। उसके माता–पिता का नजरिया भी मेरे प्रति बहुत अच्छा था। हम दोनों इतने नजदीक आ गए कि हमने शादी करने की योजना बना डाली।

उसके घर आने–जाने में मुझे कोई दिक्कत न होती, क्योंकि उसके माता–पिता हमेशा वहां मौजूद रहते थे। एक दिन उसने मुझे यह कहकर अपने घर बुलाया कि वह मुझे सरप्राइज देना चाहता था। मैं उसके घर चली गई। वहां उसने मुझे एक ब्लू फिल्म दिखाई। फिल्म देखने के बाद हमने एक–दूसरे का चुंबन लिया। उसके बाद कई दिनों तक वह मुझसे नहीं मिला। मैं इतनी बेचैन थी कि किसी काम में मेरा मन न लगता। एक सप्ताह बाद जब वह मुझे मिला तो मैं अपने ऊपर काबू न रख सकी और उससे लिपट गई। मैं उसके प्यार में इतनी दीवानी हो गई थी कि कुछ भी करने को तैयार थी। हम एक–दूसरे के नजदीक आते गए और ओरल सेक्स करने लगे। एक स्थिति ऐसी आ गई कि वह मुझे बर्दाश्त से बाहर लगने लगा। मैंने इस बारे में उसके साथ कई बार बात करने की कोशिश की लेकिन वह सुनने को तैयार नहीं था।

मैंने उसके साथ अपने संबंधों के बारे में एक बार फिर चर्चा की। उसने मुझे साफ कह दिया कि दोस्ती करने से पहले मुझे खुद सोचना चाहिए था। मैंने उसे भी नजरअंदाज करना शुरु कर दिया। मेरी जिंदगी बद से बदतर होती गई और ऐसा एक भी दिन नहीं गुजरा जब मैं अपना दुःख बांट सकती। ऑफिस और कॉलोनी में मेरी प्रतिष्ठा नष्ट हो चुकी थी। मैंने नौकरी छोड़ दी।

मेरे पिता जी ने एक दिन अखबार में मेरे लायक कोई उपयुक्त वर देखा और पंद्रह दिनों के भीतर मेरी शादी कर दी। मैंने महसूस किया कि इस माहौल से निकलने के बाद सब कुछ ठीक हो जाएगा। मेरा पति बहुत प्यारा था। हम इतने सुखी और संतुष्ट थे कि पांच वर्ष कितनी जल्दी बीत गए इस बात का हमें पता भी न चला। एक दुःस्वप्न की तरह मैं सब कुछ भूल गई। पिछले एक साल से एक नई समस्या शुरु हो गई है। मुझे फिर से अश्लील पत्र और फोन मिलने लगे हैं। मुझे

अच्छी तरह मालूम है कि यह सब उन्हीं लड़कों में से किसी एक की हरकत है, लेकिन मैं निश्चित तौर पर किसी के बारे में शक नहीं कर सकती। मैं नहीं चाहती कि यह सब जानकर पति डिस्टर्ब हों, इसलिए मैंने उसे अभी तक कुछ भी नहीं बताया है। इसी उधेड़बुन के दौरान एक दिन मैंने नवज्योति के कराला स्थित परिवार परामर्श केन्द्र जाकर सहायता की गुहार की। नवज्योति वालों ने मुझे विपश्चना के लाभ के बारे में बताया और फौरन दस दिन का कोर्स करने के लिए कहा। विपश्चना ध्यान के बारे में मैंने पहले भी काफी सुना था, इसलिए मुझे आशा है कि अब सब कुछ ठीक हो जाएगा।

गलती किसकी ?

- जिंदगी सीखने और आगे बढ़ने का नाम है।
- हम सबक सीखने के बजाय अतीत में जीते हैं और नुकसान को बढ़ने देते हैं।
- अपने दुखद अतीत को वर्तमान में परिवर्तित करना भी उसी तरह की भूल करना है।

पुलिस की बदनीयती ने किया बदनाम 64

मैं दिल्ली के एक संभ्रांत परिवार में पली–बढ़ी एक 35 वर्षीय महिला हूं। 12वीं कक्षा तक पढ़ाई करने के बाद मैंने आई.टी.आई. से इलैक्ट्रॉनिक आइटमों की रिपेयरिंग का डिप्लोमा कोर्स किया है। कोर्स पूरा होने के फौरन बाद एक शिक्षित परिवार में मेरी शादी हो गई। मेरा पति इंजीनियर था और एक प्राइवेट कंपनी में काम करता था।

शादी के एक साल बाद मैं एक लड़की की मां बनी। मेरे पास जरूरत की हर चीज थी। इसके साथ–साथ मेरे मन में कुछ चुनौतीपूर्ण काम करने की इच्छा हमेशा बनी रहती थी। खुशकिस्मती से मेरे पति ने मेरे इरादे में मेरा साथ दिया और मैंने अपने देवर के साथ फैक्ट्री लगाकर स्पेयर पार्ट्स की रिपेयरिंग का काम शुरु कर दिया। हमारे पास पुरानी दिल्ली इलाके में एक मकान था, जिसे हमने तीन छात्राओं को किराए पर दे दिया।

पिछले साल दिसम्बर 2003 तक सब कुछ ठीक–ठाक चला। एक दिन फैक्ट्री में काम करते समय मेरे पास दो कान्सटेबल आए और कहा कि चूंकि मेरी फैक्ट्री में प्रदूषण हो रहा है, इसलिए हम इसे बंद कर दें। जब हमने उनसे कागज मांगे, तो वे जोर से चीखे और चले गए। मैंने सोचा कि मामला खत्म हो गया और अब मुझे फिक्र करने की कोई जरूरत नहीं।

कुछ दिनों बाद वे मेरे घर फिर आए। मेरे पति काम पर जा चुके थे। सिपाहियों ने वर्दी नहीं पहन रखी थी। उन्होंने मुझे उनके साथ थाने जाने के लिए कहा। वे मारुति कार में आए थे। इस बार उन्होंने मुझ पर चकला चलाने का आरोप लगाया, क्योंकि मैंने तीन लड़कियों को अपना मकान किराए पर दिया था। पहले तो मैं उनके साथ जाने को राजी नहीं हुई, लेकिन जब वे दोनों चीखने–चिल्लाने लगे तो पड़ोसियों में बदनामी होने के डर से मैं उनके साथ चली गई।

मैंने अपने पति को फोन कर सीधे थाने पहुंचने के लिए कहा। हैरानी की बात यह थी कि वे मुझे थाने के बजाए अपने एक फ्लैट में ले गए, जहां मेरी किराएदार लड़कियों को उन्होंने पहले से ही बैठा रखा था। उन्होंने मुझे छोड़ने के लिए सीधे 25 हजार रुपए रिश्वत मांगी।

मेरे मना करने पर उन्होंने मुझे गालियां दीं और मेरे सामने ही अपनी यूनीफार्म पहनी। मैं हैरान थी, क्योंकि मैंने ऐसी यातना पहले कभी नहीं सही थी। मेरे पास चीखने के अलावा कोई चारा नहीं था। एक घंटे की कहासुनी के बाद भी जब मैं रिश्वत देने के लिए तैयार नहीं हुई, तो उन्होंने वापस जाने के लिए कहा। घर आकर मैंने सारी दास्तान अपने पति को सुनाई। अभी हम उनके खिलाफ कार्रवाई की योजना बना ही रहे थे कि एक पुलिस वैन आई और मुझे गिरफ्तार कर लिया गया वे तीनों लड़कियां उनके साथ पहले से ही थीं। मेरा पति उस वक्त कुछ भी न कर सका।

हमें थाने ले जाकर बिना कोई पूछताछ किए लॉक–अप में बंद कर दिया गया। कुछ घंटों के बाद एक महिला कांस्टेबल ने हमारे पास आकर कहा कि अगर हम उन दोनों की बात मान लेते, तो हम इस परेशानी से बच जाते। उसने हमसे कहा कि अभी भी वक्त है, लेकिन मैं अड़ी रही और मैं अदालत में उनसे निपटने के लिए तैयार थी। थोड़ी देर बाद मेरे पति एक वकील के साथ आए। मुझे बताया गया कि रिपोर्ट में मेरे ऊपर चकला चलाने का आरोप लगाया गया है और यह भी कि हमारे साथ तीन पुरुषों को भी गिरफ्तार किया गया है, किंतु हमें इस बात की जानकारी नहीं थी कि वे लोग किन तीन लोगों को गिरफ्तार करने की बात कर रहे थे।

तीनों किराएदारों को मेडिकल जांच के लिए भेज दिया गया, लेकिन रिपोर्ट में कुछ भी दर्ज नहीं किया गया। मैंने जमानत की अर्जी दी जिसे ठुकरा दिया गया।

पुलिस द्वारा बदनीयती से बनाए गए झूठे मुकदमे की सुनवाई जब शुरु हुई, तो मैंने देखा कि जो लोग मुझे पकड़ कर ले गए थे, उनमें से एक भी अदालत में मौजदू नहीं था। हर बार पुलिस वाले किसी नए आदमी को गवाह के रूप में खड़े कर देते, जिन्हें मैंने पहले कभी नहीं देखा। मैं चिल्लाती रही लेकिन पुलिस और अदालत के बहरे कानों से टकराकर मेरी मिन्नतें वापस लौटती रहीं।

मेरा वकील भी कुछ नहीं कर पाया। 8 महीने के दौरान हमने तीन वकील बदले। मेरी हिम्मत जवाब दे चुकी थी। मेरे पास इतना भी साहस नहीं था कि मैं अपने पति और सास–ससुर का सामना कर पाती। अगर पुलिस वाले मेरी फैक्ट्री के संबंध में कोई आरोप लगाते, तो मुझे कोई तकलीफ न होती, लेकिन मेरे चरित्र पर हमला करके उन्होंने मुझे तोड़ दिया था।

इसी दौरान मुझे भोंडसी जेल भेज दिया गया। एक साल के अंदर मुकदमे पर अब तक मैं लगभग एक लाख रुपए खर्च चुकी हूं। पैसे की बर्बादी का मुझे कोई अफसोस नहीं, लेकिन तकलीफ है, तो इस बात की कि जो प्रतिष्ठा मैंने वर्षों की मेहनत के बाद अर्जित की थी, वह मिनटों में तबाह हो गई, जिसे दोबारा हासिल करना कठिन है। मुझे अपनी 10 वर्षीया बेटी की भी चिंता है, जिसका भविष्य अनिश्चित हो गया है।

मैं जेल में अपने चबूतरे पर ही पड़ी रहती हूं। जेल के मैदान में भी जाने का मेरा मन नहीं करता। जेल से बाहर की दुनिया का समाना करने की मेरी हिम्मत टूट चुकी है। मैं जेल में किसी से बात नहीं करती, पूरी तरह मौन रहती हूं। एक दिन नवज्योति की एक सलाहकार मेरे पास आई और मेरे मामले की खोजबीन की। उसने मझे डिप्रेशन से बाहर निकलने और टाइम पास करने के लिए कढ़ाई का कोर्स करने के लिए प्रोत्साहित किया।

उसके साथ ही मैंने नवज्योति द्वारा जेल में आयोजित आर्ट ऑफ लिविंग प्रोग्राम में भी भाग लिया, जिससे मुझे साहस बटोरने और दोबारा लड़ने की शक्ति पाने में सहायता मिली। मैंने जमानत की अर्जी एक बार फिर दी और मुझे जमानत मिल गई। अब मुकदमा लड़ने के लिए मैं आजाद हूं।

गलती किसकी ?

- शातिर लोग कानून को ढाल बनाकर मासूम लोगों को तबाह करते हैं।
- इसकी कोई जवाबदेही नहीं है और मासूम इससे लड़ पाने में बहुत कमजोर होते हैं।
- आम आदमी के लिए यह न्याय–प्रणाली भी कई बार संवेदनहीन हो जाती है।

इच्छा शक्ति की बदौलत निकला नशे की गर्त से बाहर

65

मैं बिहार के एक संभ्रांत परिवार में पला–बढ़ा 32 वर्षीय व्यक्ति हूं। मेरे पिता फॉरेस्ट आफिसर थे। अपने चार भाई–बहनों में मैं सबसे बड़ा हूं। मैं पढ़ने–लिखने में कुछ तेज था और हमेशा अव्वल आता था। पांचवीं कक्षा में मेरी मुलाकात कुछ अमीरजादों से हुई। वे खिलौनों, मिठाइयों और चॉकलेट पर दिल खोलकर खर्च करते थे। मैं हालांकि उनके साथ ही रहता था, लेकिन उनकी सोहबत का मेरी पढ़ाई पर कोई फर्क नहीं पड़ा और मैं आठवीं कक्षा तक प्रथम श्रेणी में पास होता रहा। चूंकि मेरी पढ़ाई ठीक–ठाक चल रही थी, इसलिए मेरे माता–पिता ने भी मेरी दिनचर्या पर ऐतराज नहीं किया।

आठवीं कक्षा में मेरे दोस्तों ने एक बार मुझे सिगरेट का स्वाद लेने के लिए कहा। मैंने सिगरेट पी ली और उसके बाद कभी पीछे मुड़कर नहीं देखा। स्कूल में मेरी परफॉर्मेंस इतनी खराब हो गई कि दसवीं कक्षा मैं मुश्किल से पास कर पाया। परेशान होकर मेरे पिता जी ने मेरे चाचा के घर भेज दिया।

चाचा के यहां रहते हुए पड़ोस की एक लड़की से मेरी मुलाकात हुई। मैंने उसे अपनी ओर आकर्षित पाया। वह मेरा बहुत ध्यान रखती थी। जब मैं 12वीं में आया, तो मेरे दोस्तों ने मुझे गांजा पीने के लिए कहा। थोड़ी ना–नुकुर के बाद मैंने उसे पी लिया और बाद में यह मेरी रोजमर्रा की आदत बन गई।

12वीं पास करने के बाद मैं और भी आजाद हो गया। मैंने पढ़ाई छोड़ दी और मैं सारा दिन मोटर साईकिल पर अपने दोस्तों के साथ आवारागर्दी करने लगा। इसी दौरान मैंने खुद को उस लड़की के इतना करीब पाया कि उसके बिना जिंदगी अधूरी लगने लगी।

मेरी नशाखोरी की समस्या धीरे–धीरे बढ़ती गई। एक दिन उस लड़की के माता–पिता को हमारे रिश्तों का पता चल गया। उन्होंने उसकी शादी कहीं और कर दी, जिससे मैं पूरी तरह टूट गया। मैंने जिंदगी में किसी भी चीज की परवाह करना बंद कर दिया और हमेशा नशे में रहने लगा। शराब से लेकर इंजेक्शन तक ऐसा कोई भी नशा नहीं है, जिसे मैंने न आजमाया हो। इसी दौरान मेरी चोरी करने की आदत भी पड़ गई। नशे के लिए पैसा चाहिए था, इसलिए मौका मिलते ही मैं चोरी कर लेता था। मेरी हालत बद से बदतर होती गई। मुझे सुधारने की आखिरी उम्मीद मेरे माता–पिता ने मेरा विवाह कर दिया। हालांकि शादी में मेरी कोई दिलचस्पी नहीं थी, लेकिन मैंने ऐतराज नहीं किया। अपनी

पत्नी के साथ कुछ महीने गुजारने के बाद मैंने हमेशा के लिए घर छोड़ दिया। मुझे पता ही नहीं चला कि इधर–उधर भटकते हुए कब चार साल बीत गए।

एक दिन मुझे अपने पिता की मृत्यु की जानकारी मिली। मुझे कुछ होश ही नहीं था कि ये सब क्या हो गया। मुझे पहली बार महसूस हुआ कि मैं नशे का इतना आदी हो गया हूं कि उसके बगैर एक पल भी नहीं रह सकता। पंडित मुझे क्रिया की रस्म पूरी करने के लिए बुलाते और मेरी हालत यह थी कि बिना नशे के मैं एक सेकंड भी बैठ न पाता। मैं बाथरूम में जाकर स्मैक पीता और लौटकर पूजा पर बैठता।

मैंने नशा छोड़ने का मन बनाया। इस बारे में मैंने कुछ लोगों से बात की। उन्होंने मुझे खून बदलवाने का सुझाव दिया, लेकिन यह बहुत खर्चीला मामला था। मैंने दिल्ली में रहने वाले अपने छोटे भाई से मदद मांगी। उसने शुरुआती तौर पर कोई दिलचस्पी नहीं दिखाई। क्योंकि उसे लगता था कि मैं इलाज के प्रति गंभीर नहीं हूं।

जब उसने देखा कि मैं सचमुच नशा छोड़ना चाहता हूं तो उसने एक अस्पताल में संपर्क किया। अस्पताल में उसे 'नवज्योति नशामुक्ति केंद्र' की जानकारी मिली। वह मुझे सराय रोहिल्ला स्थित नवज्योति ओ.पी.डी. में ले गया। इस दौरान मेरे दिमाग में एक बात आई। मुझे लगा कि पुलिस से बचने का यह अच्छा मौका है। मैं वहां दाखिल हो गया। शुरु के 15 दिन मेरी जिंदगी के सबसे मुश्किल भरे दिन थे। मुझे बेहद दर्द होता। मुझे लगता था कि बिना नशे के मैं जिंदा नहीं रह पाऊंगा। मैंने नशामुक्ति केंद्र से बचने और भागने की योजना बनानी शुरु कर दी, लेकिन मुझे कभी मौका नहीं मिला।

जब मैंने वहां नशे के आदी अन्य लोगों को बिना नशे के जीवन व्यतीत करते देखा, तो इलाज में मेरी भी दिलचस्पी बढ़ गई। जो लोग कभी नशेड़ी हुआ करते थे, वे अब पेनकिलर लेने में भी झिझकने लगे थे। मेरे मन में आशा जागी और मैंने अपने व्यवहार में बदलाव लाना शुरु किया। अब तक नौ महीने बीत चुके हैं और मैंने एक भी दिन नशा नहीं किया। 'आफ्टर केयर प्लान' के अंतर्गत मार्गदर्शन और परामर्श के लिए मैं अब भी नवज्योति के संपर्क में हूं। अब मैं किसी भी कीमत पर अपने इलाज और अच्छे स्वास्थ्य के प्रति वचनबद्ध हूं। अब मुझे नशे के नाम से भी डर लगता है।

गलती किसकी ?

- अगर समय रहते सही, संवेदनशील और सशक्त हस्तक्षेप किया जाता, तो यह जीवन काफी पहले बचाया जा सकता था।
- स्कूल से भागने वाले विद्यार्थियों को रोकने में हमारे विद्यालय न तो कोई दिलचस्पी दिखाते हैं और न ही उनके पास साधन हैं।
- शिक्षकों और अभिभावकों में किशोरों के व्यवहारों के मामले में अभी भी काफी हद तक अज्ञानता है।

बेटे के हत्यारे बाप को मां ने मार डाला

66

मेरा नाम रीता है। मेरी उम्र 27 साल है। अपनी सात बहनों और दो भाइयों के परिवार में मैं सबसे छोटी हूं। पढ़ाई में मेरी कोई दिलचस्पी नहीं थी। इसी वजह से मेरे माता–पिता ने भी मुझ पर दबाव नहीं डाला और मैं अनपढ़ ही रह गई। 17 साल की उम्र में मेरी शादी हो गई। मेरा पति वीर बहादुर अच्छे स्वभाव वाला था। हम अपनी सास और दो देवरों के साथ रहते थे। एक साल बाद मेरा एक लड़का पैदा हुआ, जिसका नाम हमने अरुण रखा।

शादी के चार साल बाद तक मैं अपने मायके में रही। मेरा पति कभी–कभी मुझसे मिलने आ जाता था। अरुण के बाद मेरे एक और लड़का हुआ, जिसका नाम हमने नीरज रखा। अच्छी जिंदगी बसर करने के इरादे से मेरे पिता ने मेरे पति को मुंबई जाने का सुझाव दिया। मेरा देवर भी उसके साथ मुंबई चला गया। उसने मुंबई में तीन साल तक काम किया और इस दौरान केवल एक बार मुझसे मिलने आया। अचानक एक दिन मुझे खबर मिली कि मेरे पति की मृत्यु हो गई है और उनका दाह–संस्कार कर दिया गया है।

उनके भाई ने लौटकर हमें पूरी घटना की जानकारी दी। मुझे यह भी पता चला कि जिस कंपनी में मेरे पति काम करते थे, उसके मालिक ने मेरे देवर को मुआवजे के रूप में दो लाख रुपए दिए थे। देवर सारी रकम हड़प गया और कुछ ही दिनों बाद उसने गांव में एक बड़ा सा मकान बनवाया और एक भैंस खरीदी। मेरी सास ने मेरे बच्चों के हिस्से सहित परिवार की सारी जायदाद ले ली और मेरे पास कुछ भी नहीं बचा। अपने बच्चों को पालने के लिए मुझे अपनी बहन के घर शरण लेनी पड़ी। बहन के घर मैं तीन साल तक रही। उसने मुझे दोबारा शादी करने का सुझाव दिया और एक आदमी की चर्चा भी की। वह आदमी बूढ़ा था और उसकी पहली बीवी भी जीवित थी, इसलिए मैंने उसका प्रस्ताव ठुकरा दिया। उधर मेरे देवर के रिश्ते का

भाई मनोहर अक्सर मेरी बहन के घर आता–जाता था। हम दोनों एक–दूसरे को पसंद करने लगे थे और कुछ दिनों बाद ही हमने शादी कर ली। कुछ दिनों तक अपनी बहन के यहां रहने के बाद मैं अपनी मां के घर चली गई। मायके में हम लगभग दो महीने रहे। मेरी मां मेरी दूसरी शादी से खुश नहीं थी, इसलिए मेरे पति ने दिल्ली जाने का फैसला किया और हम दोनों भागकर दिल्ली आ गए। मैं अपने छोटे बेटे नीरज को साथ ले आई और बड़े बेटे अरुण को अपनी मां के पास छोड़ दिया। पहले हम गोविंदपुरी की झुग्गियों में रहे। कुछ दिनों बाद मैं गर्भवती हो गई। मनोहर दिल्ली आने के बाद रोजाना शराब पीने लगा। नशाखोरी की आदत के कारण वह मेरे साथ मेरे बेटे नीरज को भी मारने–पीटने लगा। कुछ समय बाद हम गोविंदपुरी से किसी अन्य झुग्गी–बस्ती में चले गए। एक बार होली के दिन वह खूब दारू पीकर आया। उसने मेरे साथ झगड़ा किया और घर छोड़कर चला गया। शाम को वह फिर आया और पूछा कि क्या नीरज ने खाना खा लिया है। मैंने उसे बताया कि वह खाना खाकर सो रहा है। वह तुरंत सोते हुए नीरज के पास पहुंचा और बेवजह उसे पीटने लगा। थोड़ी देर बाद उसने हंसते हुए कहा कि उसने नीरज को मार डाला है। अचानक मैं अपना आपा खो बैठी और चिल्लाते हुए बोली, 'अगर नीरज जिन्दा नहीं है तो तुझे भी जीने का कोई अधिकार नहीं है।' मैंने सब्जी काटने वाले चाकू से मनोहर की पीठ पर कई वार किए। खून का फव्वारा निकल पड़ा; जिसे देखकर मैं बेहोश हो गई। होश आने पर मैंने अपने पड़ोसियों से पुलिस को बुलाने के लिए कहा। पुलिस ने नीरज को अस्पताल पहुंचाया। उधर चाकू लगने से मनोहर की मौत हो चुकी थी। हत्या के जुर्म में मुझे जेल भेज दिया गया।

कुछ दिनों बाद नीरज ठीक हो गया और मेरे पास जेल में आ गया, जहां मैं अन्य महिला कैदियों के साथ रह रही थी। जेल से बाहर कोई सहारा न होने के कारण नीरज को मेरे साथ जेल में रहना पड़ा। उसने वयस्कों की तरह अपराध और हिंसा की बातें करनी शुरु कर दीं। मुझे उसकी फिक्र होने लगी। इस बीच मेरे मुकदमे की प्रक्रिया शुरु हो गई। मेरा साथ देने वाला कोई भी नहीं था, जो यह सिद्ध कर पाता कि कत्ल करने का मेरा कोई इरादा नहीं था।

मेरी निजी जिंदगी में सब कुछ बुरा हो रहा था। उसी दौरान इंडिया विजन के रूप में मुझे एक सहायक शक्ति नजर आई। यह एक ऐसा संगठन था, जो तिहाड़ जेल के अंदर मेरी जैसी औरतों के बच्चों की देखभाल के लिए 'क्रेच' चला रहा था। उसने मेरे बेटे को बड़ा होकर अपराध की संभावित दुनिया में जाने से बचा लिया। इंडिया विजन ने मेरे बेटे को अपनी क्राइम होल्ड चाइल्ड प्रोजेक्ट के अंतर्गत अपना लिया और जैसे ही वह चार साल का हुआ, उसे जेल से बाहर एक अच्छे आवासीय स्कूल में दाखिल करा दिया। नीरज की पढ़ाई अच्छी चल रही

है। वह नियमित तौर पर मुझसे मिलने आता है। फाउंडेशन नीरज की तरह मेरी बेटी की भी सहायता करेगा। (मेरी बेटी जेल में ही पैदा हुई क्योंकि तीन साल पहले जब मैं जेल गई थी, तो गर्भवती थी)। आजकल वह इंडिया विजन द्वारा जेल के अंदर चलाए जाने वाले स्कूल में गिनती गिनना और कविताएं गाना सीख रही है। अब मैं अपने बच्चों के लिए जी रही हूं क्योंकि वह मेरी जिंदगी हैं।

गलती किसकी ?

- आज के बदलते माहौल में अशिक्षित होना एक अभिशाप है।
- खूंखार लोगों पर आश्रित होना एक अन्य अभिशाप है।
- विषम परिस्थितियों में एक गरीब औरत होना भी अभिशाप है।

बेटी के शरीर के बदले पिता ने पाई नौकरी

67

यह दर्दनाक दास्तान एक ऐसी लड़की की है जिसने जवानी की दहलीज पर अभी कदम ही रखा है। इस बदनसीब की जिंदगी में शायद खुशी नाम का शब्द ही नहीं है। यही वजह है कि यह अपना नाम, पता कुछ भी बताना नहीं चाहती। वह अपने माता–पिता की अकेली संतान है और ईश्वर को धन्यवाद देती है कि उनके और कोई औलाद नहीं है, वरना उसका भी इसी जैसा हश्र होता। सहारे की तलाश में भटकती यह लड़की 'नवज्योति' के सलाहकारों को अचानक मिली थी। सलाहकारों के व्यवहार और सहायता से आश्वस्त होकर उसने अपनी कहानी इस प्रकार बयान की:

मैं स्कूल गई, किन्तु पढ़ाई के लिए नहीं, बल्कि पढ़ाई की रस्म निभाने के लिए। मैं सातवीं या आठवीं कक्षा में ही पहुंची थी कि गर्भवती हो गई। गर्भपात क्या होता है, मुझे इसकी भी जानकारी नहीं थी। दरअसल, मेरी उम्र से चार गुनी उम्र वाला आदमी मेरा यौन शोषण कर रहा था। वह मेरे पिता का बॉस था। उसके पास मुझे कोई और नहीं, स्वयं मेरा पिता ही लेकर गया था।

जब मैं 12 साल की थी तो एक दिन मेरे पिता ने मुझे अपने साथ चलने को कहा। वह मुझे अपने ऑफिस ले गए और मुझे कहा कि मैं 'अंकल' के पास जाऊं। जैसे ही मैं अंकल के पास पहुंची, उन्होंने मुझे अंदर खींचकर ताला बंद कर लिया। उसने मुझे कहा कि अगर मैं चीखी तो वह मुझे मार देगा। उसने पूरी रात मेरे साथ बलात्कार किया। शायद मुझे नशे का इंजेक्शन देकर बेहोश कर दिया गया था, क्योंकि जब मैं उठी, तो मुझे यह भी पता नहीं चल पाया कि मैं किस जगह थी। मेरे पिता मुझे घर वापस लाए। मुझसे कहा कि मैं उनकी बात मानती रहूं, वरना पिटाई सहने के लिए तैयार रहूं। अगर मैं कभी जाने के लिए इंकार करती तो मुझे जबरन ले जाया जाता। घर में मुझे बचाने वाला कोई नहीं था। मेरी मां भी पिता के पक्ष में थी। बाद में मुझे पता चला कि मेरे पिताजी की नौकरी का असली जरिया ही मैं थी। वेतन के रूप में जो रकम वह पा रहा था, वह उसके बॉस के हाथों मेरे यौन शोषण और गुलामी की कीमत थी।

हालात तब और भी खराब हो गए, जब बॉस के साथ–साथ मेरा पिता भी मेरे यौन शोषण में शामिल हो गया। मेरी मां को भी इस बात की पूरी जानकारी थी। अब तक मैं इस हकीकत से वाकिफ हो चुकी थी कि मेरा पिता, मां और कुछ रिश्तेदार भी देह व्यापार के धंधे में लिप्त थे। मैं किसी को जानती नहीं थी, इसलिए शिकायत भी किससे करती? कुछ समय बाद मेरी सगाई हो गई। उसके बावजूद मुझे अकेला नहीं छोड़ा जाता था। यहां तक कि शादी से दो हफ्ते पहले भी मेरे पिता और उसके बॉस ने मेरे साथ मुंह काला किया। अंततः मेरी शादी हो गई। ससुराल में पहली बार मैंने खुद को अपने माता–पिता के चंगुल से मुक्त पाया। मेरे साथ जो कुछ हुआ था, उसे अपने पति को बताने में मैं खुद को रोक नहीं पाई। मैंने सोचा कि पति को अपनी आपबीती सुनाकर मेरे मन पर पड़ा वर्षों का बोझ हल्का हो जाएगा। उसने मेरी दास्तान सुनते ही मुझे ठुकरा दिया और घर से निकल जाने को कहा। मैं बहुत डरी हुई थी, इसलिए वापस नहीं जाना चाहती थी। मैंने उससे अनुरोध किया कि वह मुझे उन भेड़ियों के सामने न फेंके और थोड़ा समय दे, लेकिन उसने मुझे घर से निकाल दिया।

मैं भटक रही थी। मुझे तलाश थी, किसी ऐसे व्यक्ति की जो मुझे सहारा दे। मुझे नहीं मालूम कि 'नवज्योति' के सलाहकारों को मेरी भनक कैसे मिल गई? मेरी दास्तान सुनने के बाद उन्होंने मेरे लिए सुरक्षित स्थान की व्यवस्था की। अब मैं बलात्कारी भेड़ियों से तो दूर हूं, लेकिन यह नहीं जानती कि मैं कब तक सुरक्षित रहूंगी। कभी–कभी लगता है कि मैं पैदा ही न हुई होती, तो अच्छा होता। 'नवज्योति' ने मुझे ऐसे समय में अपनाया है, जब सबने मुझे ठुकरा दिया था। मैं चाहती हूं कि समाज में फैले ऐसे बुरे स्त्री–पुरुषों को कठोरतम सजा मिले, लेकिन मेरे पास शिकायत के परिणामों को भुगतने की शक्ति नहीं है।

गलती किसकी ?

- शारीरिक रचना महिलाओं की सबसे बड़ी कमजोरी है, जो अक्सर उनके शोषण का कारण बनती है।
- यदि बेटी का घर ही चकला बन जाए, तो उसके लिए कहीं भी कोई सुरक्षित स्थान नहीं है।

महंगी पड़ी दूसरी शादी

68

मैं एक 40 वर्षीय महिला हूं। मेरा जन्म हिमाचल प्रदेश के एक मध्यवर्गीय परिवार में हुआ। मैं बच्ची ही थी, जब मेरे परिवार वाले दिल्ली आ गए थे। मेरे पिताजी एक छोटी फैक्ट्री में काम करते थे। मैं और मेरा भाई दिल्ली के एक सरकारी स्कूल में पढ़ते थे। इसी दौरान मेरी मां की मृत्यु हो गई और परिवार की सारी जिम्मेदारियों मेरे कंधों पर आ पड़ीं। परिवार की देखभाल और पढ़ाई दोनों साथ–साथ चलते रहे। किसी तरह मैंने 12वीं की परीक्षा पास कर ली। मेरा भाई पढ़ाई जारी नहीं रख सका। उसने एक दुकान में नौकरी कर ली। मेरे पिताजी की तबियत अक्सर खराब रहा करती थी। वह मेरे हाथ पीले करके अपनी जिम्मेदारी पूरी कर लेना चाहते थे। इसी गरज से उन्होंने मेरे लिए किसी अच्छे लड़के की तलाश शुरु कर दी। उनके एक सहकर्मी ने उन्हें किसी लड़के का पता बताया। वह फैक्ट्री में नौकरी करता था। वह बिना दान–दहेज के शादी के लिए तैयार हो गया। मेरे पिताजी ने उसके साथ मेरी शादी कर दी।

शादीशुदा जिंदगी के सुनहरे सपने मुझे कभी नहीं दिखे। हमारी हालत दो ऐसे अजनबियों जैसी थी जो एक साथ रहते थे। हमारे बीच आत्मीयता या प्यार नाम की कोई चीज नहीं थी। इसके बावजूद शादी के पहले तीन सालों में मैंने तीन बच्चों को जन्म दिया। मेरा पति हमेशा अपने काम में ही मशगूल रहता। मेरे साथ दुख–दुख की बातें करने या बच्चों के साथ हंसने–खेलने की उसे कभी फुरसत न होती। वह मुझे घरेलू खर्च के लिए पैसे देकर अपने कर्त्तव्य की इतिश्री मान लेता। नतीजतन मेरे बच्चे अपने पापा की बजाए मेरे ज्यादा नजदीक थे। बच्चे स्कूल जाने लगे तो खर्च बढ़ गया। इसकी पूर्ति के लिए मेरे पति ने एक किराएदार रख लिया। वह बड़ा भला आदमी था। कभी–कभी वह मेरे बच्चों के साथ भी हंस–खेल लेता। मेरा पति उसके इस व्यवहार को शक की निगाह से देखने लगा। अपनी सफाई में मैंने उसे अनेक प्रकार से समझाने की कोशिश की लेकिन उसे किसी भी तरह यकीन नहीं हुआ। हालात बद से बदतर होने लगी। पति मुझे बिना

वजह गालियां देता रहता। वह अक्सर शराब पीकर देर से आने लगा। कई बार उसकी जबानी कहासुनी मारपीट में तब्दील हो जाती।

हालांकि किराएदार जा चुका था, फिर भी मेरे पति को मेरे साथ हुज्जत करने का कोई न कोई बहाना मिल ही जाता। पहले तो मैंने सोचा कि समय बीतने के साथ सब कुछ ठीक हो जाएगा, लेकिन जब हालात सुधरने के बजाए और अधिक बिगड़ने लगे तो मैंने अपने पिताजी से इस बारे में बात की। उन्होंने फौरन थाने में मेरे पति के खिलाफ शिकायत दर्ज करा दी। हमारा इरादा उससे तलाक लेने का तो कतई नहीं था, क्योंकि आर्थिक रूप से मैं उसी पर निर्भर थी। हां, हम उसे सही रास्ते पर जरूर लाना चाहते थे, लेकिन उस घटना ने मेरी जिंदगी पूरी तरह बदल दी।

एक दिन सुबह उठने के बाद मैंने अपने पति को घर से गायब पाया। मैंने सारा दिन उसे खोजा। हर जानने–पहचानने वालों ने मुझे एक–दो दिन इंतजार करने के लिए कहा। मैं उसकी राह देखती रही, लेकिन वह नहीं आया। मैं बिल्कुल अकेली रह गई। मेरे पास उसका इंतजार करने के अलावा और कोई चारा भी नहीं था। मेरे पिताजी ने कुछ अर्से तक मेरी मदद की, लेकिन वह भी चल बसे। दो जून की रोटी के लिए मैंने छोटे बच्चों को ट्यूशन पढ़ाना शुरु कर दिया, लेकिन उससे भी तीन बच्चों का पालन–पोषण न हो पाता। एक दिन मुझे पता चला कि मेरे पति ने अपने गांव जाकर दूसरी शादी कर ली है। मैं पूरी तरह टूट गई। अपने तीन बच्चों की गुजर–बसर का कोई उपाय मुझे सूझ नहीं रहा था। मेरे एक पड़ोसी ने मुझे बच्चों की खातिर दूसरी शादी कर लेने की सलाह दी। मैं सोचती थी, भला तीन बच्चों की मां से कौन शादी करेगा? तभी पड़ोस के कारखाने में काम करने वाले एक मुस्लिम व्यक्ति ने मेरे साथ शादी करने की इच्छा जताई। मुझे उसका ऑफर बहुत अटपटा लगा, लेकिन पड़ोसियों के दबाव में मुस्लिम रीति–रिवाज से मेरा निकाह हो गया। मैं नए शौहर की कमाई और अपने ट्यूशन के जरिए अपने बच्चों के अच्छे लालन–पालन के सपने देखने लगी, लेकिन वे भी जल्द ही चकनाचूर हो गए।

शादी के बाद वह काम के प्रति बहुत लापरवाह हो गया। उसने शराब पीकर मेरे साथ गाली–गलौज करना शुरु कर दिया। एक दिन ऐसी नौबत आ गई कि हमारे घर में चूल्हा भी न जल सका। मजबूरन हम अपना मकान बेचकर यमुना पुश्ता की एक झुग्गी में किराए पर रहने लगे। वहां मैंने नवज्योति स्कूल में टीचर के रूप में काम शुरु कर दिया। हमारी नियमित आमदनी के साथ हालात सुधरने लगे, लेकिन जल्द ही दुर्भाग्य एक बार फिर मेरे सामने आ खड़ा हुआ। यमुना पुश्ते पर बनी झुग्गियां तोड़ दी गईं। चूंकि हमारे पास कोई राशन कार्ड नहीं था, इसलिए हमें बवाना में कोई प्लॉट नहीं दिया गया। इसी दौरान मेरी बड़ी बेटी ने बारहवीं की पढ़ाई पूरी कर ली और उसे नौकरी भी मिल गई। अच्छा लड़का देखकर मैंने उसकी शादी कर दी। विस्थापन के कारण मेरे शौहर की नौकरी छूट गई। वह शराबखोरी और मारपीट के अपने ढर्रे पर फिर वापस आ गया। मेरे दामाद को उसका रवैया

बहुत नागवार लगा। वह मुझे अपने साथ ले गए। कुछ दिनों के लिए हम उनके मकान में शिफ्ट हो गए। मैंने उन्हें अपने बच्चों 'असली बाप' के जिन्दा होने के बारे में कभी भी नहीं बताया था। अचानक एक दिन उसके बारे में मेरे मुंह से कोई बात निकल गई। दामाद ने मुझे बिना कुछ बताए मेरे पहले पति की तलाश शुरु कर दी। पति की दूसरी शादी सफल नहीं रही थी, इसलिए वह दिल्ली आ गया, लेकिन तब तक हम वह मकान छोड़ चुके थे।

एक दिन उसे अपने सामने खड़ा पाकर मैं अवाक् रह गई। अपने बच्चों को देखकर वह बहुत खुश हुआ। बच्चे भी अपने पिता को पाकर खुशी से उछल पड़े। दो पतियों के साथ एक जगह पर रहना संभव नहीं था। मैं कुछ नहीं समझ पा रही थी कि क्या करूं? उस आदमी के साथ रहूं जो बच्चों को असहाय छोड़कर दूसरी शादी रचाने चला गया, या उस आदमी के साथ रहूं जिसने मुझे सहारा देने के अलावा और कोई सपोर्ट नहीं दी। इस जटिल स्थिति से निकलने के लिए मैंने कराला माजरी स्थित नवज्योति काउंसलिंग सेंटर से फिर संपर्क किया। काउंसिलर ने मुझसे कहा कि पहले मैं खुद यह फैसला करूं कि मुझे किसके साथ रहना है। मुझे महसूस हुआ कि अगर पहले पति के चले जाने के बाद ही मैं उचित फैसला कर लेती तो मुझे आज ये दिन देखने न पड़ते।

गलती किसकी ?

- औरत हमेशा दूसरों पर बोझ ही बनी रहती है।
- क्या औरत की अपनी पहचान नहीं होनी चाहिए।
- मर्द इस बात को कब महसूस करेंगे कि शादी और पितृत्व दोनों गंभीर जिम्मेदारियां हैं।

गुरु की बात पर भरोसा करना महंगा पड़ा

69

मैं 35 वर्षीय महिला हूं। मैं उत्तर प्रदेश के एक संभ्रांत परिवार में पली–बढ़ी। मैं काफी पढ़ी–लिखी तो हूं ही, साथ ही सौंदर्य व संस्कृति के क्षेत्र में मेरे पास कई व्यावसायिक उपाधियां भी हैं। लगभग 10 साल पहले मेरे पिता के आध्यात्मिक गुरु के माध्यम से मेरी शादी का प्रस्ताव आया। उस समय तक मैं कई प्रतिष्ठित कम्पनियों में काम कर चुकी थी। चूंकि मेरे परिवार वालों को गुरुजी पर अत्यधिक विश्वास था, इसलिए लड़के और उसके परिवार वालों के बारे में बिना ज्यादा खोजबीन किए महज पांच दिनों के अंदर मेरी शादी हो गई।

हर लड़की की तरह मेरे मन में भी विवाह और जीवन साथी को लेकर कई सपने थे। मेरे सारे सपने शादी के पहले ही दिन चकनाचूर हो गए। मुझे पता चला कि मेरा पति न तो ग्रेजुएट था और न ही कोई कामकाज करता था, जबकि हमारे घर वालों को बताया गया था कि वह अपना कारोबार करता है। इतना ही नहीं, मेरे पति ने बड़ी बेशर्मी से यह बात मुझे बताई कि वह अपनी भाभी को बहुत चाहता था। उसकी बात सुनकर मैं हैरान रह गई। मुझे समझ में नहीं आया कि मैं क्या करूं। पहले तो मैंने सोचा कि मैं वापस मायके चली जाऊं, लेकिन उस प्रकरण के बारे में उनसे बात करने को लेकर मैं बहुत डरी हुई थी। मैंने हालात ठीक करने की कोशिश की, लेकिन मुझे किसी से कोई समर्थन नहीं मिला। मेरे सास–ससुर बड़े लालची थे। वे मेरे माता–पिता से पैसा ऐंठने के मौके की तलाश में रहने लगे। हालांकि मेरे माता–पिता मेरी ससुराल वालों की मंशा अब तक भली–भांति भांप चुके थे, फिर भी मेरी खुशी के लिए वे उनकी मांगें पूरी करते रहे। इसके बावजूद मेरी हालत में कोई अंतर नहीं आया। जैसे–जैसे उनकी मांगें पूरी होती गईं, लोभी ससुरालियों की नीयत खराब होती गई। कुछ समय बाद मेरे माता–पिता उनकी मांगों के प्रति उदासीन हो गए। परिणामस्वरूप ससुराल में मेरा उत्पीड़न बढ़ गया। मेरे सास–ससुर ने मेरे पति के सामने ही मुझे मारना–पीटना शुरु कर दिया। मेरी तकलीफ उस समय और बढ़ जाती, जब वह अपनी भाभी की तारीफ करके मुझे नीचा दिखाने की

कोशिश करता। मेरे पति की हरकतें जब बर्दाश्त से बाहर हो गईं, तो मैंने पुलिस की सहायता लेना शुरु कर दिया। पुलिस को देखकर मेरे ससुराल वाले जबर्दस्त ड्रामा करते। कभी वे विलाप करते, कभी मेरे पांव छूकर गिड़गिड़ाते और कभी माफी मांगते। मैं भी हालात बदलने का सब्र करके उन्हें माफ कर देती, लेकिन पुलिस के जाने के बाद मेरी हालत फिर जस की तस हो जाती। मेरे माता–पिता ने ब्यूटी पार्लर खुलवाकर एक बार फिर मेरी मदद की। घरेलू मोर्चे पर अनेक दिक्कतों के बावजूद मैंने ब्यूटी पार्लर को संभाल लिया और वह चल निकला। मेरी कामयाबी ईर्ष्यालु ससुराल वालों को फूटी आंख नहीं भाई। उन्होंने मुझे शारीरिक यातना, गालियां और ताने देना शुरु कर दिए। एक बार मेरे पति ने मेरे ब्यूटी पार्लर में तोड़फोड़ करके उसे तहस–नहस कर दिया और अंततः मुझे उसे बंद कर देना पड़ा।

हालात सुधरने की प्रतीक्षा में 10 साल बीत गए। मेरे माता–पिता और पुलिस दोनों ही मेरी मदद नहीं कर सके। मेरा पति बुरे लोगों की सोहबत में शराबी बन गया। कई लड़कियों के साथ उसके अफेयर शुरु हो गए।

अंत में मैंने संबंध विच्छेद करने का निर्णय किया और मार्गदर्शन के लिए जहांगीरपुरी स्थित 'नवज्योति' परिवार परामर्श केन्द्र पहुंच गई। सलाहकार ने मुझे कानूनी सहायता उपलब्ध कराने के साथ–साथ मेरा खोया हुआ आत्मविश्वास वापस पाने में भी मेरी सहायता की। अब मैं अपने अतीत को भुलाकर जिंदगी में आगे बढ़ना चाहती हूं। मैं ब्यूटी पार्लर खोलकर अपने बेटे का अच्छे माहौल में पालन–पोषण करना चाहती हूं।

गलती किसकी ?

- जो शिक्षा व्यक्ति में साहस पैदा न कर सके, वह दुर्बल शिक्षा कहलाएगी।
- गलत सामाजिक मांगों को कभी पूरा नहीं किया जाना चाहिए।
- पुलिस परिवारों में घरेलू हिंसा रोकने में लगातार असफल रही है।

पति ने धोखे से तलाक लिया

70

मैं दिल्ली के एक मध्यवर्गीय परिवार की 35 वर्षीया महिला हूं। बात उन दिनों की है जब मैं दसवीं में थी। एक बार हम अपने एक रिश्तेदार के घर शादी में गए। वहां मेरी मुलाकात एक 30 वर्षीय युवक से हुई। कुछ ही देर में हम दोनों एक–दूसरे के काफी करीब आ गए। उसने मेरे सामने शादी का प्रस्ताव रखा। हालांकि मैं उसे चाहती थी, लेकिन शादी के लिए तैयार नहीं थी। उसने कहा कि वह मेरे बिना जिंदा नहीं रह सकेगा। यही नहीं, वह मेरे पिताजी के पास गया और उनसे शादी की बात की। चूंकि उसकी उम्र मुझसे 15 साल ज्यादा थी, इसलिए शुरुआत में मेरे माता–पिता शादी के लिए राजी नहीं हुए, लेकिन मेरे मनाने पर उन्होंने हामी भर दी। कुछ वक्त बाद हमारी शादी हो गई।

अपने पति के साथ मैं बहुत खुश थी। शादी के कुछ महीनों बाद मैं गर्भवती हो गई। उस समय मेरी उम्र 18 साल थी। मेरे पति ने मुझे अल्ट्रासाउंड कराने के लिए भेजा। जैसे ही उसे पता चला कि मेरे गर्भ में लड़की है, उसने मेरी छोटी उम्र का वास्ता देकर मुझे गर्भपात के लिए राजी कर लिया। जल्दी ही मुझे पता चल गया कि गर्भपात का कारण कम उम्र नहीं बल्कि मेरे गर्भ में लड़की का होना था। इसके बाद भी मैं बार–बार गर्भवती होती रही और लिंग परीक्षण के बाद गर्भपात के लिए मजबूर की जाती रही।

एक बार दर्द से राहत दिलाने के बहाने मेरे पति ने मुझे एक इंजेक्शन लगा दिया। दर्द से तो मुझे राहत मिली, लेकिन मुझे इंजेक्शन की लत लग गई। इसके बाद मेरे दो गर्भपात और कराए गए। जब मैं पांचवीं बार गर्भवती हुई, तो डॉक्टर ने गर्भपात न कराने की सलाह दी। मैंने एक लड़की को जन्म दिया। उसके बाद मुझे एक पुत्री और एक पुत्र और पैदा हुए। तब तक मैं पूरी तरह नशे के जाल में फंस चुकी थी।

मैं लगभग हर वक्त नशे में रहने लगी। मेरा पारिवारिक जीवन धीरे–धीरे तबाह होता गया और मुझे मेरे मायके भेज दिया गया।

मायके में एक दिन मुझे अदालत का नोटिस मिला। मेरे पति ने मुझ पर चरित्रहीन होने का आरोप लगाते हुए मुझसे तलाक मांगा था।

मैं पति को तलाक नहीं देना चाहती थी। एक दिन मेरे ससुर मेरे घर आए और बोले कि वे सब कुछ ठीक कर देंगे। इसके बाद उन्होंने मुझसे कुछ कागजात पर दस्तखत कराए। उस वक्त मेरी तबियत ठीक नहीं थी। ससुर ने मुझे दो लाख रुपए दिए और जल्दी वापस ले जाने का वादा किया। कुछ दिनों बाद मुझे पता चला कि मैंने तलाक के कागजात पर दस्तखत किए थे। मुझे यह भी पता चला कि मेरे पति ने हमारे बच्चों की 18 वर्षीया टीचर से शादी कर ली थी।

मेरे सारे सपने चकनाचूर हो गए। तभी मुझे नवज्योति नशा मुक्ति केन्द्र की जानकारी मिली। मैंने लगातार 15 दिनों तक वहां ओ.पी.डी. में इलाज कराया। इसके साथ–साथ मैं नवज्योति परिवार परामर्श केन्द्र के सलाहकारों से भी सलाह लेती रही। अब मुझमें नई शक्ति का संचार हो गया है।

मेरे बच्चे अभी नाबालिग हैं। मैं उनकी परवरिश खुद करना चाहती हूं, इसलिए उन्हें पाने के लिए आखिरी दम तक लड़ूंगी। दरअसल, मैं उन्हें पलने–बढ़ने के लिए एक अच्छा माहौल देना चाहती हूं।

गलती किसकी ?

- शातिर लोग सीधी–सादी औरतों का भावनात्मक शोषण करते हैं।
- किसी पर बहुत अधिक विश्वास करना भी मूर्खता है।
- महिलाओं को अपनी शारीरिक व मानसिक सुरक्षा के उपाय जरूर सीखने चाहिए।

जिस पर भरोसा किया, उसने ही धोखा दिया

71

मेरा नाम मीरा है और मेरी उम्र 23 साल है। जिस व्यक्ति के लिए मैं अपने सारे रिश्ते खत्म करके दिल्ली आ गई, वही एक दिन मेरी जिंदगी के लिए अभिशाप बन गया।

मेरा जन्म मध्य प्रदेश के एक गांव में हुआ। हमारा परिवार बहुत गरीब था। हम सात बहनें और दो भाई थे। हालांकि मेरे पिता सरकारी मुलाजिम थे, फिर भी उनकी आमदनी इतनी कम थी कि हमारी पढ़ाई की ओर वे खास तवज्जो नहीं दे सके। इस तरह मैं अनपढ़ ही रह गई। सामाजिक रीति–रिवाजों से अनजान मैं एक अल्हड़ लड़की के रूप में बड़ी हुई। खास बात यह थी कि मैं खूबसूरत लड़की के रूप में बड़ी हो रही थी।

हमारे गांव में सरला नाम की एक कुख्यात लड़की थी। उसके साथ मेरी दोस्ती हो गई। वह अनाथ थी और अपने नाना–नानी के साथ रहती थी। हालांकि सरला उम्र में मुझसे एक साल छोटी थी, लेकिन वह मुझसे कहीं ज्यादा स्मार्ट थी।

मैं अक्सर फिल्मों और टेलिविजन के नाटकों में दिखाई जाने वाली जिंदगी बिताने के सपने देखती थी। उस समय हम इमारती मजदूर के रूप में काम कर रहे थे। मैं जितने पैसे कमाती, उसे मेकअप का सामान खरीदने में खर्च कर देती। इस दौरान महेश से मेरा परिचय हुआ। सरला उसे अंकल कहती थी। वह नेपाल का रहने वाला था और अक्सर दूसरे शहरों में जाता रहता था। वह हमारे लिए गिफ्ट लाता और शहरी जिंदगी की कहानियां सुनाता।

मैं महेश के तौर–तरीकों से बहुत प्रभावित थी। वह मेरी खूबसूरती की हमेशा तारीफ करता और कहता कि वह मेरी जिंदगी बदलना चाहता है। धीरे–धीरे मैं महेश की ओर आकर्षित होने लगी। यह राज मैंने सरला को भी बता दिया। उसने महेश से कहा कि वह मेरे साथ शादी करके मेरे सारे सपने सच कर दे। हमारी राह में एक रोड़ा था कि परिवार वालों को महेश पसंद नहीं था। परिवार वालों की मर्जी के खिलापफ हमने महेश के साथ भागने का फैसला कर लिया।

महेश मुझे बताया करता था कि उसके दिल्ली में कई दोस्त हैं। एक दिन हम दोनों सरला के साथ दिल्ली आ गए। उस समय मेरी उम्र 18 साल थी। दिल्ली आने से पहले महेश ने सरला की मौजूदगी में गांव के मंदिर में मुझसे शादी की। जल्द ही हम दिल्ली में सेटल हो गए। महेश ने ड्राइवर की नौकरी कर ली। कुछ समय बाद उसने कहा कि चूंकि वह हम तीनों का खर्च पूरा नहीं कर सकता, इसलिए मैं भी कुछ काम करूं। उसने मुझसे कहा कि मैं काम पर जाया करूं और सरला घर में रहकर घर का कामकाज देखे। यह सोचकर कि पत्नी होने के नाते पति की परेशानियों में हाथ बटाना मेरा कर्त्तव्य है, मैंने काम शुरु कर दिया। अपने एक पड़ोसी के साथ मैं आसपास के इलाकों में काम करने चली जाती।

मैंने महेश और सरला के संबंधों को हमेशा चाचा भतीजी के रूप में देखा था, इसलिए मुझे उनके ऊपर कभी संदेह नहीं हुआ। महेश ने कई बार खुलेआम सरला के प्रति अपने प्यार का इजहार किया। मैंने उसे सामान्य रूप में लिया।

हम लोग किराए की एक झुग्गी में रहते थे। झुग्गी इलाके के एक प्रभावशाली आदमी की थी जिसकी उस इलाके में काफ़ी जमीन थी। उसके बेटे के साथ सरला ने दोस्ती कर ली। मैंने सरला को उस अमीरजादे के साथ ज्यादा मेलजोल न बढ़ाने की चेतावनी दी। सरला ने कहा कि चूंकि उसने महेश के साथ मेरा रिश्ता कराने में मदद की है, इसलिए अब मेरा फर्ज है कि मैं उसकी मदद करूं। चूंकि मैं अंजाम से भयभीत थी इसलिए मैंने सरला की हरकतों के बारे में महेश को बता दिया। महेश मेरी बात सुनकर आगबबूला हुआ और उसने सरला को धमकाकर झुग्गी में बंद कर दिया। सरला किसी तरह वहां से निकल भागने में कामयाब हो गई और उसने थाने जाकर हम दोनों के खिलाफ मामला दर्ज करा दिया। पुलिस ने मुझे और महेश को अपहरण और बलात्कार की कोशिश के आरोप में जेल में भेज दिया। उस समय मैं गर्भवती थी।

चूंकि सरला ने मेरे खिलाफ गवाही दी, इसलिए मुझे 5 साल की सजा हो गई। मुझे बताया गया कि सरला ने अपने बयान में कहा था कि मैंने उस पर भागने और अपने पति के साथ संबंध बनाने का भी दबाव डाला था। उसने मेरे पति को निर्दोष करार दिया था। वैसे, अदालत ने उसे भी सरला पर भागने के लिए दबाव डालने के आरोप में दो साल की सजा सुनाई।

चूंकि महेश पहेल ही सजा से ज्यादा वक्त जेल में गुजार चुका था, इसलिए उसे फौरन रिहा कर दिया गया। रिहा होने के फौरन बाद महेश ने सरला के साथ शादी कर ली और फिलहाल उसी स्त्री के साथ रह रहा है। मैं काफी अर्से तक डिप्रेस्ड रहीं एक दिन मुझे मेरी रिहाई की खबर मिली। मैंने सुपरिटेंडेंट से रिक्वेस्ट की कि वह मुझे हमेशा के लिए जेल में ही रखे,

क्योंकि बाहर मेरा कोई न था। उसने मुझे यह भरोसा दिलाया कि वह मुझे किसी सुरक्षित व्यक्ति के हाथों में सौंपेगी।

शायद भगवान ने मेरी पुकार सुन ली। सुपरिटेंडेंट मैडम ने मुझे इंडिया विजन फाउंडेशन की प्रोजेक्ट डायरेक्टर कामिनी गोगिया से मिलवाया। इंडिया विजन फाउंडेशन ऐसा संगठन है, जो जेल के अंदर महिला कैदियों और उनके बच्चों के कल्याण के लिए काम करता है। अब मैं नई शुरुआत के प्रति आशान्वित हूं।

गलती किसकी ?

- बचपन की आवारागर्दी की कीमत आगे की जिंदगी में चुकानी पड़ती है।
- फिल्मी जिंदगी असली जिंदगी नहीं होती।
- नादानियां महिलाओं के शोषण का एक बड़ा कारण है।

पति की बेवफाई से तबाह हुआ परिवार

72

मैं एक 32 वर्षीय महिला हूं। मेरे तीन बच्चे हैं। मैं उत्तर प्रदेश के एक छोटे कस्बे के मध्यम वर्गीय परिवार से हूं। 20 वर्ष की उम्र में दिल्ली के एक लड़के के साथ मेरी शादी हुई। शादी का रिश्ता हमारे एक दूर के रिश्तेदार की तरफ से आया था। चूंकि परिवार जाना–पहचाना और लड़का सैटल्ड था इसलिए हमारे माता–पिता को शादी से इनकार करने का कोई कारण नजर नहीं आया। शादी के बाद मैं दिल्ली आकर अपने सास–ससुर के साथ रहने लगी।

मेरा परिवार बहुत अच्छा था। मेरे तीन बच्चे भी पैदा हो गए थे। परिवार बढ़ने के साथ ही हमारी जिम्मेदारियां भी बढ़ने लगीं इसलिए मेरे पति की आय परिवार के भरण–पोषण के लिए कम पड़ने लगी। मेरा पति घर की हालत से काफी क्षुब्ध रहने लगा। उसने बिजनेस करने के इरादे से नौकरी छोड़ दी। चूंकि उसके पास कोई व्यावसायिक योग्यता नहीं थी इसलिए उसने एजेंट के रूप में लोगों के पासपोर्ट बनवाने का काम शुरु कर दिया। धीरे–धीरे उसके कामकाज का समय अनियमित होने लगा और उसके साथ–साथ आमदनी भी अनिश्चित हो गई। किसी महीने वह 5000 रुपए तक कमा लेता और किसी महीने इतना भी न कमा पाता कि घर के जरूरी खर्चे भी पूरे हो पाते। मैं अपने घर और पति दोनों की तरफ से चिन्तित रहने लगी। उसकी कड़ी मेहनत के बावजूद उसकी थोड़ी कमाई से मैं बहुत दुखी होती।

मैं उसके साथ हर मुसीबत झेलती और उसके घर लौटने पर उसे सांत्वना देती। उसका हालचाल और कामकाज के बारे में पूछताछ करती। धीरे–धीरे मैंने पाया कि मेरी पूछताछ से वह खीझने लग गया था। इसके बाद मैंने उसके काम में दखल अंदाजी बंद कर दी।

बहरहाल, एक दिन मैंने उसकी जेब में कुछ स्त्रियों की तस्वीरें देखीं। मुझे उन तस्वीरों को देखकर कुछ संदेह हुआ, किंतु उसने यह कहकर संदेह का निवारण कर दिया कि वे तस्वीरें पासपोर्ट बनवाने वाले ग्राहकों की थीं। लेकिन एक दिन उसने ऐसी हालत पैदा कर दी जिसके कारण मैंने उसके ऊपर विश्वास करना बंद कर दिया। एक दिन वह बहुत प्रसन्न मुद्रा में घर लौटा। उसने बताया कि उसे गुड़गांव में नौकरी मिल गई है। उसने बताया कि उसे गुड़गांव में ही रहना पड़ेगा और सप्ताह में केवल एक दिन ही वह बच्चों के पास आ सकेगा।

मैंने उसकी वह बात भी मान ली क्योंकि रोज आने–जाने में किराए का बोझ बढ़ता। धीरे–धीरे हालात सामान्य होने लगे। मेरे बच्चे बड़े हो रहे थे और उनकी जरूरतें भी बढ़ रही थीं। वह मुझे घर चलाने के लिए एक निश्चित रकम देता। जब मैं उसे घर की तंगहाली के बारे में बताती तो उसके ऊपर कोई असर न होता। कभी–कभी मैं घरेलू खर्चे चलाने के लिए अपने बड़े भाई से आर्थिक मदद भी ले लेती।

मुझे कुछ भी पता नहीं था कि वह कहां और क्या काम कर रहा था। उसके लापरवाह रवैए के कारण कुछ समय बाद मुझे उस पर शक होने लगा। मैं उसके कुछ दोस्तों को जानती थी। मैंने उनसे सम्पर्क किया तो उन्होंने मेरे पति के बारे में कुछ भी बताने से इनकार कर दिया। अचानक एक दिन मेरे पास किसी अज्ञात व्यक्ति का फोन आया जिससे मुझे गहरा धक्का लगा। फोन करने वाले ने कहा कि मेरा पति किसी लड़की के साथ कुछ वर्षों से गुड़गांव में रह रहा है। उसने कहा कि उसे यह नहीं मालूम कि मेरे पति ने उस लड़की के साथ शादी की है या कि यूं ही उसके साथ रह रहा है। घर आने पर मैंने अपने पति से उस लड़की के बारे में पूछा। उसने फौरन सारा दोष मेरे शक्की स्वभाव का बताया। उसने कहा कि उसने उस लड़की के साथ शादी तो नहीं की है, लेकिन अंजाम की परवाह किए बिना उसके साथ रह रहा है। उसने यह भी बताया कि वह लड़की इतनी शक्तिशाली है कि अगर अब मैं उसके साथ संबंध खत्म भी करना चाहूं तो वह मुझे इसकी इजाजत नहीं देगी क्योंकि उसे मेरे शादीशुदा होने की जानकारी है।

उसके इस जवाब को सुनकर मेरी समझ में कुछ नहीं आया कि मैं क्या करूं। मैं अपने बूढ़े माता–पिता पर बोझ भी नहीं बनना चाहती थी। पति के खिलाफ मुकदमा दायर करने की बात भी मेरे समझ में नहीं आई क्योंकि उसके बगैर मैं अपनी जिंदगी बेमानी समझती थी। मैंने उस लड़की से बात करनी शुरु की, लेकिन उसने मुझे धमकी दी कि अगर मेरा पति उसे छोड़ने की कोशिश करेगा तो वह उसके खिलाफ केस दर्ज करा देगी।

ऐसे में मैंने नवभारत टाइम्स में एक दिन नवज्योति परिवार परामर्श केन्द्र, कराला माजरी के बारे में पढ़ा। मैंने वहां संपर्क किया। केन्द्र के सलाहकार ने मेरे पति को नतीजों का अहसास कराया और वह मेरे पास वापस आने के लिए राजी भी हो गया। सलाहकार अब उस लड़की से सम्पर्क करके मामले को सही तरीके से निपटाने के प्रयास में लगी है। अगर मैं शिक्षित होती तो मैं ऐसे बेवफा आदमी के पास जाने की बात सोचती तक नहीं। मैं यह सब अपने बच्चों के लिए कर रही हूं।

गलती किसकी ?

- आंख मूंद कर विश्वास करना घातक सिद्ध होता है।
- खुद्दार औरत के लिए शिक्षा व आत्मनिर्भरता जरूरी हैं।
- स्त्रियां एक–दूसरे के खिलाफ काम करके अपने ही परिवार को नुकसान पहुंचाती हैं।

साझेदारों ने तबाह कर दिया

73

हरियाणा का रहने वाला हूं। मेरी उम्र 40 साल है। जब मैं 11वीं में था, उसी समय मेरे पिताजी का देहांत हो गया। अपने पांच भाइयों में मैं सबसे छोटा था। चूंकि मेरे सभी बड़े भाई विवाहित थे और उन्हें अपने परिवार की देखभाल करनी होती थी, इसलिए मां की देखभाल के लिए मुझे नौकरी करनी पड़ी। साथ ही, मैंने ग्रेजुएशन भी पूरा किया और उसके बाद कानून की डिग्री हासिल की। उसके बाद मैंने एक बैंक में क्लर्क के रूप में नौकरी कर ली।

अपनी आमदनी बढ़ाने के लिए मैंने शेयर बाजार में निवेश किया, लेकिन मुझे घाटा हुआ। घाटा पूरा करने में एक साल लग गया। इसी बीच मेरी शादी हो गई और दो लड़कियां तथा एक लड़का हुआ। उसके बाद मेरे बैंक में कुछ समस्या आ गई, जिसकी वजह से मुझे तीन साल तक बेकार रहना पड़ा। बहरहाल किसी तरह वह समय भी बीत गया। मेरे बैंक को एक नए समूह ने अधिग्रहीत कर लिया था और मैंने दोबारा नौकरी जॉइन कर ली।

मैंने अपने बच्चों को अच्छी शिक्षा दिलाने की भरपूर कोशिश की। अपने बेटे को सैटल करने के लिए मैं स्थानीय केबल ऑपरेटर के संपर्क में आया। उसने इंटरनेट सेवा के लिए एजेंसी देने की बात की। सब कुछ ठीक–ठाक चल रहा था। इसी दौरान केबल ऑपरेटर ने मुझे कमाई के कुछ और नुस्खे दिए तथा कुछ नए लोगों से उसने मेरा परिचय कराया। वे लोग कॉल सेंटरों के लिए कंसल्टेंट के रूप में कार्य कर रहे थे। उन्होंने अमेरिका के एक क्लाइंट से मेरा परिचय कराया और मैंने बैंक से लोन लेकर अपने भाई, उसके रिश्तेदार तथा केबल ऑपरेटर के साझे में कॉल सेंटर शुरु कर दिया। डेढ़ महीने बाद ऑपरेटर अलग हो गया।

चार महीने तक हम लोगों ने जमकर काम किया और लगभग 27 लाख का लाभ कमाया। अमेरिकी क्लाइंट ने हमें मात्र तीन लाख रुपए दिए। कंसल्टेंट क्लाइंट के संपर्क में थे और मेरी ओर से सारा लेन–देन वे ही कर रहे थे। पेमेंट आने में देर हुई तो मैंने क्लाइंट से सीधे संपर्क किया।

क्लाइंट के जवाब से मेरे पैरों के नीचे से जमीन खिसक गई। उसने बताया कि उसने व्यापारिक लेन–देन का बकाया पैसा कंसल्टेंट खाते में ट्रांसफर कर दिया था। अगली खोजबीन में कुछ चौंकाने वाले तथ्य सामने आए। उन्होंने कॉल सेंटर शुरु करने के लिए मुझसे बीस लाख रुपए लिए थे, लेकिन उसमें से आधा ही खर्च किया था। मैंने पूछताछ की, तो उन्होंने टालना शुरु कर दिया। मैं पूरी तरह कंसल्टेटों के भरोसे था। उन्होंने मुझे भरोसा दिलाया कि इस धंधे में मोटी कमाई होगी। इसी आधार पर उन्होंने मुझे पड़ोसियों से लोन लेने की सलाह दी। अब मैं उनके जाल में पूरी तरह फंस चुका था। मैं लोगों व वित्तीय संस्थानों से लोन लेता रहा। कभी मुझे अपने बैंक के लोन की किस्त भरने के लिए लोन लेना पड़ता और कभी व्यापार के लिए।

धीरे–धीरे एक साल बीत गया और मुझे जबर्दस्त घाटा हुआ। मेरे ऊपर लगभग 50 लाख रुपए का कर्ज हो चुका था। फाइनेंसर अपने पैसे वापस लेने के लिए फोन पर धमकियां देने लगे। कंसल्टेंट जो पैसा क्लाइंट से ले चुके थे, वह मुझे लौटाना नहीं चाहते थे।

मैंने पुलिस में शिकायत नहीं की क्योंकि पुलिस बहुत कठोर है। वह मेरी बची हुई जमा पूंजी भी मुझसे ऐंठ लेगी। मैं मुकदमा भी नहीं करना चाहता क्योंकि मुकदमेबाजी में बहुत पैसे लगते हैं। मुझे नवज्योति के बारे में जानकारी मिली। आखिरी उम्मीद के तौर पर मैंने नवज्योति परिवार परामर्श केन्द्र में संपर्क किया। अगर वहां से भी मुझे राहत नहीं मिली, तो मेरे सामने इस दर्दनाक जिन्दगी से छुटकारा पाने के लिए आत्महत्या के अलावा कोई चारा नहीं होगा। दरअसल, जिस काम की मुझे पूरी जानकारी नहीं थी, मुझे उसमें कदम नहीं बढ़ाना चाहिए था।

गलती किसकी ?

- लालच की कोई सीमा नहीं।
- आमदनी के मुताबिक खर्च करना व्यक्तिगत प्रशिक्षण है।
- ऋण लेना आसान है, लेकिन उसे चुकाना बहुत मुश्किल है।

कच्ची उम्र में बेटी गलत सोहबत में पड़ गई

74

मैं पूर्वोत्तर राज्य की रहने वाली हूं। हालांकि मैं समाज कल्याण क्षेत्र से प्रोफेशनल तौर पर जुड़ी रही हूं, लेकिन मैं खुद का घर नहीं संभाल सकी। मेरी शादी सफल नहीं रही। मेरी इकलौती बेटी हमारे घरेलू झगड़ों को देखते–सुनते बड़ी हुई। हालांकि घरेलू माहौल का उसकी पढ़ाई पर कोई खास असर नहीं पड़ा। मुझे लगता था कि घर की समस्याओं ने उसे परिपक्व बना दिया है। लेकिन मेरी सोच गलत निकली, जब मुझे पता चला कि उसके संबंध किसी शादीशुदा आदमी से हैं। किसी तरह मैंने उसे उस आदमी से अलग किया। स्कूल के बाद ग्रेजुएशन के लिए मैंने उसे दिल्ली में एडमीशन दिलवा दिया।

मुझे उम्मीद थी कि वह अपने–आप पर काबू रखेगी। वहां जाने के बाद पहले साल तो उसका मुझसे लगातार संपर्क रहा। फिर उसने मेरे पास आना भी छोड़ दिया। पता लगाने पर मालूम पड़ा कि उसने स्कूल छोड़ चुके एक लड़के से गलत संबंध बना लिए थे। उसकी आंख तब खुली जब उसने महसूस किया कि वह लड़का सिर्फ उसका शोषण कर रहा था। मुझे लगा कि अब वह अपनी गलती नहीं दोहराएगी। लेकिन इस बार भी सब कुछ ज्यादा दिनों तक ठीक नहीं रहा। वह बदमाश किस्म के आदमी के चंगुल में फंस गई, जो मेरी बेटी का शारीरिक व आर्थिक, दोनों तरह शोषण कर रहा था। मैंने उसे समझाने की बहुत कोशिश की, लेकिन वह मेरी बात सुनने को बिल्कुल तैयार ही नहीं थी।

मैंने भी धीरे–धीरे उसके साथ बातचीत कम कर दी। हालांकि मुझे उसके नए बनते–बिगड़ते रिश्तों की जानकारी मिलती रही। मैंने सोचा कि ग्रेजुएशन के बाद मैं उसे वापस बुला लूंगी, लेकिन उसने दिल्ली में बने रहने के लिए एम.ए. में दाखिला ले लिया।

उसे कुछ नौकरियां भी मिलीं, लेकिन उसका प्रदर्शन अच्छा नहीं रहा। अचानक एक दिन मेरे एक मित्र ने बताया कि उसे सिगरेट व शराब की लत लग गई है और वह छोटी–छोटी रकम के लिए अपना जिस्म तक बेच रही है।

मैंने उससे संपर्क करने की कोशिश की, लेकिन उसका कहीं पता नहीं चला। मैंने अपने राज्य के थाने में जाकर मदद के लिए गुहार लगाई। वहां मुझे दिल्ली में जहांगीरपुरी स्थित नवज्योति काउंसलिंग सेंटर में संपर्क करने के लिए कहा गया। नवज्योति ने मेरी बेटी को खोजने के लिए पुलिस में मामला दर्ज कराने में मेरी सहायता की।

गलती किसकी ?

- बच्चों को पाल–पोस कर बड़ा करना माता–पिता के लिए कठोरतम जिम्मेदारी है, इसे भलीभांति समझ लेना चाहिए।
- पैरंट्स, खासकर माताएं अपने बच्चों के साथ कभी भी संबंध विच्छेद नहीं कर सकतीं।
- समय रहते अगर अंकुश न लगे, तो एक गलती मनुष्य को दूसरी गलती की ओर ले जाती है।

लोफर पति ने पहली शादी का राज छिपाया

75

मैं एक 35 वर्षीय महिला हूं। मेरे तीन बच्चे हैं। लगभग 13 साल पहले एक राष्ट्रीय दैनिक अखबार में विज्ञापन के माध्यम से मेरी शादी हुई। मेरी पृष्ठभूमि मध्यमवर्गीय है। अपने तीन बहन–भाइयों में से मैं सबसे बड़ी हूं और दोनों छोटे भाई अपनी गृहस्थी बसाने के लिए जूझ रहे हैं। चूंकि मैं अधिक पढ़ी–लिखी नहीं थी, इसलिए मेरे माता–पिता एक विधुर के साथ मेरी शादी करने के लिए राजी हो गए। मुझे बताया गया कि मेरे होने वाले पति के परिवार में कोई नहीं है। एक सादे समारोह में मेरी शादी हो गई।

पति के साथ मेरे रिश्ते न तो बहुत खास थे और न ही बहुत खराब। वह फिजियोथेरेपिस्ट था और ज्यादातर समय घर से बाहर ही रहता था। वह मुझसे हमेशा कहता कि उसका काम ही ऐसा है, जिसमें उसे एक अस्पताल से दूसरे अस्पताल में चक्कर काटने ही पड़ते हैं, इसलिए उसे मजबूरन बाहर रहना पड़ता है। इसी दौरान हमारे तीन बच्चे हुए।

मैं अपनी जिंदगी से संतुष्ट थी। एक दिन अचानक एक औरत अपने पिता को खोजते हुए मेरे पास आई। मैं यह देखकर हैरान रह गई कि उस औरत के पास मेरे पति से शादी के सबूत थे। उस समय वह घर पर नहीं था। उस औरत ने बताया कि वह अपने मायके में रह रही है। पति की दूसरी शादी के बारे में उसे कुछ समय पहले ही पता चला, जिसके बाद से वह उसे खोज रही है। मुझे कुछ समझ में नहीं आया कि क्या करूं? जब मेरा तथाकथित पति आया, तो मैंने उससे उसकी पहली शादी के बारे में पूछा। उसने फौरन मान लिया कि वह औरत उसकी पहली पत्नी है और उनके चार बच्चे हैं।

जब मैंने उससे अपनी जिंदगी तबाह करने का कारण जानना चाहा, तो उसने सिर्फ यही कहा कि जो कुछ हो गया है, अब उसे बदला नहीं जा सकता। उसने मुझसे कहा कि अगर मैं उसके साथ रहना चाहूं तो रहूं, वरना मैं उसे छोड़ने के लिए स्वतंत्र हूं। अपनी पहली पत्नी से भी उसने यही बात कही। मैंने अपने भाइयों को बुला लिया। मेरे भाइयों को पता चला कि समाज में उसकी अच्छी छवि

नहीं है और वह जरूरत की सभी चीजें लोन पर लेकर ऐश से रह रहा है। घर, कार अन्य चीजें किसी न किसी बैंक से लिए गए कर्जे पर जुटाई गई थीं। उसके माता–पिता ने भी हमारी कोई सहायता करने में लाचारी जताई, क्योंकि वे खुद आर्थिक रूप से अपने धोखेबाज बेटे पर निर्भर थे। उसकी पहली पत्नी ने भी उसकी कारगुजारियों पर कभी कोई ऐतराज नहीं जताया, क्योंकि उसे अपने चार बच्चों का भरण–पोषण करना था।

इतना ही नहीं, मेरे भाइयों ने यह भी पता लगाया कि मेरा पति अब एक अन्य औरत के चक्कर में है। वह उसके पिता का इलाज कर रहा है और उनके द्वारा ऑस्ट्रेलिया जाने की जुगाड़ में है।

सब कुछ जान लेने के बाद मैंने उसके खिलापफ कार्रवाई करने का फैसला किया। लेकिन पुलिस में रिपोर्ट दर्ज कराने के बजाए मामले को आपस में तय कर लेना मुझे बेहतर लगा। इसी इरादे से मदद के लिए मैंने कराला स्थित नवज्योति परिवार परामर्श केंद्र से संपर्क किया। केंद्र के सलाहकार मेरे पति से संपर्क करने की कोशिश के अलावा, स्थानीय पुलिस थाने की मदद से उसवेफ खिलाफ कार्रवाई करने का प्रयास कर रही है, ताकि वह ऑस्ट्रेलिया न भाग जाए।

लेकिन अपनी पहली शादी के बारे में बताने के बाद से वह (मेरा पति) घर वापस नहीं आया। अब उसके पास वापस जाने में मेरी भी कोई दिलचस्पी नहीं है। मैं सिर्फ इतना ही चाहती हूं कि वह अपने बच्चों को पालने–पोसने की जिम्मेदारी से न बच पाए और उसे अन्य औरतों की जिंदगी तबाह करने की इजाजत न मिले।

गलती किसकी ?

- शादी सिर्फ एक रस्म नहीं है। इस मामले में जल्दबाजी नहीं करनी चाहिए।
- जीवनसाथी का चुनाव करने में पूरी सावधानी बरती जानी चाहिए।
- गलत आदमी के साथ शादी करने से अच्छा है कि अविवाहित ही रहा जाए।

सात की उम्र में सत्ताइस का काम

76

मैं नवज्योति परिवार परामर्श केन्द्र में सलाहकार हूं। अपने पारिवारिक मामलों में सहायता मांगने आने वाले लोगों को सलाह देने के साथ–साथ मैं अनौपचारिक शिक्षा केन्द्रों के रूप में चलाए जा रहे स्कूलों में पढ़ने वाले बच्चों की देखभाल भी करती हूं। ये बच्चे पास–पड़ोस की झुग्गी बस्तियों में रहते हैं।

कुछ दिनों पहले स्कूल के एक शिक्षक ने अपने स्कूल की एक सात वर्षीय लड़की के बारे में बताया कि वह नियमित स्कूल नहीं आती और न ही उसका पढ़ाई में मन लगता है। इसके अलावा, वह हर किसी से लड़ने–झगड़ने में आमादा रहती है। उसकी इस हरकत से कक्षा का अनुशासन प्रभावित होता है।

मैंने उस लड़की को बुलाकर बात की। उसके बातचीत के लहजे से मैं बेहद हैरान थी। वह इतनी परिपक्वता से बात कर रही थी कि मुझे लगा जैसे मैं किसी जवान लड़की से बात कर रहा हूं। उसने बताया कि जब वह काफी छोटी थी, तभी उसकी मां की मौत हो गई। उसे तो अपनी मां का चेहरा भी याद नहीं है। ऐसे में वह अपने पिता और 90 वर्षीय बूढ़ी दादी के साथ रहती है। जब उससे पूछा गया कि घर की देखभाल कौन करता है, तो उसने कहा कि घर का सारा काम वह खुद करती है।

उसकी बात मेरी समझ से परे थी। मैंने सोचा कि वह स्कूल न आने का बहाना बना रही है। आखिर सात साल की लड़की घरेलू कामकाज कैसे कर सकती है? उसने बताया कि उसका बाप सारा दिन शराब के नशे में धुत्त रहता है और घर के खर्च के लिए पैसा भी वह खुद कमाती है।

मैंने उसके टीचर के साथ उसके घर का दौरा करने का फैसला किया। उसके घर पहुंचकर कुछ चौंकाने वाले तथ्य सामने आए। हमें पता चला कि वह दारू की दुकान पर काम कर रही थी, जहां वह ग्राहकों को शराब परोसती थी। ये ग्ग्रहक उसे सताते और उसके साथ अश्लील हरकतें करते। उसकी

कमाई का आधा पैसा उसके पिता के लिए दारू खरीदने में ही खर्च हो जाता और बाकी पैसे से वह घर का खर्च चलाती।

एक बार एक आदमी रात भर के लिए उसे जबरन बाहर भी ले गया। वह उसे कहां ले गया और उसके साथ क्या किया, यह उसने नहीं बताया। इस नन्ही–सी बच्ची के लिए वह रात कितनी भयावह रही होगी, इसका अंदाजा उसके चेहरे के हाव–भाव देखकर लगाया जा सकता था। मैंने महसूस किया कि सात साल की उम्र में ही यह लड़की दुःख, कष्ट और उत्पीड़न भरी युवा जिंदगी जी चुकी है।

मैंने उसकी दादी से बात करने की कोशिश की, लेकिन उसने खुद को लाचार बताया। उसने कहा कि वह इतनी बूढ़ी हो चुकी है कि बाहर जाकर काम नहीं कर सकती। मैंने उस लड़की के पिता से बात करने की कोशिश की, लेकिन वह भी व्यर्थ गई। वह पूरी तरह नशे में धुत्त था और ठीक से खड़ा भी नहीं हो पा रहा था। उसने जोर–जोर से चिल्लाकर भीड़ इकट्ठा कर ली और उसके पड़ोसियों ने हम पर चीखना–चिल्लाना शुरू कर दिया। हमे ऐसा लगा, मानों उसके पड़ोसियों का भी उस दुर्व्यवस्था को जारी रखने में कुछ स्वार्थ था। लगता है कि यह लड़की सारी जिंदगी तकलीफ उठाने के लिए ही पैदा हुई है।

गलती किसकी ?

- मां विहीन लड़कियों का बचपन लूटा जा सकता है।
- अनैतिक पिताओं के साथ रहने वाली लड़कियां गंभीर खतरे में रहती हैं।
- अज्ञानता या उदासीनता दोनों ही कारणों से कानून महज कागजी बनकर रह जाते हैं।

इण्डिया विजन फाउण्डेशन

Website: http\\www.indiavisionfoundation.org

इण्डिया विजन फाउंडेशन, मुझे प्राप्त हुए रमन मैग्ससे पुरस्कार की संतति है। यह पुरस्कार मुझे सन् 1994 में तिहाड़ जेल में पुलिस महानिरीक्षक के कार्यकाल के दौरान मिला। यह एक अलाभप्रद गैर–सरकारी, स्वैच्छिक संगठन है जिसकी स्थापना जेल सुधार, कैदियों तथा अपराधग्रस्त इलाकों में रहने वाले लोगों के बच्चों की शिक्षा और पुनर्वास के मद्देनजर की गई। फाउंडेशन झुग्गी–झोपड़ी बस्तियों (स्लम) एवं ग्रामीण विकास, नारी विकास एवं गलियों तथा कामकाजी बच्चों की शिक्षा, स्वास्थ्य तथा देखभाल के क्षेत्र में भी कार्यरत है।

जिन परिवारों में माता–पिता में से कोई भी एक जेल में होता है, वहां सिर्फ बच्चे ही अपराध से सर्वाधिक प्रभावित होते हैं। उनका सब कुछ, विशेष रूप से शिक्षा एवं सुरक्षा, छिन जाता है। फाउंडेशन ऐसे बच्चों को चिह्नित करता है तथा उनकी शिक्षा सुनिश्चित करने के साथ–साथ आवश्यकता पड़ने पर उन्हें अपनी 'क्राइम होम चिल्ड्रन प्रोजेक्ट' के अंतर्गत आर्थिक सहायता भी उपलब्ध कराता है। वर्तमान में इस तरह के लगभग डेढ़ सौ बच्चे दिल्ली के विभिन्न स्कूलों में शिक्षा प्राप्त कर रहे हैं। एक स्थानीय अभिभावक उनके घरों का दौरा करके उनकी भौतिक सुरक्षा की देख–रेख करता है। एक सलाहकार स्कूल के अध्यापकों और बच्चों के रिश्तेदारों (यदि कोई हो) से संवाद कायम करता है। बच्चों के घर में न होने की स्थिति में उनकी शिक्षा तथा सुरक्षा के लिए आवासीय स्कूलों की पहचान की जाती है।

फाउंडेशन द्वारा शुरू की गई 'गली स्कूल प्रोजेक्ट' दिल्ली की सबसे बड़ी झुग्गी कॉलोनियों में से एक में बच्चों के दरवाजे पर ही शिक्षा उपलब्ध कराती है। ये वे बच्चे हैं जो खाली रहने पर भीख मांगते, कूड़ा बीनते और स्मैक इत्यादि बेचते हैं। शिक्षा के ये अनौपचारिक केन्द्र स्लमों की गलियों में चल रहे हैं। इनमें पढ़ाने वाले अध्यापक यहीं के स्थानीय निवासी, अधिकतर विद्यार्थी होते हैं जिन्हें अपनी आगे की पढ़ाई में सहायता देने के उद्देश्य से मानदेय दिया जाता है। झुग्गी–झोपड़ी बस्तियों में विगत दो वर्षों की उपस्थिति से यह प्रोजेक्ट अपने विद्यार्थियों में से 80 प्रतिशत में बाल श्रम घटाने में कारगर रही है तथा सामुदायिक सहायता एवं समर्थन प्राप्त करने में सफल रही है। वर्तमान में स्लमों में ऐसे 160 गली स्कूल चल रहे हैं जो 4,000 बच्चों तक पहुंचकर उन्हें शिक्षा उपलब्ध करा रहे हैं।

फाउण्डेशन अपनी 'फैमिली हेल्पलाइन प्रोजेक्ट' के माध्यम से दक्षिणी दिल्ली के संभ्रांत इलाके में मौजूद झुग्गी बस्ती में कंप्यूटर कोर्स सहित परिवार सलाह एवं व्यावसायिक प्रशिक्षण उपलब्ध कराती है। यह केन्द्र शीघ्र ही आपदा प्रबन्धन प्रशिक्षण सुविधाओं से लैस होगा।

नई दिल्ली की तिहाड़ जेल में स्त्रियों की जेल में फाउंडेशन दो परियोजनाएं चला रहा है। इनमें से पहली परियोजना के अंतर्गत अपनी कैदी माताओं के साथ रहनेवाले बच्चों के लिए एक 'क्रैच' की स्थापना की गई है। यहां उन्हें उचित पोषण, शिक्षा तथा स्वास्थ्य संभाल उपलब्ध कराया जाता है। दूसरी परियोजना है 'वीविंग बिहाइण्ड बार्स' (यानी सलाखों के पीछे बुनाई) परियोजना। यहां उन्हें पर्दे इत्यादि बुनने का कलात्मक शिल्प सिखाया जाता है ताकि जेल में रिहा होने के बाद ये कैदी स्त्रियां अपने पुनर्वास के लिए तैयार हो सकें। बुनाई परियोजना का अब पुरुष जेल में भी विस्तार कर दिया गया है।

दिल्ली के बाहरी इलाकों में स्थित दूरदराज के गांवों में फाउंडेशन द्वारा चलाई जा रही 'रूरल डेवलपमेंट प्रोजेक्ट' के अंतर्गत स्त्रियों एवं बच्चों को कंप्यूटर कोर्स सहित शिक्षा एवं व्यावसायिक प्रशिक्षण उपलब्ध कराया जा रहा है। क्षेत्र के दूरदराज के 25 गांवों में शारीरिक एवं मानसिक विकलांगता से सम्बन्धित विशिष्ट सेवाएं उपलब्ध कराने के साथ–साथ फाउण्डेशन परिवार परामर्शन एवं चिकित्सकीय सेवाएं भी उपलब्ध करा रहा है। इस परियोजना के अंतर्गत एक बहुउद्देश्यीय रूरल डेवलपमेंट कॉम्प्लेक्स का निर्माण किया जा रहा है जिसमें एक ही छत के नीचे उपरोक्त सारी सुविधाएं उपलब्ध कराई जाएंगी। यह कॉम्पलेक्स इन गांवों के बीच बनाया जा रहा है ताकि ज्यादा से ज्यादा लोगों को इसका लाभ मिल सके।

हमने अपनी गतिविधियों की शुरुआत तिहाड़ जेल से की। वहां फाउंडेशन ने कैदियों के कल्याण के लिए बेकरी की स्थापना करने के लिए जेल प्रशासन की सहायता की। तिहाड़ जेल में एक नर्सरी भी बनाई गई जिसमें दुर्लभ किस्म के पौधे उगाए जा रहे हैं। इससे प्राप्त होने वाला सारा लाभ कैदी कल्याण कोष में जमा कर दिया जाता है।

इण्डिया विजन फाउंडेशन ने दिल्ली की तिहाड़ जेल की जिन्दगी और जेल सुधारों पर एक वृत्त चित्र (डाक्यूमेंट्री फिल्म) तैयार किया है ताकि समाज को उनके प्रति संवेदनशील बनाया जा सके। 12 मिनट के इस वृत्त चित्र में दुनिया की सबसे बड़ी आबादी वाली जेल में किए गए विविध जेल सुधार गतिविधियों एवं महत्त्वपूर्ण परिवर्तनों को दर्शाया गया है।

फाउंडेशन द्वारा सन् 1998 में मेरी पुस्तक 'इट्स ऑलवेज पॉसिबल' और इसी नाम से सीडी रोम का निर्माण भी किया गया। इसके पीछे दुनिया की सबसे बड़ी जेलों में से एक तिहाड़ जेल में मेरी टीम द्वारा सुधारों के लिए किए गए प्रयासों से विश्व को अवगत कराने का विचार है। सीडी इस प्रक्रिया में की गई पहलकदमी का एक दिलचस्प, दृश्यात्मक समर्थन करती है। पुस्तक की रॉयल्टी के साथ–साथ सीडी की बिक्री से होने वाली सम्पूर्ण आय फाउण्डेशन की जारी परियोजनाओं की सहायता के लिए समर्पित है।

फाउंडेशन उपरोक्त समस्त गतिविधियां मेरे दूसरे एनजीओ 'नवज्योति' दिल्ली पुलिस फाउण्डेशन के सहयोग से चलाता है। सभी संसाधन चंदे के जरिए खुद जुटाए जाते हैं, फाउण्डेशन किसी प्रकार की कोई सरकारी सहायता प्राप्त नहीं करता। अगर कभी कोई सहायता मिलती भी है तो वह 'नवज्योति' की परियोजनाओं एवं संसाधनों में सहायक होती है।

नवज्योति : सुधार, नशामुक्ति एवं पुनर्वास के लिए दिल्ली पुलिस फाउण्डेशन

Website: http\\www.drughelpline.org

सन् 1987–88 की बात है। उस समय मैं उत्तरी दिल्ली में पुलिस उपायुक्त के पद पर नियुक्त थी। अपने रोजमर्रा के कामकाज के दौरान मुझे नशाखोरों और उनके अपराध में लिप्त होने के मिश्रित रिश्तों का पता चला। उनकी गिरफ्तारी हालांकि निश्चित तौर पर एक समाधान थी किन्तु वह स्थाई समाधान नहीं थी। मुझे थोड़ा आगे बढ़कर सोचना था। मुझे उन्हें उनके और उनके परिवारों के पुनर्वास के लिए सुधारने की दिशा में कदम उठाना था। इसी दृष्टिकोण से मैंने कुछ पुलिस अधिकारियों के साथ मिलकर नवज्योति की स्थापना की। नवज्योति का अर्थ 'नव प्रकाश' और यह अपराध रोकने के मार्ग में निश्चित अगला कदम है। नवज्योति का करुणा और समझदारी की भावना से सुधार, अपराधों की रोकथाम और पुनर्वास में विश्वास है।

नवज्योति एक गैर–सरकारी, अलाभप्रद, स्वैच्छिक संगठन है जो नशामुक्ति, शिक्षा, गलियों और कामकाजी बच्चों की शिक्षा, महिला सशक्तीकरण, ग्रामीण विकास इत्यादि क्षेत्रों में कार्यरत है। इसे संयुक्त राष्ट्र आर्थिक एवं सामाजिक परिषद का विशेष परामर्शन स्तर प्राप्त है। नवज्योति को अनेक राष्ट्रीय और अंतर्राष्ट्रीय पुरस्कार मिल चुके हैं।

ड्रग नशामुक्ति उपचार एवं पुनर्वास केन्द्र दिल्ली में एक पुलिस थाने में चलाया जा रहा है और अब तक इसने 13,000 से अधिक आश्रितों का उपचार किया है। इस अद्भूत कार्यक्रम को वर्ष 1999 में सर्वोत्तम उपचार मॉडल की अंतर्राष्ट्रीय प्रविष्टियों का मशहूर यूनाइटेड नेशंस सर्ज सॉट्रॉफ पुरस्कार प्रदान किया गया। उपचार में चिकित्सा की वैकल्पिक पद्धतियों का उपयोग किया जाता है जैसे होम्योपैथी, योग एवं नेचुरोपैथी। इस उपचार में किसी प्रकार के रसायन पर निर्भरता नहीं होती।

दरअसल, इस प्रकार के मॉडल में ज्यादा निर्भरता चिकित्सक समुदाय एवं आध्यात्मिकता पर होती है। दिल्ली के सबसे बड़े स्लम यमुना पुश्ता और एशिया की सबसे बड़ी पुनर्वास कालोनी जहांगीरपुरी में सघन समुदाय विकास परियोजनाएं चलाई जा रही हैं। ये अपराधग्रस्त क्षेत्र हैं और यहां के निवासी किसी भी प्रकार के प्रस्तावित परिवर्तन का हर तरह से विरोध करते हैं। अपने